Michael Macrone
Heureka!

Michael Macrone

HEUREKA!

Das archimedische Prinzip
und 80 weitere Versuche, die Welt zu erklären

Eine kleine Geschichte unseres Denkens
von der Antike bis heute

Aus dem Amerikanischen von Nikolaus G. Schneider

Büchergilde Gutenberg

Die Originalausgabe erschien 1994 unter dem Titel
»Eureka! What Archimedes Really Meant
and 80 Other Key Ideas Explained«
bei Cader Books / HarperCollins Publishers, New York.

Lizenzausgabe für die Büchergilde Gutenberg,
Frankfurt am Main und Wien,
mit freundlicher Genehmigung
des Limes Verlags, München
© 1994 Cader Books / HarperCollins Publishers, New York
© 1996 für die deutsche Ausgabe Limes Verlag GmbH, München
Umschlaggestaltung: Susanne Will, Stuttgart
Satz aus der Sabon und Frutiger von Reinhard Amann, Aichstetten
Druck und Bindung: Ebner Ulm
Alle Rechte vorbehalten
Printed in Germany 1997
ISBN 3 7632 4703 3

Inhalt

Einleitung

Warum ist Archimedes plötzlich aus seiner Badewanne gesprungen und »Heureka!« rufend nackt durch die Straßen gerannt? Wer war Ockham, und was hat er mit seinem Messer rasiert? Was ist ein Quantum, und wo springt es hin? Haben Sie schon einmal die unsichtbare Hand gespürt? Bedeutet die Dekonstruktion wirklich das Ende der westlichen Zivilisation?

Dieses Buch beantwortet diese und viele andere Fragen und stellt dabei zahlreiche revolutionäre und verblüffende Ideen des westlichen Denkens in kondensierter Form dar. Von der griechischen Philosophie bis zur zeitgenössischen Wirtschaftswissenschaft, von der Physik zur Architektur – *Heureka!* behandelt einige der verbreitetsten, häufig aber nur ansatzweise bekannten Einsichten und erklärt sie so einfach und unterhaltsam wie möglich. Von Francis Bacon stammt der Satz »Wissen ist Macht«. *Heureka!* will zeigen, daß Wissen auch Spaß machen kann.

Aber was sind eigentlich herausragende Ideen? Wann immer ich im Freundeskreis erwähnte, daß ich dabei sei, ein Buch zu diesem Thema zu schreiben, hieß es etwa: »Ah, du meinst so etwas wie die Dampfmaschine!« oder »Kommt auch die Guillotine drin vor?« Auch das Rad, Schnittbrot, Radioaktivität, Penicillin und Apollo 8 wurden häufig assoziiert. Natürlich sind all dies großartige Dinge, aber Ideen im eigentlichen Sinne sind es nicht; vielmehr handelt es sich um bedeutsame Fortschritte auf den Gebieten des Handwerks, der Wissenschaft und der Technik.

In diesem Buch geht es aber wirklich um Erkenntnisse, also um abstrakte Dinge wie Theorien, Gesetze, Prinzipien, Paradoxien, Aphorismen, Konstrukte, Komplexe, Trugschlüsse und provozierende Behauptungen. Es geht um kühne Gedankensprünge und ausgefeilte Lehren, also weniger um den technischen als um den geistigen Fortschritt in den Bereichen Philosophie, Wissenschaft und Kultur.

Ein solches Buch kann natürlich nur einen Teil dieser fundamentalen Einsichten vermitteln und diese in der gebotenen Kürze erläutern. Ich habe mich jedoch bemüht, vor allem solche Begriffe und Konzepte zu behandeln, die in der Populärliteratur und im »kultivierten Gespräch« besonders häufig vorkommen. Zu diesen gehören etwa jene Prinzipien oder Gesetze, die nach Pythagoras, Plato, Newton, Hume, Parkinson oder Ödipus benannt sind; provozierende Statements wie »Gott ist tot«, »Weniger ist mehr«, »$E = mc^2$« oder »Das Medium ist die Botschaft«; die Paradoxien von Zenon, Russell und Gödel, die uns nach wie vor Kopfzerbrechen bereiten; die großen Ismen vom Idealismus über den Utilitarismus zum Existentialismus sowie fremdsprachige Begriffe oder Zitate wie *cogito ergo sum, tabula rasa* und *deconstruction*.

Ich habe versucht, dieses Durcheinander von Vorstellungen zu logischen Kapiteln zu bündeln. Dabei fange ich mit Gott an und ende mit einem Sammelsurium. Die drei Hauptkapitel sind der *Philosophie*, der *Naturwissenschaft und Mathematik* sowie den *Wissenschaften vom Menschen* gewidmet, zu denen etwa die Wirtschaftswissenschaften, die Psychologie und die Linguistik zählen. Innerhalb der einzelnen Abschnitte sind diese Konzepte zu sinnvollen Bündeln zusammengefaßt, die eine kontinuierliche Lektüre ermöglichen. So findet sich etwa alles, was Sie schon immer über Teilchenphysik wissen wollten, im Kapitel »Vom Hier und Jetzt zur Unbestimmtheit«, und wer etwas über die Entwicklung von Freuds Gedanken erfahren möchte, kann dies in dem Kapitel »Ödipus – weniger komplex« nachlesen.

»Weniger komplex« ist der Schlüssel zu diesem Buch: Obwohl das Entscheidende bei bedeutenden Einsichten häufig im Detail steckt, ist es mit ein wenig gutem Willen möglich, die wichtigsten Punkte und die Grundzüge eines Gedankens so darzustellen, daß jeder begreift, warum er das Attribut »groß« verdient. Es mag ein bißchen verrückt erscheinen, Relativität auf acht Seiten und die Evolutionstheorie auf vier abhandeln zu wollen, aber es ist durchaus möglich, auf diesem Raum einige grundsätzliche Mißverständnisse auszuräumen und eine Erläuterung der Grundideen zu wagen. Für diejenigen, die sich mit einzelnen Themen näher beschäftigen möchten, finden sich im Anhang die Quellen, die ich direkt zitiere, und im Literaturverzeichnis die Texte, die mir als Hintergrundinformation gedient haben.

Abgesehen von längeren Aufenthalten in muffigen Bibliotheken und einem spärlich beleuchteten Büro hatte ich viele anregende Gespräche mit Michael Cader, Catherine Karnow und zahlreichen im WELL Computerkonferenzsystem beheimateten Experten und anderen hellen Köpfen. Ihre Einwände und ihre Unterstützung haben dazu beigetragen, dieses Buch zu verbessern. Mein Dank gilt aber einmal mehr auch Hugh Van Duen und Stephanie Gunning vom Verlag HarperCollins für ihre anhaltende Unterstützung meiner Bücher über die Literatur und das Denken der westlichen Zivilisation.

PHILOSOPHIE

Uhrmacher, Spieler oder was eigentlich?
Verschiedene Gottesbilder

Die Erbsünde

> Denn Gott, der Urheber der Naturen, nicht der Gebrechen, hat den Menschen wohl gut geschaffen, doch der, durch eigene Schuld verderbt und dafür von Gott gerecht verdammt, hat verderbte und verdammte Nachkommen erzeugt. Denn wir alle waren in jenem einen, waren damals alle jener eine, der durch das Weib in Sünde fiel, das aus ihm erschaffen ward, ehe es Sünde gab. Noch war nicht für die einzelnen die Form geschaffen und ausgeteilt, in der jeder einzelne leben sollte, aber im Samen war die Natur schon vorhanden, aus der wir durch Fortpflanzung hervorgehen sollten. Da diese nunmehr durch Sünde verdorben, von Todesbanden umstrickt und gerechterweise verdammt war, mußte hinfort ein Mensch von andern in dieselbe Lage hineingeboren werden.
> Aurelius Augustinus, *Vom Gottesstaat* (ca. 413 – 427)

Jetzt denken Sie vermutlich, wir beginnen mit etwas besonders Einfachem: Adam, Eva, Frucht, Schlange, Sünde. Alles längst bekannt! Aber wußten Sie zum Beispiel, daß in der biblischen Geschichte vom ersten Ungehorsam des Menschen – dem Griff nach dem Baum der Erkenntnis – das hebräische Wort für Sünde kein einziges Mal vorkommt? Von Sünde ist in der Bibel erst mit dem Auftreten Kains die Rede. Und auch der Begriff bzw. die Lehre von der »Erbsünde« findet sich weder im Alten noch im Neuen Testament, auch wenn es natürlich Hinweise darauf gibt: »Du sollst essen von allerlei Bäumen im Garten [Eden]«, sagt Gott zu Adam, »aber von dem Baum der Erkenntnis des Guten und Bösen sollst du nicht essen; denn welches Tages du davon issest, wirst du des Todes sterben« (Genesis, 2,16 – 17). Da Adam und Eva an diesem Tag nicht sterben, will Gott wohl sagen, daß sie – und damit wir alle – *grundsätzlich* »zum Tode verurteilt sind«, wie es im hebräischen Text heißt.

Aber selbst wenn man einräumt, daß es diese Überschreitung eines Verbotes gab und daß es sich dabei um eine »Sünde« handelt, die der Grund dafür ist, daß wir sterben müssen, bedeutet das noch nicht, daß wir es mit der »Erbsünde« als solcher zu tun haben. Denn diejenigen, die an diese Lehre glauben, vertreten die Auffassung, daß die Tat Adams und Evas einen bleibenden Makel in jeder menschlichen Seele hinterlassen hat. Wir sind nicht nur zum Tode verurteilt, sondern wir werden bereits sündig geboren, sind bereits gezeichnet, bevor wir die Möglichkeit zu eigenständigem Handeln haben.

In diesem Sinne schreibt Paulus in seinem Brief an die Römer: »Derhalben, wie durch einen Menschen die Sünde ist gekommen in die Welt und der Tod durch die Sünde, und ist also der Tod zu allen Menschen durchgedrungen, dieweil sie alle gesündigt haben« (Römer 5,12). Man kann diesen Abschnitt auf ganz unterschiedliche Weise interpretieren (und die Christen haben dies auch getan), denn sowohl das Wort *Tod* als auch das Verhältnis von Ursache und Wirkung sind darin mehrdeutig. Meint Paulus wirklich, daß uns die Sünde angeboren ist, oder spricht er von dem seelischen Tod, dem wir anheimfallen, indem wir sündigen?

Der Grundgedanke findet sich zwar bereits in der Genesis und im Brief an die Römer, doch voll entfaltet wurde er erst in den Schriften des bedeutendsten Kirchenlehrers der Antike, des heiligen Augustinus von Hippo (354–430). Augustinus' Darstellung der Erbsünde in seinem Buch *Vom Gottesstaat* ist frei von der Vieldeutigkeit der Formulierungen bei Paulus. Zum einen unterscheidet Augustinus zwischen dem Tod des Leibes und dem der Seele. Während ersterer unvermeidlich ist, stirbt die Seele nur unter bestimmten Bedingungen. In körperlicher Hinsicht sind wir sterblich, aber wenn wir aufgrund der »Gnade Gottes« erlöst werden, sind unsere Seelen vom Tod befreit.

Zum anderen beharrt Augustinus darauf, daß sowohl der physische Tod als auch der Zustand der Sünde, in dem wir uns befinden, vererbte Folgen von Adams Mißachtung des göttlichen Verbots sind. »Denn so wie der Mensch der Erzeugende ist, so ist der Mensch der Nachkomme.« Aus freien Stücken entschied sich Adam für das Böse und vererbte es damit seinen Nachfahren. (Allerdings läßt der Schöpfungsbericht völlig offen, ob alle Menschen Nachfahren Adams sind.)

Indem Augustinus seine Ansichten zur Sünde formulierte, versuchte er ein ganzes Heer von Problemen auf einen Schlag zu erledigen. Eine der vertracktesten theologischen Fragen damals wie heute ist das Problem des Bösen. Wenn Gott allwissend und allmächtig und überdies das Gute schlechthin ist, woher rührt dann das Böse in der Welt? Wie kann das vollkommen Gute die Quelle des Bösen sein oder es auch nur zulassen? Dieses Problem stellt sich in polytheistischen Religionen nicht, da in ihnen kein Gott das Gute schlechthin verkörpert oder allmächtig ist. Und wenn mehrere Götter miteinander streiten, kann daraus ja nur Böses resultieren.

Eine Lösung dieses Rätsels stammt von einem Zeitgenossen von Augustinus, einem Mönch namens Pelagius. Ihm zufolge ist das Böse das unmittelbare Ergebnis menschlicher Handlungen, für die sich die Menschen frei entscheiden. Wenn man Gottes Gesetze verletzt, wird man von Gott dafür bestraft. Und wenn hinreichend viele Menschen schlecht handeln, dann hat dies eine Katastrophe größeren Ausmaßes zur Folge. Abgesehen von ihrer Betonung des freien Willens steht Pelagius' Theorie im Einklang mit dem Alten Testament: »Denn sie säen Wind, und sie ernten Sturm.«

Aus orthodoxer Sicht besteht das Problem dieser Theorie darin, daß sie gewöhnlichen Sterblichen die Macht einräumt, Gottes prinzipiell gute Schöpfung zu gefährden. Plötzlich ist es nicht mehr Gott, auf den es ankommt, sondern der Mensch. Die Menschen können *wählen*, ob sie gut oder böse handeln wollen, aber Gott ist *gezwungen*, sie zu bestrafen, wenn sie sich für das Böse entscheiden. Der Mensch bestimmt also mit seinem Verhalten, ob seine Seele gerettet oder verdammt wird. Wo bleiben da Gottes Allwissenheit und Allmacht?

An dieser Stelle setzt Augustinus ein – und mit ihm die Kirche, die Pelagius als Ketzer brandmarkte. Der Mensch kann nicht »wählen«, ob er sündigt, denn Sünde ist keine Handlung, sondern ein Seinszustand, der mit der Geburt auf uns kommt. Die Schlechtigkeit ist ein Teil unserer Natur; sie ist so eng mit ihr verwoben, daß keine gute Tat (und auch nicht mehrere von ihnen) sie davon lösen kann. Aufgrund der Erbsünde ist die Menschheit zu Recht zum physischen Tod und ewigen Leiden verdammt. Die einzige Möglichkeit, dem zu entgehen, ist Gottes gnädiges Erbarmen, das er nach eigenem Gutdünken gewähren oder verweigern kann. Zumindest im Hinblick auf Sünde und Erlösung erweist sich der freie Wille also als eine teuflische Illusion.

Und als wäre das nicht bereits deprimierend genug, weiß Gott aufgrund seiner Allwissenheit auch bereits bevor ein Mensch geboren wird, ob er diesen Menschen retten wird oder nicht. Diese Idee des Augustinus bildet die philosophische Grundlage der calvinistischen Theologie, derzufolge es zwei Gruppen von Menschen gibt, die »Auserwählten«, also die zur Rettung prädestinierten, und die »Verdammten«, die in die Hölle wandern werden.

Damit sind wir wieder am Ausgangspunkt unserer Überlegungen angekommen. Wie kann ein gütiger Gott den größten Teil der Menschheit für die Hölle prädestinieren? Oder um das Problem an der Wurzel zu packen, warum verlieh Gott Adam und Eva überhaupt die Fähigkeit zur Sünde? Über diese Fragen, die bei den verschiedenen Spaltungen der protestantischen Kirche im 15. und 16. Jahrhundert eine zentrale Rolle spielten, läßt sich unendlich lange diskutieren, ohne daß man zu einem Ergebnis gelangt.

Die Auseinandersetzungen um den freien Willen und die Prädestination sind auch nicht auf die Theologie be schränkt. Einige Materialisten, die glauben, daß der Geist in Wirklichkeit nichts anderes ist als Materie, vertreten einen wissenschaftlich begründeten Determinismus. Da das Gehirn ein physisches Objekt ist, muß es nach dieser Theorie auch physischen Gesetzen gehorchen, und daher folgen Gedanken und Verhalten, wie alles andere im Universum auch, einer vorherbestimmten Bahn. Zumindest der Theorie nach läßt sich, wenn der jetzige Zustand des Universums gegeben ist, alles weitere vorhersagen – einschließlich dessen, was man für den Rest seiner Tage zu Mittag essen wird. Aber wenn das stimmt, verliert auch die Frage, ob man daran glaubt oder nicht, ihren Reiz, denn auch das ist dann natürlich vorherbestimmt.

Der erste Beweger

> Daß also ... immer Bewegung war und sein wird alle Zeit, und welches der Ursprung der immerwährenden Bewegung ist, außerdem welches die erste Bewegung ist und welche Bewegung allein immerwährend sein kann, und schließlich, daß das erste Bewegende [der erste Beweger] unbewegt ist – darüber ist nun gesprochen.
>
> Aristoteles, *Physik*

Die Grundidee, auf der Aristoteles' »erster Beweger« basiert, ist weitgehend bekannt. Alles, was geschieht, wird von etwas anderem verursacht. Denken wir zum Beispiel an heftige Regenfälle, die zur Überschwemmung unseres Kellers führen. Was hat den Regen verursacht? Feuchtigkeit. Wie aber kam es zu einem derart hohen Feuchtigkeitsgrad? Usw. usf. Alles, was etwas verursacht, ist selbst von etwas anderem verursacht, und wir können diese Kette von Ursachen so lange zurückverfolgen, wie wir wollen. Doch früher oder später stoßen wir stets auf eine erste Ursache, die einfach da war, die etwas verursacht hat, ohne selbst verursacht zu sein. Diese Ur-Sache nennt Aristoteles den ersten Beweger.

Aristoteles' Überlegungen zu diesem Thema erhielten einen entscheidenden Anstoß durch die Philosophie des Parmenides, der mit der Hilfe seines paradoxen Schülers Zenon nachwies, daß Bewegung an sich unmöglich ist. Parmenides argumentierte folgendermaßen: Wenn etwas existiert, *ist* es, und es ist nicht, was es *nicht ist*. Damit sich dieses Etwas bewegt, muß es von dort, wo es *ist*, dorthin gelangen, wo es *nicht ist*. Aber wenn es das täte, wäre es nicht mehr das, was es *ist*. Folglich ist Bewegung, ebenso wie jede andere Form des Wandels, unmöglich, und damit ist das, was wir als Bewegung und Wandel ansehen, eine Illusion.

Zweifelsohne ist das kein besonders überzeugendes Argument, doch zu seiner Zeit sorgte es für beträchtliche Aufregung. Aristoteles versuchte, die Begründung des Parmenides zu widerlegen. Zunächst zeigte er, daß dessen Logik zirkulär ist. Die Aussage, daß das, was existiert, *ist*, ist tautologisch und ignoriert die Tatsache, daß es ganz unterschiedliche Formen des Seins gibt, die sich in Eigenschaften und Kategorien unterteilen lassen, welche man miteinander verbinden oder voneinander scheiden kann. Aristoteles räumte ein, daß das, was existiert, auf einer bestimmten Ebene stabil und konstant ist, denn von Wandel oder Bewegung zu sprechen, ist nur dann sinnvoll, wenn das, was sich verwandelt oder bewegt, ein bestimmtes Ding ist. Doch diese Wirklichkeitsebene, die er »Stoff« nannte, kann in einer unbegrenzten Anzahl unterschiedlicher Eigenschaften, Formen und Positionen zum Ausdruck kommen, die Aristoteles zusammenfassend »Formen« nannte.

Stoff und Form sind laut Aristoteles die zwei wesentlichen Komponenten der Wirklichkeit. Der Stoff bleibt immer das, was er ist, selbst wenn er neue Formen annimmt. (Ein Baum kann die Form von Holzbrettern annehmen, die ihrerseits die Form eines Stuhls annehmen können, der rot gestrichen sein kann, usw.) Doch damit stellt sich natürlich die Frage, *wie* und *warum* Dinge sich bewegen und verwandeln. Diese »Wies« und »Warums« nannte Aristoteles »Ursachen«, womit er die Gründe meinte, die es uns ermöglichen zu verstehen, wie etwas entsteht. Er unterschied vier solche Ursachen – Stoff-, Form-, Antriebs- und Zweckursache. Die für Aristoteles wichtigste Ursache, die Antriebsursache, ist jene Kraft, die eine Veränderung bewirkt. So ist etwa die Antriebsursache eines Stuhls der Schreiner, der dem Stoff Form verleiht.

Zunächst glaubte Aristoteles, daß die Bewegung eine dem Stoff innewohnende Eigenschaft sei. Luft und Feuer tendieren dazu emporzusteigen, Wasser und Erde dagegen zu fallen, weil das ihrer Stofflichkeit entspricht. Und so bewegt sich auch das Himmelsgewölbe in Zirkeln, denn es besteht aus einem als »*Äther*« bezeichneten Element, das sich seiner Natur gemäß im Kreis bewegt. Mit der Zeit mehrten sich jedoch Aristoteles' Zweifel an seiner Theorie, zum einen, weil sie selbst reichlich zirkulär ist, zum anderen, weil sie Naturphänomene nur unzureichend erklärt.

An dieser Stelle kommt die Antriebsursache ins Spiel. Es genügt nicht, einfach zu sagen, daß sich die Dinge »naturgemäß« nach oben, nach unten oder im Kreis bewegen, denn damit weicht man letztlich nur der Frage aus, wer oder was die Dinge dazu veranlaßt, sich so und nicht anders zu verhalten. Dieselbe Frage stellt sich im Hinblick auf die Bewegungen von Lebewesen. Wenn ich mich etwa zum Kühlschrank bewege, um ein Bier zu holen, stellt sich die Frage, was mich dazu veranlaßt. Die Antwort – ich habe Durst – nennt die Antriebsursache. Aber was ist die Ursache dieses Durstes? Man könnte diese Frage Ursache für Ursache zurückverfolgen, doch auch auf die Gefahr hin, niemals an ein Ende zu gelangen, müssen wir annehmen, daß wir an einer bestimmten Stelle auf eine Ursache stoßen, die nicht ihrerseits wieder von etwas anderem verursacht worden ist.

Aristoteles behauptete, daß jede Veränderung oder Bewegung letztlich auf dieselbe »unverursachte Ursache« und denselben »unbewegten Beweger« zurückzuführen ist, den er als ersten Beweger bezeichnete. Darüber hinaus vertrat er die Auffassung, daß sich alle Dinge deswegen bewegen und verändern, weil sie einem letzten Ziel, einem »Letztgrund« entgegenstreben. Dieses Ziel ist für alle Dinge die eigene Vervollkommnung. Alles strebt danach, das zu werden, was es werden *kann*. Dieser Letztgrund, diese Vervollkommnung, ist ein und dasselbe wie der erste Beweger, dessen Vollkommenheit dadurch zum Ausdruck kommt, daß er sich weder verändert noch bewegt.

In wissenschaftlicher Hinsicht verstand Aristoteles den ersten Beweger als das Ende der Ursachenkette, als immaterielles und konstantes Prinzip, das alle anderen Dinge direkt oder indirekt in Bewegung setzt. De facto ist das einzige Ding, das der erste Beweger unmittelbar bewegt, der äußerste Rand des Universums. Als Philosoph hatte Aristoteles natürlich auch eine metaphysische Vorstellung vom ersten Beweger: Da dieser vollkommen ist, muß es sich notwendig um das »Denken«, also die Philosophie, handeln.

Schließlich interpretierte Aristoteles den ersten Beweger theologisch. Als Ursache des Lebens muß der erste Beweger selbst belebt sein, und als »Denken« muß er selbst ununterbrochen denken. Wenn er aber über die sich wandelnden, unvollkommenen Gegenstände dieser Welt nachdächte, würden seine Gedanken sich diesen Gegenständen anpassen und selbst wandelbar und unvollkommen werden. Da jedoch der erste Beweger vollkommen ist, ist dies unmöglich. Also handelt es sich beim ersten Beweger um ein Denken, das über sich selbst nachdenkt – um Vollkommenheit, die in den Spiegel schaut. Wer könnte das anderes sein als Gott?

Ziemlich überzeugend, dachte Thomas von Aquin, der Theologe des 13. Jahrhunderts, und bediente sich dieses Arguments, um die Existenz eines »unbewegten Bewegten«, nämlich Gottes, zu beweisen. Doch Thomas von

Aquin stützt sich genau wie Aristoteles auf eine Reihe unbeweisbarer Grundannahmen, etwa die, daß sich alle Bewegungen und Ursachen auf eine einzige ursprüngliche Entität zurückführen lassen. Genauso schlüssig wäre es aber, würde man behaupten, daß Ursachen sich im Kreis bewegen, daß Ursachen ausschließlich von physischen Gesetzen bestimmt werden oder daß jedes Geschehen auf einer Vielzahl von Ursachen beruht, die ihrerseits ebenfalls viele Ursachen haben usw., so daß man sich plötzlich unendlich vielen »ursächlichen« Ursachen statt bloß einer einzigen gegenübersähe. Man könnte auch argumentieren (und dies wurde auch getan), daß Kausalität ohnehin eine Fiktion, eine Erfindung des menschlichen Geistes sei. Jedenfalls ist es bisher noch niemandem gelungen, die Existenz Gottes logisch zu beweisen, wie wir im Verlauf dieses Kapitels weiter sehen werden.

Ockhams Rasiermesser

> Ohne Zwang sollte man keine Vielheiten annehmen.
> Wilhelm von Ockham (ca. 1324)

Wilhelm von Ockham, ein englischer Theologe des frühen 14. Jahrhunderts, ist heute nur noch wenigen ein Begriff. Thomas von Aquin und Johannes Duns Scotus sind im Vergleich mit ihm richtige Berühmtheiten, und doch ist Ockham mit seinem Denken der eigentliche Vorläufer der Moderne.

Wofür man sich Ockhams gelegentlich noch erinnert, ist sein sogenanntes »Rasiermesser«, das logische Werkzeug, dessen er sich bediente, um die Absurditäten bloßzulegen, die manchen Argumenten innewohnen. Ockhams Maxime lautete: Je einfacher eine Erklärung ist, desto besser. Wenn komplexe Sachverhalte oder Hypothesen für ein Argument nicht unbedingt *notwendig* sind, sollte man auf sie verzichten, da sie die Auflösung nicht nur weniger elegant und überzeugend machen, sondern auch die Wahrscheinlichkeit verringern, daß diese Auflösung richtig ist.

Wie wir sehen werden, war eine der Hypothesen, denen Ockhams Rasiermesser den Garaus machte, die Existenz Gottes. Nicht, daß Ockham die Existenz Gottes an sich angezweifelt hätte. Aber er war der Ansicht, beweisen lasse sie sich nicht, weil man sich dafür recht komplexer, aber wenig überzeugender Argumente bedienen müsse. Die Theologen wollten einen *wissenschaftlichen* Beweis Gottes, doch Ockham vertrat die heutzutage kaum noch strittige Auffassung, daß Wissenschaft und Theologie sich nicht mit denselben Dingen befassen und daher unterschiedliche Herangehensweisen erfordern.

Ockham war natürlich nicht der erste, der ein derartiges »Rasiermesser« benutzte, und nirgendwo in seinem Werk findet sich der bekannte, ihm zugeschriebene Satz im Wortlaut: »Ohne Zwang sollte man keine Vielheiten annehmen.« Doch er machte besonders intensiv von diesem Messer Gebrauch – und zwar meist in Auseinandersetzung mit den gängigen Methoden der Theologie und Philosophie seiner Zeit. Seine Vorgänger, Thomas von Aquin und andere »Scholastiker« (den Namen erhielten sie, weil sie Texten den Vorzug gegenüber der Erfahrung gaben), hatten sich redlich darum bemüht, aus der Theologie eine strenge Wissenschaft zu machen. Sie hatten gehofft, offenkundige Widersprüche zwischen der antiken Wissenschaft und den Lehren der Heiligen Schrift ausräumen und zu rationalen Erklärungen oder Beweisen für theologische Glaubenssätze wie etwa Gottes Existenz gelangen zu können.

Ein Schritt in dieser Richtung war es, allgemeine Vorstellungen wie »gut« oder »groß« (oder auch derart profane Universalien wie »Baum« oder »Hund«) wie reale, unabhängige Dinge zu behandeln. Wenn wir sowohl eine Ulme als auch eine Eiche als »Baum« bezeichnen, dann muß es etwas Wirkliches, etwas Existierendes geben (»Baumhaftigkeit«), das sie miteinander verbindet. Und das gleiche gilt für Sokrates und Parmenides: Wenn sie beide gut sind, dann deswegen, weil es so etwas wie »das Gute« gibt, das ihnen beiden eigen ist. Diese Lehre, die eher platonisch als aristotelisch ist, bezeichnet man als »Realismus«.

Ockham hielt diesen »Realismus« für völlig unsinnig, für eine zur Wissenschaft erhobene Verwirrung von Kategorien. Seiner Meinung nach ist es ein Fehler, Namen als *Wirklichkeiten* statt als *Beschreibungen* aufzufassen. Die Vorstellung, daß Namen nichts weiter als Namen sind, nennt man »Nominalismus«. Wenn wir sowohl die Ulme als auch die Eiche als »Baum« bezeichnen, dann deswegen, weil wir festgelegt haben, was einen Baum zum Baum macht, und nicht weil es »Baumhaftigkeit« in der Realität als etwas für sich Existierendes gäbe. Wenn alle Bäume plötzlich verschwinden würden, gäbe es keine »Baumhaftigkeit« mehr, über die man sprechen könnte, außer in der Erinnerung oder als reine Abstraktion.

Ockham verwendete das Rasiermesser, um realistische Universalien ein für allemal zu erledigen, indem er darauf beharrte, daß gültige Erklärungen auf einfachen und beobachtbaren Fakten beruhen und durch reine Logik gestützt sein müssen. Wenn wir das akzeptieren, müssen wir einsehen, daß es unmöglich ist, Gottes Existenz oder Güte oder irgendeinen anderen Glaubenssatz wissenschaftlich zu beweisen. Diese Schlußfolgerung beunruhigte Ockham jedoch nicht weiter, da er der Ansicht war, Theologie sei eine Sache und Wissenschaft eine andere, in jener gehe es um Offenbarung, in dieser um Forschung. Wie Galileo Galilei bestätigen könnte, bedurfte es einer gewissen Zeit, bis sich diese Auffassung durchsetzte, aber letztlich sind Wissenschaft und Religion doch getrennte Wege gegangen. Und genau dies ist zu einem der Hauptkennzeichen der Moderne geworden.

Der ontologische Gottesbeweis

Auch der »ontologische Gottesbeweis« war ein Versuch, den unumstößlichen Beleg dafür zu liefern, daß Gott existiert. Er wurde von dem Italiener Anselm von Canterbury (1033–1109) ersonnen und lautet in etwa so: Da wir uns absolute Vollkommenheit vorstellen können, muß es sie auch geben. Und wenn sie existiert, dann ist sie Gott.

Da davon vermutlich noch nicht alle Leser restlos überzeugt sind, wollen wir uns diesen Beweis, den Immanuel Kant nach dem griechischen Wort für »Sein« *(ontos)* als »ontologischen« bezeichnete, etwas näher ansehen. Anselm ging von folgendem Gedankenspiel aus: Man denke sich ein Wesen, das vollkommener ist als alle anderen, die wir uns vorstellen können. Wenn man diesen Satz versteht, dann muß man einen Begriff von einem solchen Wesen haben, denn andernfalls wäre der Satz unverständlich. Genauso wie der Satz »Stell dir ein Einhorn vor« nur dann einen Sinn hat, wenn man sich irgendeinen Begriff von »Einhorn« machen kann.

Existiert aber nun dieses Wesen, das man sich vorstellt – wir wollen es »B« nennen –, lediglich als Idee? Anselm war nicht dieser Ansicht. Wenn nämlich B nicht existierte, dann könnte man sich ja ein Wesen denken, das genauso wie B ist, außerdem *aber tatsächlich existiert.* Denn selbstverständlich ist etwas Gutes, das wirklich existiert, vollkommener als ein bloß vorgestelltes Gutes. Daher muß die Annahme, daß B eine Idee ist, falsch sein, denn wenn sie wahr wäre, könnten wir uns ja ein vollkommeneres Wesen vorstellen, was unserer Hypothese widersprechen würde.

B existiert also, und Anselm bezeichnet es als Gott. Mit anderen Worten: Gott ist genau jenes Wesen, das wir für das vollkommenste von allen halten. Wenn wir lediglich nach dem vollkommensten Wesen gesucht hätten, das existiert, wären wir nicht zu Anselms Schlußfolgerung gelangt, denn wir wären nicht in der Lage gewesen zu beweisen, daß das, was wir gefunden haben, Gott ist. Der Schlüssel zu diesem Beweis liegt im Begriff des Seins als einer Art Vollkommenheit an sich und nicht in einer vorgängigen Erfahrung seiner Existenz.

Aber genau das ist auch der Haken an Anselms ontologischem Beweis. Da er in der Definition des vollkommensten denkbaren Wesens dessen Existenz bereits voraussetzt, ist die Aussage, daß ein solches Wesen existiert, lediglich eine Wiederholung seiner Definition. Andererseits wäre es nicht notwendig falsch, ihr zu widersprechen, wie der Beweis es verlangt. Existenz und Vollkommenheit beziehen sich auf genau dieselbe Sache. Anselms Beweis ist demnach, in Kants Worten, nichts anderes als eine *elende Tautologie.*

Kant war nicht der erste, dem auffiel, daß Anselms Beweisführung nicht ganz astrein ist. Vielmehr wies schon einer von Anselms Zeitgenossen, Gaunilo von Marmoutier, darauf hin, daß man mit dem ontologischen Beweis die Existenz von nahezu allem beweisen kann. Gaunilo demonstrierte dies am Beispiel einer vollkommenen Insel, einem Ort jeder nur denkbaren Lust, die schöner ist als alle anderen uns bekannten Inseln. Da wir uns etwas Derartiges vorstellen können, müssen wir einen Begriff davon haben; und wenn es nicht existieren würde, könnten wir uns eine vollkommenere, das heißt existierende Insel vorstellen, und daher *muß* sie existieren.

Anselm selbst wandte zu Recht ein, daß Gaunilo nicht begriffen habe, worum es ihm gehe. Denn die Vorstellung einer Insel beruht nicht notwendigerweise auf der Vorstellung des Seins, ebensowenig wie die Vorstellung eines vollkommenen Kreises von der Existenz eines solchen Kreises abhängt. Die Vorstellung eines *Wesens*, eines Seienden aber impliziert notwendigerweise die Vorstellung von Existenz. Wir können uns leicht vorstellen, daß eine vollkommene Insel oder ein vollkommener Kreis nicht existieren; aber wir können uns nicht vorstellen, daß das denkbar Vollkommenste nicht existiert, denn diese Vorstellung selbst schließt das aus. Das, was möglicherweise nicht existiert, ist per definitionem weniger als das, was *nicht* nicht existieren kann. Diese Logik hat immerhin Philosophen vom Range eines Descartes, Spinoza und Leibniz an Anselms Beweis glauben lassen.

Es sollte über sieben Jahrhunderte dauern, bis Kant ihn widerlegte. In seiner *Kritik der reinen Vernunft* (1781) zeigte er, daß Anselm verschiedene Kategorien miteinander vermengt hatte, indem er eine grammatische Einheit (das Prädikat »sein«) wie eine ontologische Größe behandelte. Wenn man sagt, ein Ding »ist« oder »existiert«, fügt man ihm laut Kant nichts hinzu. Vielmehr bestätigt man damit, daß etwas Wirkliches der Vorstellung entspricht, die wir von ihm haben. Wenn man sagt »Dieser Stuhl existiert«, fügt man ihm nichts hinzu, sondern trifft nur eine Aussage über ihn, nämlich, daß er nach unserer Erfahrung wirklich ist. Wir können nur dann sagen, daß etwas »ist« oder »existiert«, wenn wir es erfahren. Die Wahrheit einer solchen Aussage hängt von der Entsprechung zwischen dem Wort oder der Vorstellung und dem Ding in der Wirklichkeit ab.

Kurzum, wenn Gott nicht existiert, läßt er sich nicht dadurch »verbessern« oder vollkommener machen, daß man ihm Existenz verleiht, da es kein »Ihm« gibt, dem man etwas hinzufügen könnte. Wenn das Prädikat »existiert« verschwindet, dann verschwindet mit ihm auch das Subjekt »Gott« (bzw. das »vollkommenste denkbare Wesen« oder »Stuhl« oder jedes andere Subjekt, das an dieser Stelle steht). Und dementsprechend wird Gott auch durch die Aussage »Gott existiert nicht« nichts »weggenommen«, da wir lediglich sagen, daß es kein solches Wesen »Gott« gibt, dem man etwas wegnehmen kann; in diesem Fall ist »Gott« ein grammatisches, kein reales Subjekt.

Mit anderen Worten, die Aussage »das vollkommenste denkbare Wesen existiert nicht« enthält keinen logischen Widerspruch. Was wir damit aussagen bzw. auszusagen versuchen, ist, daß ein solches Wesen keine objektive Realität besitzt, und nicht, daß wir die Vorstellung eines solchen Wesens an sich leugnen. Und wenn die negative Formulierung – »X existiert nicht« – nicht logisch widersprüchlich ist, dann ist die positive Formulierung – »X existiert« – nicht logisch notwendig. Der einzige wahre Test für die Existenz einer Sache ist die Erfahrung.

Das bedeutete das endgültige »Aus« für Anselms »Beweis«, auch wenn noch zahlreiche Versuche unternommen wurden, ihn auf die eine oder andere Weise zu retten. Keiner dieser Versuche war letztlich erfolgreich, da sie alle auf einer Vermengung unterschiedlicher Kategorien beruhten – was die Bemühungen jedoch nicht weniger beeindruckend macht.

Pascals Wette

> Prüfen wir das also, nehmen wir an: Gott ist oder er ist nicht. Wofür werden wir uns entscheiden? Die Vernunft kann hier nichts bestimmen: ein unendliches Chaos trennt uns. Am äußersten Rande dieser unendlichen Entfernung spielt man ein Spiel, wo Kreuz oder Schrift fallen werden. Worauf wollen Sie setzen?
> Blaise Pascal, *Pensées* (1669)

Vielleicht »würfelt Gott nicht« [siehe S. 134], aber wir alle würfeln im Hinblick auf Gott. So lautet der Schluß, zu dem der französische Mathematiker Blaise Pascal gelangte, als er sich im 17. Jahrhundert mit der vertrackten Frage nach Gottes Existenz herumschlug.

Anders als Anselm räumte Pascal ein, daß es unmöglich ist zu »beweisen«, daß Gott existiert, ja er behauptete sogar, daß die menschliche Vernunft außerstande sei, überhaupt irgend etwas mit Sicherheit beweisen zu können. Für ihn lautete die entscheidende Frage, ob man an Gottes Existenz glauben *sollte*. Und seine Antwort war klar: Man wäre ein Idiot, wenn man es nicht täte. Um diese Auffassung zu untermauern, zog Pascal die Wahrscheinlichkeitsrechnung heran, zu deren Begründern er zählt. (Er hoffte damit vor allem das Interesse seiner Freunde aus der Aristokratie zu wecken, die leidenschaftliche Spieler waren.)

Nach Pascals Auffassung läuft die Frage, ob man an Gott glaubt oder nicht, auf eine Wette hinaus. Wenn Gott existiert, also die Heilige Schrift recht hat, wird einem der Glaube zu unendlicher Glückseligkeit nach dem Tod verhelfen. Wenn Gott jedoch nicht existieren sollte, dann verliert man durch den Glauben an ihn lediglich die begrenzten Freuden eines begrenzten Lebens. Selbst wenn man der Auffassung ist, daß die Wahrscheinlichkeit, daß Gott existiert, gegen Null tendiert – Pascal ist der Meinung, daß sie eher bei 50 Prozent liegt –, sollte man sich vernünftigerweise auf das Spiel einlassen. Denn in mathematischer Hinsicht ist jeder endliche Prozentsatz der Unendlichkeit immer noch unendlich. Die Vernunft schreibt also vor, daß man an Gott glauben *muß*.

Das heißt natürlich nicht, daß man sich nicht trotzdem der Vernunft widersetzen kann, indem man sich von seinen Leidenschaften übermannen läßt. Aber laut Pascal kann man diese Begierden bezähmen, indem man sich so verhält, *als ob* man an Gott glaube, und an den christlichen Ritualen teilnimmt. Hat man sich erst einmal daran gewöhnt, wird man sogar feststellen, daß man durch das Ablegen der eigenen schlechten Gewohnheiten glücklicher geworden ist, und aus diesem Grund profitiert man laut Pascal in jedem Fall von dieser Wette.

Pascals Argumentation ist ziemlich raffiniert, aber, wie er selbst am besten wußte, ist das Multiplizieren und Dividieren von Unendlichkeiten eine vertrackte Angelegenheit. Gemäß der Pascalschen Logik wäre es das einzig Vernünftige, sich auf jedes Versprechen unendlichen Glücks, ob religiös oder anders motiviert, einzulassen, wenn die Erfolgsaussichten größer als Null sind. Selbst wenn beispielsweise die Wahrscheinlichkeit, daß es einen Jungbrunnen gibt, nur ein Prozent betrüge, sollte man auf alles andere verzichten und statt dessen auf den Jungbrunnen setzen.

Der Haken an Pascals Wette ist, daß man vieles von dem, was er beweisen möchte, als gegeben voraussetzen muß, zum Beispiel daß Gott, wenn es ihn gibt, unendlich, allwissend, allmächtig und der eigentliche Autor der Bibel ist. Aber natürlich gibt es daneben noch eine unendliche Anzahl anderer Möglichkeiten – zum Beispiel, daß es Gott zwar gibt, aber daß er sich um das persönliche Verhalten des einzelnen relativ wenig kümmert, oder, und das würde Pascal mit seiner Argumentation noch mehr in die Bredouille bringen, daß Gott zwar existiert, aber kein unendliches Wesen ist.

Wie dem auch sei, auf jeden Fall ist es sehr viel schwerer, auf der Grundlage von etwas zu handeln, an das man nicht wirklich glaubt, als Pascal zugeben wollte. (Einmal ganz abgesehen davon, daß es Gott nicht entgehen dürfte, ob man es ernst meint mit dem Glauben oder ob man nur damit spielt.) Die menschliche Natur ist nun einmal so beschaffen, daß ein garantierter Lustgewinn in der Regel die Oberhand über den bloß möglichen behält, wie verlockend letzterer auch sein mag. In der Hitze des Gefechts kommen uns unendliche Möglichkeiten oft unendlich klein vor ...

»Gott ist tot!«

> Habt ihr nicht von jenem tollen Menschen gehört, der am hellen
> Vormittage eine Laterne anzündete, auf den Markt lief und un-
> aufhörlich schrie: »Ich suche Gott! Ich suche Gott!« – Da dort
> gerade viele von denen zusammenstanden, welche nicht an Gott
> glaubten, so erregte er ein großes Gelächter ...
> »Wohin ist Gott?« rief er, »ich will es euch sagen! *Wir haben ihn
> getötet* – ihr und ich! Wir alle sind seine Mörder ... Gott ist tot!
> Gott bleibt tot! Und wir haben ihn getötet!
> Friedrich Nietzsche, *Die fröhliche Wissenschaft* (1882)

Shakespeare hat nicht gesagt »Sein oder nicht sein«. Er hat
es *geschrieben*, und Hamlet sagt es. Und es war auch nicht
Friedrich Nietzsche, der gesagt hat »Gott ist tot!«, sondern ein »toller Mensch«. Es stimmt zwar, daß Nietzsche
selbst im Alter von 45 Jahren in geistige Umnachtung fiel,
dennoch besteht immer noch ein gewaltiger Unterschied
zwischen Leben und Literatur, auch dann, wenn letztere
sich Philosophie nennt.

Was meint dieser »tolle Mensch« also? Nicht, daß es
»Ungläubige« in der Welt gibt – die gab es schon immer;
und auch nicht bloß, daß Gott nicht existiert. Denn wenn
»Gott tot ist«, dann muß er ja zuvor gelebt haben; das
aber ist paradox, denn wenn Gott jemals gelebt hätte,
hätte er nie sterben können, da er ja ewig ist.

Der »tolle Mensch« bezieht sich also nicht auf den
Gott der Gläubigen, der immer war und immer sein wird,
sondern auf das, wofür Gott im Rahmen unserer Kultur
stand und was er in ihr bedeutete. Dieser Gott war e*in gemeinsamer Glaube* an Gott, und dieser Glaube war es, der
im Europa des 19. Jahrhunderts erlosch. An der Stelle, an
der sich ehemals Gott befunden hatte – im Zentrum allen
Wissens und der Sinngebung –, war nun ein Vakuum.
Gott verlor seine Bedeutung für die Wissenschaft und die
Philosophie, und so wurde wieder einmal der Mensch das
Maß aller Dinge.

Wir, die Menschen der westlichen Welt, haben den
Gott unserer Vorfahren getötet, indem wir uns immer

mehr der Natur zu- und vom Übernatürlichen abgewandt
haben. Die Ungläubigen in Nietzsches Geschichte finden
die Suche nach Gott reichlich komisch; nur der Verrückte
erkennt die gewaltigen Auswirkungen von Gottes Tod.
Das heißt nicht, daß er ihn beklagt. Vielmehr nennt er ihn
eine »große Tat«, aber eine Tat, die für uns, seine Mörder,
vermutlich zu groß ist, als daß wir sie ertragen könnten.
»Müssen wir nicht selber zu Göttern werden, um nur ihrer
würdig zu erscheinen?«

Das ist die Frage, die von Nietzsches Parabel aufgewor-
fen wird. Bei ihr handelt es sich also um einen fiktionalen
Text, nicht um eine philosophische Aussage. Nietzsche
waren metaphysische Spekulationen über die Erkennbar-
keit, das Wesen oder die Existenz (bzw. Nichtexistenz) von
übernatürlichen Abstraktionen wie »Gott« verhaßt. Gott
war ihm völlig egal, aber dafür hatte er eine Menge über
die Religion zu sagen, insbesondere über das Christentum.
Für ihn ist die Religion, dadurch daß sie sich ganz auf das
ewige Leben konzentriert, eine Art Tod. Sie entfernt uns
vom Leben und der Wahrheit, die in dieser Welt und nicht
in irgendeinem transzendentalen Wolkenkuckucksheim
zu finden sind.

Schlimmer noch: Eine Religion wie die christliche trägt
trotz der Lehren Jesu dazu bei, daß Intoleranz und Ange-
paßtheit, die Nietzsche besonders zuwider waren, fortbe-
stehen. Alles was alt, gewohnheitsbedingt, normativ oder
dogmatisch ist, steht für ihn im Widerspruch zum Leben
und zur Würde des Menschen und ist Ausdruck einer
»Sklavenmentalität«. Wer leben will, ist gewissermaßen
gezwungen, Gott zu »töten«, muß also Konformismus,
Aberglauben, Furcht und Dogmatismus überwinden. Das
ist der notwendige erste Schritt auf dem Weg, nicht ein
Gott, sondern ein **»Übermensch«** zu werden. [siehe S. 77]

Ideen aus alter Zeit:
Griechische Philosophie

»Alles wandelt sich außer dem Wandel selbst«

> Alles fließt und nichts bleibt bestehen; alles vergeht und nichts
> bleibt an seinem Ort. ... Man kann nicht zweimal in denselben
> Fluß steigen, denn immer neue Wasser führt er herbei. ... Im
> Wandel finden die Dinge zur Ruhe.
> Heraklit, *Fragmente*

Seine griechischen Landsleute nannten den Philosophen
Heraklit den »Dunklen«, und dafür hatten sie gute
Gründe. Heraklit, der im späten 6. Jahrhundert vor Christus
lebte, war vermutlich der zweideutigste unter den
vorsokratischen Denkern. Als launischer Mensch mit
einer tragischen Einstellung gegenüber dem Leben, vertrat
er im wesentlichen die Auffassung, daß alle Dinge, gute
wie schlechte, vergehen.

Wie Thales von Milet, der Begründer der griechischen
Philosophie, meinte Heraklit, daß alle Dinge aus einem
einzigen, dauerhaften Stoff bestehen, bei dem es sich nur
um eines der vier »Elemente« – Erde, Luft, Feuer und Wasser
– handeln könne. Thales glaubte, es wäre das Wasser,
Heraklit dagegen wählte das Feuer. »Alles steuert der
Blitz« lautete seine etwas kryptische Botschaft.

Die Welt, so Heraklit, ähnelt der Flamme einer Kerze:
Ihr Erscheinungsbild ist stets dasselbe, doch ihre Substanz
verändert sich unaufhörlich. Ironischerweise ist sein
berühmtestes Beispiel für diese Form / Substanz-Paradoxie
eine fließende Angelegenheit: »Man kann nicht zweimal in
denselben Fluß steigen.« Auch wenn ein Fluß scheinbar
immer »derselbe« Fluß ist, fließen seine Wasser doch unaufhörlich
weiter. In dem Moment, in dem man ins Wasser
steigt, ist es auch schon weitergeflossen.

Und so befindet sich die ganze Welt ständig im Fluß.

Der Wandel ist stetig und unvermeidlich. Andere haben Heraklits Aussage, daß alles sich wandelt, den logischen Schluß hinzugefügt: »außer dem Wandel selbst«. Damit wollte er jedoch nicht sagen, daß die ganze Welt ein einziges Chaos ist. Vielmehr erkannte er hinter allem Fließen und Streben ein lenkendes Prinzip, eine organisierende Kraft, die er *logos* nannte, was unter anderem »Wort« oder »Vernunft« bedeuten kann.

Dieser körperlose *logos*, der dem Weltall innewohnt, ist es, der Widerstreit und Wandel in Schönheit und Lust verwandelt. »Der Gegensatz führt zur Eintracht«, lautet eine der Paradoxien des Heraklit. »Aus der Zwietracht erwächst die schönste Harmonie«, eine andere. Das Gute existiert nicht unabhängig vom Bösen, Gesundheit nicht unabhängig von Krankheit, Sättigung nicht ohne Hunger und Ruhe nicht ohne Müdigkeit. Es sind jeweils zwei Seiten derselben metaphysischen Medaille, die sich ständig abwechseln, weil der Wandel die Medaille unablässig wendet.

Die Ideen des Heraklit fanden in leicht veränderter Gestalt Eingang in die Philosophie des Empedokles (5. Jahrhundert v. Chr.), der den römischen Dichter Horaz vier Jahrhunderte später zu dem Ausdruck *concordia discors* – »die Einheit der Gegensätze« – inspirierte. Auch Platons Vorstellungen von der Vergänglichkeit der Materie und der Unvergänglichkeit der Ideen [siehe **Platons Höhle**, S. 39] geht teilweise auf Heraklit zurück.

»Der Mensch ist das Maß aller Dinge«

> Sokrates: Wie also sollte ich, da ich untrüglich bin und nie
> fehle, in meiner Vorstellung von dem, was ist oder wird, das-
> jenige nicht auch erkennen, was ich wahrnehme?
> Theaitetos: Es läßt sich auf keine Weise anders denken.
> Sokrates: Vortrefflich also hast du gesprochen, daß die Erkennt-
> nis nichts anderes ist als Wahrnehmung; und es fällt in eines zu-
> sammen, daß nach dem Homeros, Herakleitos und ihrem
> ganzen Stamm alles sich wie Ströme bewegt, daß nach dem
> Prostagoras, dem sehr weisen, der Mensch das Maß aller Dinge
> ist, und daß sich nach dem Theaitetos, wenn dieses sich so ver-
> hält, die Wahrnehmung Erkenntnis wird.
> Platon, *Theaitetos*

Wem die Fragetechnik des Sokrates nicht ganz fremd ist,
der wird bereits vermuten, daß er dem Theaitetos hier eine
Falle stellt. Für Sokrates ist die Vorstellung, daß »der
Mensch das Maß aller Dinge ist«, ebenso eitel wie falsch.
Aber statt dies von vornherein zu sagen, zieht er es vor, seinen jungen Gesprächspartner mittels der »Sokratischen
Methode« behutsam auf diese Erkenntnis hin zu lenken,
damit Theaitetos versteht, warum dieser Satz falsch ist.
Am Ende kann keiner von beiden die Wahrheit für sich beanspruchen, aber zumindest stimmen sie darin überein,
daß Protagoras unrecht hatte.

Protagoras (5. Jahrhundert v. Chr.) war ein Begründer
der sogenannten Sophisten, die die Auffassung vertraten,
daß sich Weisheit lehren und lernen lasse. Damals war das
eine radikale Auffassung. Der Satz, von dem die Philosophie des Protagoras ihren Ausgang nimmt, ist eben der,
daß der Mensch das Maß aller Dinge ist. Mit anderen
Worten: die Dinge existieren so, wie wir sie wahrnehmen.
Die gegenständliche Welt wird am Menschen gemessen,
und es gibt nichts außerhalb des Menschen, was über das
Sein oder die Wahrheit entscheidet. Diese ziemlich abstrakte Vorstellung, die im krassen Widerspruch zu Sokrates' Begriff von Idealen steht, ist überraschenderweise zu
einem populären Schlagwort geworden. Aber das, was wir

heute damit meinen, ist wohl eher, daß es unsere Bedürfnisse und Wünsche sind, die darüber entscheiden, was in dieser Welt zählt.

Zenons Paradoxie

Die meisten Menschen kennen zumindest eine von Zenons Paradoxien, denn der griechische Philosoph (5. Jahrhundert v. Chr.), der in philosophischer Hinsicht ein Querkopf war, hatte so viele davon auf Lager, daß die Paradoxie zum Markenzeichen seines Denkens wurde.

Aber nur eine von ihnen bezeichnet man wirklich als »Zenons Paradoxie«, und diese existiert in zahlreichen unterschiedlichen Varianten. Die heute verbreitetste ist die folgende. Man stelle sich vor, man reise von Punkt A nach Punkt B. Um nach B zu gelangen, muß man zunächst die halbe Distanz dieser Strecke zurücklegen. Wenn man auf der Mitte dieser Strecke angekommen ist, muß man die Hälfte der nun verbleibenden Distanz zurücklegen. Ist man auf der Mitte dieser Strecke angekommen, hat man immer noch die Hälfte der restlichen Distanz vor sich.

Die Geschichte läßt sich unendlich fortsetzen. Da man grundsätzlich eine gewisse Zeit benötigt, wie kurz auch immer sie sei, um die Hälfte einer bestimmten Distanz zurückzulegen, und da die verbleibende Distanz immer durch zwei teilbar ist, benötigt man unendlich viel Zeit, um von A nach B zu gelangen. Mit anderen Worten, es ist *unmöglich*, jemals am Punkt B anzukommen.

Eine etwas anschaulichere Version dieser Paradoxie bietet der Wettlauf zwischen dem griechischen Helden Achilles und einer Schildkröte. Achilles läßt der Schildkröte bei diesem Rennen einen gewissen Vorsprung. Wenn man sich der Logik Zenons bedient, kann man nachweisen, daß Achilles den Wettlauf unmöglich gewinnen kann. Nehmen wir an, Achilles beginnt um ein Uhr loszulaufen. Um die Schildkröte einzuholen, muß er erst die

Stelle erreichen, wo diese sich um ein Uhr befand; dafür benötigt er zehn Minuten. Während dieser zehn Minuten hat sich auch die Schildkröte weiterbewegt, so daß Achilles nun die Stelle erreichen muß, wo die Schildkröte um ein Uhr zehn war. Dafür benötigt er wiederum etwas Zeit, zum Beispiel fünf Minuten. Doch während dieser fünf Minuten hat auch die Schildkröte ihren Weg in Richtung Ziellinie fortgesetzt, und nun muß Achilles dorthin rennen, wo sich die Schildkröte um Viertel nach eins befand. Und so weiter: die Schildkröte wird sich demnach immer vor Achilles befinden, ganz egal, wieviel schneller dieser läuft.

Zenon wußte natürlich, daß in der Realität, wie sie sich uns gemeinhin darstellt, Achilles oder jeder andere gesunde Mensch, die Schildkröte leicht schlagen könnte. Aber Zenon war der Auffassung, daß unser herkömmlicher Realitätsbegriff nicht schlüssig ist, denn, wie er zu zeigen versuchte, der »gesunde Menschenverstand« und die Bewegungsgesetze können nicht beide gleichzeitig wahr sein. (Zenons Denkfehler bestand darin, daß er nicht merkte, daß er Unendlichkeit durch Unendlichkeit dividierte.) Was Zenon jedoch tatsächlich zu beweisen versuchte, war die Lehre seines Mentors Parmenides, dessen Vorstellungen von Sein und Nicht-Sein ziemlich abgehoben sind. Laut Parmenides ist die Wirklichkeit nämlich unwirklich.

Den griechischen Philosophen seiner Zeit gelang es nicht, die Schwachstellen von Parmenides' Argumentation aufzudecken. Der erste, der dies tat war Platon, der die Lehren des Parmenides in einer Reihe von Dialogen *(Parmenides, Theaitetos* und *Sophistes)* angriff. Doch selbst Platon trug keinen vollständigen Sieg über Zenon davon, denn auch Aristoteles hielt es noch für erforderlich, sich mit den Argumenten von Parmenides und Zenon auseinanderzusetzen und sie zu widerlegen. Er tat dies im Rahmen seiner Untersuchungen zu den Ursachen der Bewegung. Aber auch die These, die Aristoteles schließlich aufstellte, hat einen Haken. [siehe **Der erste Beweger**, S. 19]

Platons Höhle (Idealismus)

Und nun [sagte Sokrates] vergleiche Bildung und Unbildung in unserer Natur mit folgendem Zustand. Stelle dir Menschen vor in einer unterirdischen, höhlenartigen Wohnstätte mit lang nach aufwärts gestrecktem Eingang, entsprechend der Ausdehnung der Höhle. Von Kind auf sind sie in dieser Höhle festgebannt mit Fesseln an Schenkeln und Hals; sie bleiben also immer an der nämlichen Stelle und sehen nur geradeaus vor sich hin, denn durch die Fesseln werden sie gehindert, ihren Kopf herumzubewegen. Von oben her aber aus der Ferne leuchtet hinter ihnen das Licht eines Feuers. Zwischen dem Feuer aber und den Gefesselten läuft oben ein Weg hin, dem entlang eine niedrige Mauer errichtet ist ähnlich der Schranke, die die Puppenspieler vor den Zuschauern errichten, um über sie weg ihre Kunststücke zu zeigen. ... Sie gleichen uns. Können denn [zunächst] solche Gefesselte von sich selbst und voneinander etwas anderes gesehen haben als die Schatten, die von dem Feuer auf die ihnen gegenüberliegende Wand der Höhle geworfen werden?
Platon, *Der Staat*

Platon (ca. 428–348 v. Chr.) hielt unsere Welt nicht für die beste aller möglichen. Sie schien ihm vielmehr eine Art Gefängnis zu sein, in dem wir im Dunkeln eingekerkert sind. Doch jenseits dieses Gefängnisses befindet sich die strahlende und hoffnungsfrohe Welt der Wahrheiten, die er Ideen bzw. Ideale nennt, weswegen seine Lehre auch als »Idealismus« bezeichnet wird.

Platon entwickelt seine idealistischen Ideen am nachdrücklichsten in *Der Staat*, einem Text, in dem wie gewöhnlich sein Mentor Sokrates als sein Sprecher fungiert. (In welchem Ausmaß Sokrates tatsächlich die Ansichten Platons teilte, ist nicht bekannt.) Sokrates vergleicht die Alltagswelt mit einer »unterirdischen Wohnstätte« bzw. »Höhle«, in der wir an unseren Plätzen festgekettet sind. Vor uns befindet sich eine Mauer und hinter uns ein Feuer. Außerstande unsere Köpfe zu wenden, sehen wir nur die Schatten, die durch das Feuer auf die Mauer geworfen werden. Da wir sonst nichts wissen, halten wir diese Schatten für die »Wirklichkeit«, und unsere Mitmenschen und sämtliche Gegenstände in der Höhle besitzen für uns keine andere Wirklichkeit als diese.

Doch wenn wir uns von unseren Ketten befreien könnten, ja selbst wenn wir uns nur in Richtung des Höhleneingangs drehen könnten, würden wir allmählich unseren Irrtum erkennen. Zunächst wäre der direkte Lichteinfall sicherlich schmerzhaft und irritierend. Doch bald schon würden sich unsere Augen daran gewöhnen, und wir würden beginnen, reale Menschen und Objekte zu erkennen, die wir zuvor nur als Schattengestalten wahrnahmen.

Aber auch dann noch würden wir uns aus Gewohnheit an die Schatten klammern und sie noch immer für wirklich halten und die Körper, denen sie sich verdanken, für Illusionen. Doch wenn man uns schließlich aus der Höhle ans Licht zöge, würden wir früher oder später zu einer richtigen Sicht der Dinge gelangen und uns unserer bisherigen Unwissenheit schämen.

Platons Gleichnis ist ein Angriff auf unsere Denkgewohnheiten. Wir sind, sagt er, daran gewöhnt, die konkreten Gegenstände, die uns umgeben, als »wirklich« anzusehen. Doch sie sind nicht »wirklich«. Oder vielmehr, sie sind nur unvollkommene und weniger »wirkliche« Kopien unveränderlicher und ewiger »Formen«. Diese Formen, wie sie Platon beschreibt, sind die ewigen, idealen und ursprünglichen Wirklichkeiten, von denen die unvollkommenen und verderblichen konkreten Kopien nur ein schlechter Abklatsch sind. So ist etwa jeder Stuhl in der uns vertrauten Welt der Dinge nur eine Nachahmung bzw. ein »Schatten« des idealen Stuhls. Und jeder Schreibtisch ist eine Kopie des idealen Schreibtischs, der sich nie verändert, der in aller Ewigkeit existiert – und auf dem man niemals Kaffee verschüttet.

Diese idealen Stühle und Schreibtische sind laut Platon keine bloßen Hirngespinste; vielmehr sind sie sogar »wirklicher« als ihre weltlichen Nachahmungen, denn sie sind vollkommener und universeller. Aber da unsere verderbten Sinne schon immer gefangen waren, sind wir blind für diese

Welt der Ideale. Unser Geist ist an die Imitate gekettet, die wir deswegen mit der Wirklichkeit verwechseln. Wir sind Gefangene in einer philosophischen Höhle.

Aber noch ist nicht alles verloren, denn auch wenn allerorten die Menschen in Ketten liegen, kann uns doch die Philosophie befreien. Wenn wir es zulassen, wird sie uns aus der Höhle der Dunkelheit und der Ignoranz ins Licht des wahren Seins befördern. Eine Zeitlang werden wir uns dann zwar noch gegen das wehren, was wir sehen, uns an die falsche »Wirklichkeit« der Objekte klammern und die Wahrheit der philosophischen Ideale leugnen. Aber früher oder später werden wir beginnen, klarzusehen, und sogar eine Vorstellung von der höchsten Idee, dem Ideal der Ideale, nämlich der Idee des Guten gewinnen. Als Philosoph definiert Platon das Gute natürlich als Wissen.

Die drei Grundsätze des Denkens

Da nun aber unmöglich der Widerspruch zugleich von demselben Gegenstande mit Wahrheit ausgesagt werden kann, so kann offenbar auch das Konträre nicht demselben Gegenstande zugleich zukommen. ... Ist es nun unmöglich, etwas in Wahrheit zugleich zu bejahen und zu verneinen, so ist es ebenso unmöglich, daß das Konträre demselben zugleich zukomme, sondern entweder beides nur in gewisser Beschränkung oder das eine schlechthin, das andere in gewisser Beschränkung. Ebensowenig aber kann zwischen den beiden Gliedern des Widerspruchs etwas mitten inne liegen, sondern man muß notwendig jedes von jedem entweder bejahen oder verneinen.
Aristoteles, *Metaphysik*

Seit über zwei Jahrtausenden beruhte die abendländische Logik auf drei fundamentalen Gesetzen des Denkens. Diese scheinbar selbstverständlichen Axiome bestimmen die Art und Weise, wie wir denken. In Wirklichkeit sind sie jedoch wesentlich komplexer und weniger offensichtlich, als es zunächst den Anschein hat.

Die drei Grundsätze hat Aristoteles folgendermaßen formuliert:

1. Eine Sache ist mit sich selbst identisch. Der übliche symbolische Ausdruck dieser Regel, die man als den »Satz von der Identität« bezeichnet, lautet: »A = A.« Zum Beispiel: »Sokrates ist Sokrates.«

2. Eine Sache kann nicht gleichzeitig *sein* und *nicht-sein*: »A und nicht-A ist falsch.« Dies ist der sogenannte »Satz vom Widerspruch«. Das heißt: »Es ist falsch, daß Sokrates gleichzeitig ein Mensch und kein Mensch ist.«

3. Wenn ein bestimmter Zustand A oder eine bestimmte Eigenschaft A gegeben sind, dann muß eine Sache sich entweder in diesem Zustand befinden bzw. diese Eigenschaft haben oder sich nicht in diesem Zustand befinden bzw. diese Eigenschaft nicht haben: »Entweder A oder nicht-A.« Dies wird als der »Satz vom ausgeschlossenen Dritten« bezeichnet, da es kein Mittelding zwischen A und nicht-A gibt. Also gilt: »Entweder lebt Sokrates oder er lebt nicht.«

Es ist ziemlich schwierig, irgendeines dieser Gesetze, die wir normalerweise für selbstverständlich erachten, in Zweifel zu ziehen. Aber Philosophen und Mathematiker kümmern sich nicht um das, was als »normal« gilt, ihnen geht es schließlich um die Wahrheit. Sind diese Gesetze notwendigerweise in jeder denkbaren Situation wahr? Seit ungefähr einem Jahrhundert lautet die Antwort auf diese Frage: »Nein«.

Die ersten Zweifel kamen auf, als die Philosophen begannen, über die Bedeutung von »ist« und »nicht« in Aristoteles' Gesetzen genauer nachzudenken.

Da diese Worte auf ganz unterschiedliche Weise verwendet werden können, geraten die »Grundsätze« leicht in ein semantisches Wirrwarr. Am interessantesten sind die Probleme beim Satz vom ausgeschlossenen Dritten. Nehmen wir ein ganz einfaches Beispiel wie: »Eine Rose ist entweder rot oder sie ist es nicht.« Doch wie einfach ist das Beispiel wirklich? Vielleicht sind wir ja gar nicht einer Meinung darüber, wie rot eine Rose sein muß, um als rot zu gelten, und vielleicht können wir uns noch nicht einmal darauf einigen, was »rot« überhaupt heißt. Ich hatte zum Beispiel früher einmal einen VW Golf, den ich als »rot« bezeichnete und andere Menschen als »orange«. Daß er sehr häßlich war, darüber waren sich alle einig, aber hinsichtlich der Beschreibung dieser Häßlichkeit gab es beträchtliche Meinungsunterschiede.

Eigenschaften bzw. »Prädikate«, um den logischen Terminus zu benutzen, sind häufig subjektiv. Ich denke vielleicht, John sei groß, aber deswegen muß das ein anderer noch lange nicht denken. Wir könnten beide recht haben. Was aber bedeutet »recht«? Kann man sagen, daß beide Aussagen zutreffen? Ein anderes Beispiel: Die Aussage »Einhörner sind bösartig« ist falsch, weil Einhörner nicht existieren. Aber die gegenteilige Aussage, »Einhörner sind nicht bösartig«, ist ebenfalls falsch und zwar aus demselben Grund.

Mathematiker haben vor kurzem ähnliche Einwände auch gegen die anderen Grundsätze erhoben oder zumindest in Frage gestellt, daß sie eine hinreichende Basis für die Logik sind. Man kann zwar sagen: »5 ist 5« und »5 kann nicht nicht-5 sein« oder auch »5 ist entweder gerade oder ungerade«, aber sobald wir in den Bereich der unendlichen Zahlen kommen, verlieren solche Aussagen jegliche Bedeutung. Wir können nicht beweisen, daß eine unendliche Zahl entweder gerade *oder* ungerade ist. (»Null ist gerade« und »1 ist eine Primzahl« sind weitere unentscheidbare Aussagen dieser Art.) Ebensowenig können wir, mit einem Beispiel aus der Physik zu sprechen, sagen, daß »Licht entweder eine Welle oder keine Welle« ist. Deswegen haben diese Gesetze, zumindest im Bereich der Wissenschaft, ihre alte Vorrangstellung verloren.

Aber selbst Philosophen hatten den Grundsätzen längst widersprochen, allen voran Georg Wilhelm Friedrich Hegel. Für ihn kann eine Sache auch ihr eigenes Gegenteil sein. Mehr zu diesem verzwickten Problem findet sich unter **Die Dialektik** auf S. 70.

Cogito, ergo was?
Die Anfänge modernen Philosophierens

»Ich denke, also bin ich!« (Cogito, ergo sum)

> Alsbald aber fiel mir auf, daß, während ich auf diese Weise zu denken versuchte, alles sei falsch, doch notwendig ich, der es dachte, etwas sei. Und indem ich erkannte, daß diese Wahrheit: »ich denke, also bin ich« so fest und sicher ist, daß die ausgefallensten Unterstellungen der Skeptiker sie nicht zu erschüttern vermöchten, so entschied ich, daß ich sie ohne Bedenken als ersten Grundsatz der Philosophie, die ich suchte, ansetzen könne.
> René Descartes, *Von der Methode des richtigen Vernunftgebrauchs* (1637)

Aus heutiger Sicht wirkt dieser Gedanke vielleicht nicht besonders spektakulär, aber damals, als René Descartes (1596–1650) mit ihm seine eigene Existenz bewies, sorgte das für eine ganz nette Sensation.

»Ich denke, also bin ich« – einer der einfachsten, elegantesten und bekanntesten philosophischen Beweise – war gegen den Skeptizismus gerichtet, der zu Descartes' Zeiten besonders in Mode war. Die Freunde und Kollegen des französischen Mathematikers und Philosophen meinten, man könne lediglich davon sprechen, daß etwas mehr oder weniger wahrscheinlich sei – *sicher* aber sei gar nichts, dafür lasse sich unser Bewußtsein viel zu leicht übertölpeln.

Aber nachdem ihm mit der Erfindung des Kartesischen Koordinatensystems bereits ein eindrucksvoller Coup gelungen war, hatte Descartes ein handfestes Interesse daran, auch noch zu beweisen, daß zumindest *einige* Dinge, etwa mathematische Theoreme, wirklich absolut wahr sein können. Er vertrat den Standpunkt, daß es ohne irgendeine sichere Grundlage gar keine wahre Erkenntnis gäbe: Wahrscheinlichkeit genügte ihm einfach nicht.

Descartes hielt es für selbstverständlich, daß Erkenntnis letztlich auf einer einzigen unbestreitbaren Tatsache beruhen muß (und nicht auf mehreren). Um dieser Tatsache auf die Spur zu kommen, akzeptierte er zunächst die üblichen Argumente der Skeptiker. Nehmen wir also mit Descartes an, daß unsere Sinne unzuverlässig sind und uns häufig zu falschen Schlußfolgerungen führen. (So halten wir zum Beispiel manchmal Träume oder Illusionen für wahr oder meinen, die Sonne »geht auf«, wo es doch in Wirklichkeit die Erde ist, die sich bewegt.) Da unsere Sinne also ziemlich unsichere Kantonisten sind und uns so leicht hinters Licht führen können, müssen wir Sinneseindrücke als Grundlage der Erkenntnis ausschließen.

Was uns statt dessen bleibt, ist die Vernunft. Zumindest meinten Decartes und andere »Rationalisten« (lat. *ratio*, Vernunft), daß diese zuverlässiger sei als die Erfahrung. Aber was, wenn auch die Vernunft sich täuschen läßt und selbst die Logik vor Fehlern nicht gefeit ist? Womöglich sind ja sogar scheinbar selbstverständliche Aussagen wie »2 + 2 = 4« oder »Glück ist etwas Gutes« falsch. Vielleicht sind sie uns ja von einem allmächtigen bösen Dämon eingeflüstert worden, der eine diebische Freude daran hat, uns zu täuschen, so daß alles, was sich in unseren Köpfen abspielt, das rationale Denken eingeschlossen, bloß ein Traum im Bewußtsein dieses Dämons ist. Vielleicht ist aber auch die ganze Welt und alles, was sich darin befindet, nichts anderes als ein Traum im Bewußtsein dieses bösen Dämons. Wir haben keine Möglichkeit zu beweisen, ob dem so ist oder nicht. Welche absolute Wahrheit bleibt uns dann überhaupt noch?

Descartes' Antwort darauf lautet: die unbestreitbare Tatsache, daß ich selbst das alles gedacht habe. Ganz egal, in welcher Wirklichkeit man lebt, *denken* muß man sie auf jeden Fall selber. Und da man sie selber denkt, muß man auch existieren. Daher: *Cogito, ergo sum*, »Ich denke, also bin ich«, wie es in Descartes' *Discours de la Méthode* heißt.

Das Denken bildet, so Descartes' Schlußfolgerung, die sichere Grundlage der wahren Erkenntnis – das Denken sowie bestimmte konkrete Vorstellungen wie etwa »Substanz«, »Selbst« und »Gott«, über die wir von Natur aus verfügen. Was diesen letzten Punkt angeht, bleibt Descartes uns jedoch die Antwort auf manche Frage schuldig. Selbst wenn wir mit ihm davon ausgehen, daß *Cogito, ergo sum* zutrifft, und wir die Möglichkeit ausschließen, daß das Denken selbst eine Illusion sein könnte, kann man deswegen doch nicht automatisch auf bestimmte, uns angeborene Vorstellungen wie etwa »Gott« schließen. Die Inhalte unseres Denkens – wenn auch nicht die Tatsache dieses Denkens selbst – könnten ja trotzdem dämonisches Blendwerk sein.

Aber Descartes hielt derartige Schlußfolgerungen für völlig ausgeschlossen. Er glaubte, sich seiner eigenen Existenz und seines eigenen Denkens sicher sein zu können und war davon überzeugt, daß bestimmte klare und eindeutige Eindrücke die Essenz unseres Denkens bilden – ohne sie könnte es gar kein Denken geben. Da jedoch ein allmächtiger und gütiger Schöpfer, also Gott, zu diesen Eindrücken zählt, muß er auch existieren. Und da er selbst allmächtig und gütig ist, schließt Gottes Existenz diejenige eines allmächtigen bösen Dämons, der uns täuscht, aus. Haben wir uns aber erst einmal des Dämons entledigt, sind wir auch unsere Zweifel hinsichtlich logischer und mathematischer Wahrheiten los.

Damit haben wir allerdings immer noch nicht das Problem der unzuverlässigen Sinneseindrücke gelöst. Descartes war der festen Überzeugung, daß Gott es niemals zulassen würde, daß wir zu hilflosen Opfern einer absoluten Täuschung werden. Wir können uns also zumindest darauf verlassen, daß die Welt existiert und ihre Substanz real ist. Andererseits ist diese physische Substanz jedoch etwas völlig anderes als das Denken, etwas von diesem Unabhängiges – womit wir bei Descartes' berühmtem »Leib/Seele-Problem« wären.

Wenn die Seele existiert, wo befindet sie sich dann? Wenn sie irgendwo ist, dann muß sie ja an einem bestimmten physischen Ort sein und eine bestimmte Wirklichkeit besitzen und daher irgendeine Substanz haben. Denn wenn sie keine Substanz hätte, wie könnte sie dann existieren? Selbst Descartes war nicht in der Lage, dieses Rätsel zu lösen. Seine These, daß sich der Sitz der Seele im Zentrum des Gehirns, und zwar in der Zirbeldrüse, befinde, war jedenfalls nicht sonderlich überzeugend. Tatsache ist aber auch, daß auf diese Frage bislang noch niemand eine überzeugende Antwort gefunden hat. Unter Naturwissenschaftlern tendiert man heute dazu, die Seele als eine Kette neurochemischer Reaktionen aufzufassen. Aber bis zur schlüssigen Beweisführung wird es noch ein wenig dauern.

Descartes' Rationalismus, ein spätes Produkt der mittelalterlichen Auffassung, daß Gewißheit eine unerläßliche Voraussetzung der Wahrheit sei, ist nach und nach den Erkenntnissen der empirischen Wissenschaften gewichen. Deren Wahrheiten sind immer hypothetisch, vorläufig, verbesserbar und ebenso von Experimenten wie von der Vernunft abhängig. Das ändert freilich nichts daran, daß *Cogito, ergo sum* ein faszinierender Einfall bleibt – als Höhepunkt und Abschluß der antiken Philosophie und als bleibender Ansporn für die moderne Logik und Metaphysik. Descartes' Koordinatensystem hat sich vielleicht als haltbarer erwiesen, aber seinen Ruhm verdankt er allemal dem *cogito* . . .

Humes Gabel

Humes Gabel ist ein philosophisches Instrument, mit dem man echte Probleme von Scheinproblemen unterscheiden kann. Die Annahme, die dahinter steckt und auf den Schotten David Hume (1711–1776) zurückgeht, ist folgende: Jede Aussage oder Behauptung läßt sich einer von drei Kategorien zuordnen: Sie ist 1. *per definitionem* entweder wahr oder falsch, 2. von der Erfahrung abhängig oder 3. einfach Unsinn. Das sind die drei Zinken der Gabel. Da Hume sich lediglich für Aussagen der zweiten Kategorie interessierte, bezeichnet man ihn als »Empiriker«, was auf den lateinischen Begriff für »Erfahrung« zurückgeht.

Im Grunde hatte Hume diese Auffassung von dem sogenannten »Rationalisten« Gottfried Wilhelm Leibniz (1646–1716) geklaut, der wie Descartes meinte, daß die Vernunft eine sicherere Richtschnur sei, um der Wahrheit auf die Spur zu kommen, als die Erfahrung. Auch Leibniz hatte eine Gabel, aber seine hatte nur zwei Zinken: 1. logisch notwendige Behauptungen und 2. »kontingente« (nicht notwendige) Behauptungen. Beispiele für notwendige Behauptungen sind »2 + 2 = 4« und »Ein Cockerspaniel ist ein Hund«. Daß sie notwendig sind, bedeutet, daß ihre Negation falsch sein muß. Beispiele für kontingente Behauptungen wären etwa »Cäsar überquerte den Rubikon« oder »Bill Clinton ist der Präsident der USA«. Solche Aussagen können zwar der Realität entsprechen, aber ihr Gegenteil ist nicht *notwendig* falsch. Ob etwas wahr oder falsch ist, hat in diesen Fällen nichts mit Logik zu tun, sondern hängt von historischen Ereignissen ab, die auch anders hätten verlaufen können.

Doch Leibniz hatte diese Unterscheidung nur getroffen, um sie ad absurdum zu führen. Er war nämlich durchaus der Ansicht, daß kontingente Aussagen notwendig sind – wenn man sie aus dem richtigen Blickwinkel betrachtet. Bill Clinton *mußte* die Wahlen 1992 gewinnen, denn das Resultat der Wahl war von Gott vorherbestimmt. Es gibt keine mögliche »alternative Wirklichkeit«, in der Clinton hätte verlieren können. Alles ist so, wie vorgesehen, also gibt es keine kontingenten Behauptungen.

Hume und die anderen britischen Empiriker hatten für derartigen »kontinentaleuropäischen« Unfug nur Spott übrig. Wie Leibniz unterschied Hume notwendige Aussagen, die er als Vorstellungsverknüpfungen bezeichnete, von kontingenten Aussagen oder Tatsachen. Er bestand aber darauf, daß es sich dabei um zweierlei handelt. Tatsachen sind nicht nur nicht notwendig, sondern überdies nützen uns notwendige Aussagen überhaupt nichts. Nach Humes Auffassung handelt es sich bei einer Aussage, die nicht notwendig wahr bzw., mit Kant zu sprechen, »analytisch« ist, um eine Tautologie: sie ist inhaltsleer, das heißt, wir erfahren durch sie nichts Neues. Wenn man etwa sagt, »Ein Cockerspaniel ist ein Hund«, dann gibt man einfach die Definition eines »Cockerspaniels« zum besten. Und wenn man sagt »2 + 2 = 4«, dann teilt man damit nichts Neues mit, sondern macht nur eine Aussage, die sich aus unserer Definition der verwendeten Begriffe ergibt.

Die einzigen Aussagen, die für Hume der Rede wert sind, sind solche über Tatsachen, die nicht notwendig wahr sind und die uns daher etwas über die Welt mitteilen. Zu sagen, daß Julius Caesar den Rubikon überschritten hat, ist informativ, denn Caesar könnte den Rubikon ja auch *nicht* überschritten haben. Jede echte Erkenntnis wird in Form solcher Aussagen vermittelt, die Kant als »synthetische« bezeichnet: Sie beruhen in erster Linie auf Beobachtungen und nicht auf der Vernunft. Genau das meint man, wenn man von Empirismus spricht.

Hume war sich darüber im klaren, daß es alle möglichen Aussagen gibt, die weder Tautologien (analytisch) noch informativ (synthetisch) sind. So läßt sich etwa der Satz »Einhörner sind bösartig« schwerlich als logische Wahrheit bezeichnen. Andererseits erfahren wir durch ihn nichts über die Welt, da Einhörner nicht existieren. Diese Art Aussagen bezeichnete Hume einfach als »Unsinn«. Seiner Meinung nach bestehen die meisten Bücher theologischen oder metaphysischen Inhalts aus nichts als derartigem Unsinn, da sich in ihnen weder notwendige Wahrheiten noch neue Einsichten finden. Und daher empfahl er in seiner *Abhandlung über den menschlichen*

Verstand (1748), »solche Bücher ins Feuer zu werfen, da sie nichts als Blendwerk und Täuschung enthalten«.

Heute ist es beinahe selbstverständlich, die Humesche Gabel zu verwenden, aber zur Zeit ihrer Einführung erwies sie sich als revolutionär. Mit ihrer Hilfe zeigte Hume zum Beispiel, daß die Aussage »Gott existiert« weder notwendig wahr – ihr Gegenteil ist nicht notwendig falsch –, noch empirisch ist – wir können Gott mit unseren Sinnen nicht erfassen. Machen wir von Humes Gabel Gebrauch, so erweist sich die Aussage daher als Unsinn, da sie jenseits dessen liegt, was wir wissen können.

Im übrigen betrachtet Humes Empirismus alles, was wir erfahren können, als kontingent. Das heißt, unsere Erfahrung beschränkt sich auf Dinge, die wahr sein können *oder auch nicht*, und die daher nicht vorherbestimmt sind. Es mag schon sein, daß wir sehen, wie eine Billardkugel auf eine andere trifft und diese dann in eines der Löcher des Billardtisches fällt, aber daß das eine das andere »verursacht«, ist lediglich eine abstrakte Idee bzw. unsere Art und Weise, eine Abfolge von Ereignissen zu erklären. Humes Schlußfolgerungen sollten der Wissenschaft noch ziemliches Kopfzerbrechen bereiten. (siehe das nächste Kapitel.)

Hume versuchte, die inhaltsleeren Gewißheiten der Mathematik und der Naturwissenschaften durch ein sinnvolleres Modell der Wirklichkeit zu ersetzen, das auf der Psychologie des Menschen, der Wahrscheinlichkeit sowie gewohnheitsbedingtem Verhalten beruht. Aufgrund dieser Bemühungen bezeichnet man Hume heutzutage nicht ganz unzutreffend als Skeptiker. Doch ebensogut könnte man ihn einen Psychologen oder Statistiker nennen, denn in unserem Zeitalter der Quantenphysik und der Meinungsforschung bezweifelt niemand mehr ernsthaft seine Vorstellungen.

Der Skandal der Induktion

Die wissenschaftliche Methode, deren Pioniere im 17. Jahrhundert unter anderem Francis Bacon und René Descartes waren, ist im wesentlichen ein induktives Verfahren. Im Gegensatz zur Deduktion, bei der neue Wahrheiten aus schon bestehenden abgeleitet werden, gelangt man bei der Induktion von der Einzelbeobachtung zu allgemeinen Schlüssen.

Bacon und seine Anhänger beharrten darauf, daß wissenschaftliche Erkenntnisse niemals auf gegebenen Wahrheiten beruhen könnten, seien diese nun mathematischer oder metaphysischer Natur, sondern sich auf Beobachtungen und Experimente stützen müssen. Der echte Wissenschaftler beobachtet die Natur, versucht ihren Grundmustern auf die Spur zu kommen, formuliert Hypothesen und überprüft diese dann im Experiment. Eine Hypothese wird zur Theorie, wenn sie sich durch wiederholte Experimente erhärten läßt, und sie erweist sich als falsch (= wird »falsifiziert«), wenn die Experimente zu anderen Ergebnissen führen.

Der Philosoph David Hume vertrat zwar ebenfalls die Ansicht, daß Erkenntnisse nur durch Erfahrung gewonnen werden können, meinte aber auch, daß die wissenschaftliche Methode keineswegs unproblematisch ist. Er stellte sich die Frage, was es eigentlich genau heißt, etwas durch Beobachtung oder Experimente, also durch Induktion, zu wissen. Das einzige, was man tatsächlich weiß, ist doch, daß *anscheinend* jedesmal, wenn x eintritt, auch y eintritt.

Nehmen wir zum Beispiel an, das Ereignis x tritt hundertmal ein, und hat ebensooft das Ereignis y zur Folge. Man wirft einen Stein auf eine Fensterscheibe, und die Scheibe geht zu Bruch. Man wiederholt das Experiment 99mal, und jedesmal ist das Ergebnis dasselbe. Nun bedient man sich der Induktion und schließt aus dieser Beobachtung, daß Glasscheiben zu Bruch gehen, wenn man

Steine darauf wirft – und schon ist die Theorie fertig. Aber ist diese Theorie auch notwendig wahr? Sollten sich Zweifel daran regen, wiederholt man das Experiment eben einfach immer wieder – solange man lustig ist bzw. bis man nicht mehr kann. Schade nur, daß einem niemand garantieren kann, daß die Scheibe auch noch beim nächsten Stein zu Bruch gehen wird ...

Der sogenannte »Skandal« der Induktion besteht darin, daß Beobachtungen zwangsläufig begrenzt sein müssen – man kann nun mal nicht bis in alle Ewigkeit Steine auf Fensterscheiben werfen. Das heißt aber auch, daß die experimentelle Methode eine natürliche Grenze hat. Sie leitet die Wahrheit aus einer endlichen Zahl von Experimenten bzw. Beobachtungen ab. Und wer kann mit Sicherheit ausschließen, daß ein Experiment, führt man es nur lange genug durch, nicht doch einmal negative Resultate hervorbringen wird? Doch wenn ein Experiment einer Hypothese auch nur einmal widerspricht, kann diese Hypothese nicht notwendig wahr sein. Das aber heißt, man kann sie nicht *mit Sicherheit* für wahr halten.

Genau das wollte Hume uns über das induktive Wissen sagen: Es handelt sich um einen Widerspruch in sich. Die Dinge, die wir aufgrund unserer Erfahrung zu »wissen« meinen, nämlich daß die Sonne aufgeht, daß Vögel fliegen und dergleichen, sind in Wirklichkeit nur Dinge, die wir glauben, weil wir uns daran gewöhnt haben, daß »sie so sind, wie sie sind«. Wir glauben, daß das Schleudern von Steinen das Zerbrechen der Scheiben »verursacht«, weil das eine regelmäßig das andere zur Folge hat. Aber es ist uns nicht möglich, das Kausalprinzip selbst zu beobachten. Man schließt bloß aus dem gemeinsamen Auftreten zweier Ereignisse (Steinwurf/Glasbruch) auf eine Ursache bzw. leitet sie daraus ab. Es ist lediglich eine Denkgewohnheit, daß wir die Welt auf diese Weise, also unter dem Aspekt der Ursächlichkeit, wahrnehmen. Denn die Möglichkeit, so etwas wie eine »Ursache« zu beweisen, gibt es nicht, und man kann nie sicher sein, daß irgend etwas, was auf der Welt geschieht, zwangsläufig wieder passieren wird.

Doch Hume sieht keinen Anlaß, an diesem Skandal zu verzweifeln. Auch wenn es in philosophischer Hinsicht kein sicheres Wissen von der Welt geben kann, heißt das ja nicht, daß wir gar nichts wissen können. Es bedeutet lediglich, daß wir die Dinge nur auf eine bestimmte, eingeschränkte Weise erkennen können. Zumindest können wir ja beispielsweise von der nicht eben geringen Wahrscheinlichkeit sprechen, daß die Sonne auch morgen wieder aufgehen wird und daß eine Fensterscheibe zu Bruch geht, wenn wir einen Stein darauf werfen. Und da es keinen guten Grund gibt, an solchen Annahmen zu zweifeln, können wir im Zusammenhang mit ihnen in einem pragmatischen (wenn auch nicht in einem philosophischen) Sinne durchaus von »Gewißheiten« sprechen. Außerdem glaubte Hume, daß die Tatsache, daß unsere Vorstellungen uns zum Glauben an Naturgesetze veranlassen, darauf zurückzuführen ist, daß die Natur wirklich bestimmten Gesetzen folgt.

Trotzdem waren Humes Nachfolger, die den Standpunkt vertraten, Wissen müsse sicher sein, wenn es diesen Namen verdienen soll, mit der »praktischen Gewißheit« nicht zufrieden. Immanuel Kant, der Humes Behauptung widersprach, daß wir Tatsachen nur mittels der Erfahrung kennen, schlug einen Ausweg aus diesem Dilemma vor. Vorstellungen wie Kausalität, Raum oder Zeit sind in Kants Worten »*a priori* synthetische« Begriffe, und das bedeutet, daß sie die Wirklichkeit zwar beschreiben, aber nicht auf die Erfahrung zurückführbar sind.

Der Haken an Kants »Lösung« ist, daß sie Naturgesetze und andere wissenschaftliche Wahrheiten von geistigen Kategorien, also vom menschlichen Bewußtsein abhängig macht. Induktion im strengen Sinne kann es nicht geben, da der menschlichen Erkenntnis nur Erscheinungen, nie aber die Dinge selbst zugänglich sind. Natürlich stimmt es, daß wir uns dieser Erscheinungen sicher sein können und daß diese nicht existieren könnten, gäbe es keine ihnen zugrundeliegende Realität. Aber Kant macht vor der Wirklichkeit schlechthin halt, von der er sagt, daß wir sie nicht kennen können.

Aber auch diese Erklärung befriedigt nicht vollständig. Es bedürfte eines ganzen Buches, um die vielfältigen Ansätze darzustellen, mit denen versucht wurde, das Problem der Induktion zu lösen und die von utilitaristischen über pragmatische bis zu phänomenologischen reichen. Doch ein weiterer Philosoph muß in diesem Zusammenhang noch erwähnt werden, weil sein Name zum Synonym für Erkenntnistheorie im 20. Jahrhundert geworden ist: der Österreicher Karl Popper (1902–1994).

Ähnlich wie Kant wollte auch Popper das Problem durch den völligen Verzicht auf die Induktion lösen. Seiner Ansicht nach entstehen wissenschaftliche Hypothesen nicht aufgrund von Beobachtungen, sondern sie sind Produkte der Einbildungskraft des Individuums bzw. der Gemeinschaft. Wir beobachten und experimentieren, um Theorien zu überprüfen, nicht um sie zu entwickeln. Und ob man dies zugibt oder nicht – was diesen Experimenten zugrunde liegt, ist ironischerweise nicht das Bestreben, die Stimmigkeit von Theorien zu beweisen, sondern vielmehr der Versuch, sie zu widerlegen. Eine Hypothese zu überprüfen, wäre sinnlos, wenn sie sich nicht als falsch erweisen könnte. Doch findet sich auch nur *ein* Beispiel, das sie widerlegt, ist die Theorie automatisch falsch und muß durch eine andere ersetzt werden. Andererseits sind Theorien, die der experimentellen Überprüfung standhalten, dadurch noch nicht notwendig »wahr«. Sie haben sich lediglich für die tägliche Praxis als brauchbare Beschreibung der Wirklichkeit erwiesen.

Darüber hinaus, und das ist das Interessante an Poppers Argumentation, hat eine Theorie desto weniger Sinn, je schwerer sie sich falsifizieren läßt. Denn offensichtlich ist eine Aussage um so schwerer zu widerlegen, je allgemeiner sie gehalten ist. (So ist beispielsweise der Satz »Irgendwo auf der Welt gibt es schwarze Schwäne« nur schwer zu falsifizieren, während dies bei dem Satz »In Grönland gibt es schwarze Schwäne« leichter fällt.) Je umfassender eine Theorie ist, das heißt je präziser sie bestimmten Phänomenen gerecht zu werden versucht, desto sinnvoller ist sie – aber paradoxerweise auch desto leichter widerlegbar. Aber, um es nochmals zu sagen: Widerlegt zu werden ist in der Wissenschaft keine Schande, sondern der Kern aller wissenschaftlichen Anstrengungen. (Wenn eine Behauptung nicht zumindest potentiell falsifizierbar ist, dann ist sie nicht wissenschaftlich, sondern schlicht offenkundig. Das heißt, um nochmals auf Humes Begriff zurückzukommen, sie stellt lediglich eine »Vorstellungsverknüpfung von Ideen« dar.) Dadurch, daß Argumente widerlegt werden, werden alte Theorien präzisiert und neue entstehen, so daß unser Bild der Welt immer detaillierter, zuverlässiger und vollständiger wird. Es wäre das Ende der Wissenschaft, wenn wir alles sicher und unwiderlegbar wüßten.

Das Ding an sich

> Hierzu fließt nun unwidersprechlich: daß die reinen Verstandesbegriffe *niemals* von *transzendentalem*, sondern *jederzeit* nur von *empirischem* Gebrauche sein können, und daß die Grundsätze des reinen Verstandes nur in Beziehung auf die allgemeinen Bedingungen einer möglichen Erfahrung, auf Gegenstände der Sinne, niemals aber auf Dinge überhaupt, (ohne Rücksicht auf die Art zu nehmen, wie wir sie anschauen mögen,) bezogen werden können.
> Immanuel Kant, *Kritik der reinen Vernunft* (1781)

Was man über das »Ding an sich« unbedingt wissen muß, ist, daß es da nichts zu *wissen* gibt: Man hat nicht den Hauch einer Chance!

Das liegt nach Auffassung des genialen Philosophen

Immanuel Kant (1724–1804) daran, daß unser Geist mit der Wirklichkeit schlechthin niemals direkt in Berührung kommt. Aufgrund der Art und Weise, wie unsere Sinne funktionieren, und weil unsere Gehirne von vornherein mit bestimmten Begriffen und Filtern ausgestattet sind, ist die Wirklichkeit, wie wir sie wahrnehmen und zu »verstehen« glauben, immer ein paar Schritte von den »Dingen an sich« entfernt.

Kants »Ding an sich« liegt tief im Inneren seines imposanten Meisterwerks, der *Kritik der reinen Vernunft*, verborgen, mit dem er die Ungereimtheiten der zeitgenössischen Erkenntnisphilosophie ausräumen wollte. Wichtige Anstöße hierfür erhielt er vom Werk des Empirikers David Hume, das Kant nach eigener Aussage aus dem »dogmatischen Schlummer« des orthodoxen Rationalismus gerissen, also von der Ansicht befreit hatte, daß die Vernunft die Hauptquelle unserer Erkenntnis sei.

Kant war wie Hume der Überzeugung, daß alle Erkenntnis sich ursprünglich von der Erfahrung und nicht der Vernunft ableitet. Allerdings verwarf er die Auffassung der Empiriker, daß sich Erfahrungen dem Gehirn, das bei unserer Geburt eine »leere Tafel« ist, direkt einprägen. Laut Hume existiert kein Begriff – weder Raum noch Zeit, Substanz, Kausalität oder irgendeine andere geistige Kategorie – *a priori* (vor der Erfahrung).

Kant hielt gar nichts von diesem Argument. Er zeigte, daß das, was Hume über unsere Begriffe von Raum und Zeit sagt, gar nicht stimmen *kann*. Hume hatte behauptet, daß unsere Vorstellung des »Raumes« daher rührt, daß wir die Beziehungen zwischen den Objekten, die wir wahrnehmen, beobachten. Wir sehen, daß sich das eine Ding neben, über oder unter dem anderen befindet und begreifen dadurch, daß es sich hierbei um bestimmte im Raum existierende Beziehungen handelt. Und so leitet sich auch unsere Vorstellung der Zeit aus der Beobachtung ab, daß sich Dinge in einer bestimmten Reihenfolge ereignen. (Eine bestimmte Sache ereignet sich nach einer anderen,

aber vor einer dritten usw.) Kant zeigte, daß die Humesche Logik nicht haltbar ist. Wie können wir, so lautete
sein Einwand, dieses eine Ding als »neben« einem anderen
befindlich erfahren oder bemerken, daß eine Sache sich
»nach« einer anderen ereignet, wenn wir nicht bereits vorher über solche Begriffe wie »neben« und »nach«, also bestimmte Vorstellungen von Raum und Zeit verfügen?

Kant schloß daraus, daß derartige Anschauungsfor-
men unserem Bewußtsein von vornherein innewohnen
müssen, denn andernfalls würden wir aus dem Chaos all
dessen, was wir wahrnehmen, niemals schlau werden.
Raum, Zeit und ein ganzes Bündel weiterer Kategorien
wie Quantität, Qualität, Relation und Ursache müssen
dem Denken inhärent sein; sie sind die Formen, die wir
auf unsere Erfahrungen anwenden, um sie zu organisieren
und zu verstehen. Und daß wir alle dieselben Vorstellungen von Raum, Zeit usw. haben, bedeutet nicht nur, daß
sie *a priori* (von Geburt an) existieren, sondern auch, daß
sie allgemeiner Natur sind.

Andererseits kann man jedoch nicht sagen, daß diese
Vorstellungen auf die gleiche Weise wie Gegenstände existieren, denn derartige Intuitionen und Kategorien sind nur
Begriffe, keine Dinge. Wir schreiben sie zwar der Erfahrung
zu, aber wir entdecken sie nicht *in* der Erfahrung. Und die
Erfahrung selbst ist nicht identisch mit der Realität, denn
sie besteht aus Sinneseindrücken oder Wahrnehmungen
von Dingen, aber nicht aus Dingen an sich. (Da sich Begriffe
nur auf die Erfahrung beziehen lassen, können sie uns nicht
zur Beschreibung transzendentaler Objekte – wie etwa
Gott – dienen.) Was wir in Raum und Zeit wahrnehmen,
was wir mit einer bestimmten Größe und Farbe in Verbindung bringen, was wir als Ursache dieses oder jenes Ereig-
nisses herleiten, sind allesamt nur die *wahrnehmbaren*
Seiten der Dinge, das Gesicht, das sie uns präsentieren –
das, was Kant »Phänomen« bzw. Erscheinung nennt.

Wenn Raum und Zeit nur im Bewußtsein existieren,
wie Kant dies nahelegt, dann erfahren wir die in Raum

und Zeit existierende Welt nur so, wie sie uns *erscheint*, nicht so, wie sie wirklich ist. Aber irgendwo muß es eine wirkliche Welt geben, auf die diese Erscheinungen zurückgehen: Kant bezeichnet diese als »noumenale« (im Gegensatz zur »phänomenalen«) Welt. Es ist dies eine Welt, in der ein Ding nichts anderes ist als *das, was es ist*, und nicht *das, was es zu sein scheint*. Mit anderen Worten: die Welt des »Dings an sich«.

Es liegt in der Natur der Sache, daß wir diese Welt niemals erfahren können. Wie wissen wir dann aber, daß sie wirklich existiert? Die einzige Antwort, die Kant darauf zu geben vermochte, war die, daß wir an Dinge an sich glauben müssen, wenn uns wirklich an wahrer Erkenntnis gelegen ist. Dieser Teil von Kants Theorie war seinen Nachfolgern immer ein bißchen peinlich, so daß alle auf ihn folgenden großen Philosophen versuchten, dieses Problems irgendwie Herr zu werden, entweder indem sie behaupteten, daß Erscheinungen dasselbe *sind* (oder zumindest sein können) wie die Realität, oder aber mit Hilfe des Arguments, daß wir zwar in einer Welt der Phänomene leben, aber vermittels der Philosophie zu den dahinter befindlichen Noumena gelangen können. In Kürze werden wir zwei Philosophen kennenlernen, die letztere Ansicht vertraten: G. W. F. Hegel und Edmund Husserl.

Der kategorische Imperativ

Der kategorische Imperativ, der überhaupt nur aussagt, was Verbindlichkeit sei, ist: Handle nach einer Maxime, welche zugleich als ein allgemeines Gesetz gelten kann!
Immanuel Kant, *Metaphysik der Sitten* (1797)

Nachdem er das Problem der Erkenntnis zumindest zu seiner eigenen Zufriedenheit gelöst hatte, kam Immanuel Kant auf die Idee, seinen philosophischen Apparat zusätzlich mit etwas Ethik zu füttern. Was dabei herauskam, war eine Neufassung der goldenen Sittenregel.

Die ursprüngliche Version lautet einfach: »Behandele andere so, wie du selbst behandelt werden möchtest.« Bei Kant wurde daraus so etwas wie »Behandele andere so, wie du möchtest, daß jeder jeden behandeln soll.« Anders ausgedrückt: Die eigenen Handlungen sollten auf Prinzipien beruhen, von denen man sich selbst wünscht, sie wären allgemeine Gesetze. Das ist es, was das Gesetz in Kants Begrifflichkeit zum »kategorischen Imperativ« macht: »kategorisch«, weil es ohne Ausnahme für jedermann gilt, und »Imperativ«, weil es sich um eine moralische Pflicht handelt.

Warum ist diese Version besser als das Original? Die Antwort lautet: Sie umgeht, zumindest theoretisch, das Problem, daß Menschen unterschiedliche Vorstellungen davon haben, wie sie behandelt werden möchten. Kant wollte dem, was wir heute als »moralischen Relativismus« bezeichnen (also die Vorstellung, daß das, was richtig oder falsch ist, situations- oder kontextabhängig ist), etwas entgegensetzen. Die Lehre des Utilitarismus, daß Mittel durch den jeweiligen Zweck gerechtfertigt werden, hielt er für völlig falsch. Wie kann denn der beabsichtigte Zweck die moralische Grundlage einer Handlung sein, fragte er, wenn auch noch so gutgemeinte Vorhaben schiefgehen können? Die Ergebnisse unseres Handelns sind häufig überhaupt nicht das, was wir ursprünglich beabsichtigt hatten, so daß es moralisch fragwürdig ist, wenn wir unsere Urteile von den Ergebnissen abhängig machen. Doch das, was wir wirklich zuverlässig beurteilen können, sind die Prinzipien, nach denen wir handeln, und die Regeln, die wir unseren Entscheidungen zugrunde legen.

Wie aber lassen sich solche Prinzipien beurteilen? Wenn wir objektiv sein wollen, müssen wir uns um allgemeingültige Aussagen bemühen, statt Zuflucht zu dem Gerede von der Situationsabhängigkeit moralischer Entscheidungen zu nehmen. Kant geht es um konkrete und verbindliche Regeln wie »Du sollst nicht stehlen!«, die in jedem Falle und für alle Geltung beanspruchen können.

Und so funktioniert der kategorische Imperativ: Wenn man sich vor eine Alternative gestellt sieht, muß man sich über die Regel im klaren sein, nach der man handelt. Stellen Sie sich zum Beispiel vor, jemand käme daher und würde Ihre Mutter beleidigen. Vielleicht würden Sie daraufhin den dringenden Wunsch verspüren, diesen Menschen zu erwürgen. Sie sollten diesem Wunsch aber nicht sofort nachgeben, sondern sich zunächst über Ihre Motive klarwerden. Wenn Sie dabei zu dem Schluß kommen: »Es ist richtig, jemanden zu erwürgen, der mich beleidigt«, dann hätten Sie damit zwar die Maxime Ihres Handelns formuliert, müßten sich aber fragen, ob eine solche Regel rational ist und ob Sie wirklich möchten, daß sie in jedem Falle und für alle gültig sein soll. Im Hinblick darauf, daß das Ergebnis wahrscheinlich Massenmord und Chaos wäre, *müssen* Sie von dieser Maxime Abstand nehmen, sprich dem »Imperativ« (Befehl) dieser Einsicht gehorchen.

Kants rationalistische Runderneuerung der goldenen Sittenregel ist nicht unproblematisch. Zum einen sind Menschen selten dazu in der Lage, in der Hitze des Augenblicks innezuhalten und darüber nachzugrübeln, was die allgemeinen Implikationen ihrer Maximen sind. Zweitens sind Regeln zwar nützlich, aber nicht immer praktikabel – selbst wenn wir uns richtig verhalten wollen, gelingt uns das nicht immer. Und drittens ist es, außer in ganz offensichtlichen Situationen, nicht immer leicht herauszufinden, was denn nun gerade die angemessene »Maxime« oder Faustregel ist. Viele verschiedene Regeln können eine Rolle spielen und sich gegenseitig in die Quere kommen. Jeder, der das ungute Gefühl kennt, das einen beschleicht, wenn man auf der Straße angeschnorrt wird, dürfte wissen, was ich meine.

»Das menschliche Leben ist einsam, armselig, ekelhaft, tierisch und kurz«

Deshalb trifft alles, was Kriegszeiten mit sich bringen, in denen jeder eines jeden Feind ist, auch für die Zeit zu, während der die Menschen keine andere Sicherheit als diejenige haben, die ihnen ihre eigene Stärke und Erfindungskraft bieten. In einer solchen Lage ist für Fleiß kein Raum, da man sich seiner Früchte nicht sicher sein kann, und folglich gibt es keinen Ackerbau, keine Schiffahrt, keine Waren, die auf dem Seeweg eingeführt werden können, keine bequemen Gebäude, keine Geräte, um Dinge deren Fortbewegung viel Kraft erfordert, hin- und herzubewegen, keine Kenntnis von der Erdoberfläche, keine Zeitrechnung, keine Künste, keine Literatur, keine gesellschaftlichen Beziehungen, und es herrscht, was das Schlimmste von allem ist, beständige Furcht und Gefahr eines gewaltsamen Todes – das menschliche Leben ist einsam, armselig, ekelhaft, tierisch und kurz.
Thomas Hobbes, *Leviathan* (1651)

Häufig werden diese Zeilen aus Thomas Hobbes' *Leviathan* so zitiert, als sei darin von unserem *heutigen* Leben oder dem Leben im allgemeinen die Rede. Aber auch wenn es sich bei diesem Meisterwerk nicht gerade um ein heiteres Buch handelt – ganz so düster ist Hobbes dann doch nicht. Ihm ging es darum zu zeigen, daß ein Leben außerhalb einer zivilisierten Gesellschaft »einsam, armselig« usw. ist, aber er behauptet nicht, daß das Leben an sich so sei.

Natürlich stimmt es, daß zur Zeit der Spätrenaissance weder in England noch anderswo das Paradies auf Erden herrschte. Wir erinnern uns heute zwar gern an Shakespeare und Galileo, vergessen darüber jedoch häufig, daß die damaligen Fortschritte in den Bereichen Wissenschaft und Seefahrt auch zu wachsender Skepsis und einer Zunahme des Zweifels unter den Menschen geführt haben. Die bequeme aristotelische Wissenschaft lag in Trümmern, und das gleiche galt für die Gewißheiten einer nicht länger einigen Kirche. Der Gott, der die Welt mit Hilfe von Königen und Königinnen regierte, deren Herrschaft durch sein »göttliches Recht« verbürgt war, wich einem intimeren und persönlicheren Gott, der nicht mehr nur zu dem König, sondern auch zu dem Mann auf der Straße sprach.

Jedenfalls hielten die englischen Aufständischen, die König Karl I. in der Mitte des 17. Jahrhunderts hinrichteten, ihn offenbar nicht mehr für einen Stellvertreter Gottes auf Erden. Auch Hobbes (1588–1679) war zwar der Meinung, daß jede Regierung das Ergebnis einer gesellschaftlichen Übereinkunft sei, er wandte sich aber heftig gegen die antimonarchistischen Auffassungen und Aktionen der Rebellen. Nur ein Herrscher, der über absolute Macht verfügt, so sein Argument, kann die Menschen wirksam daran hindern, sich gegenseitig abzuschlachten und auszubeuten. (Der Titel des Buches *Leviathan* bezieht sich auf das gleichnamige, alles und jeden überwältigende Ungeheuer aus dem Alten Testament.) Um seiner Prämisse Geltung zu verschaffen, beschwört Hobbes das Szenario eines Lebens ohne Gesetz.

Er beschreibt den Menschen im Naturzustand als egoistisches, nur auf sich selbst bezogenes, hilfloses Wesen. Es kennt kein Gesetz, hat keine Vorstellung von Gerechtigkeit, folgt nur dem Diktat seiner Triebe und Leidenschaften und wird lediglich durch gelegentliche Einflüsterungen der ihm angeborenen Vernunft ein wenig gezügelt.

Wo es keine Regierung und kein Gesetz gibt, da kommt es im Volk unweigerlich zu Auseinandersetzungen. Da die Ressourcen knapp sind, kämpfen die Menschen um sie, und dieser Kampf hat Furcht und Neid zur Folge. Außerdem liegt es in der Natur des Menschen, den eigenen Ruhm dadurch zu mehren, daß er andere Menschen besiegt. Da aber alles in allem die Menschen einander hinsichtlich ihrer Stärke und ihrer Intelligenz ziemlich ähnlich sind, gelingt es keinem Individuum und keiner Gruppe, länger an der Macht zu sein. Daher hat der Konflikt naturgemäß nie ein Ende; es herrscht ein »Krieg aller gegen alle«.

Aus einem solchen Kriegszustand kann nichts Gutes hervorgehen. Wenn jeder sich bloß darauf konzentriert, sich selbst zu verteidigen und neue Eroberungen zu machen, ist produktive Arbeit unmöglich. Es mangelt an allem: von der Muße, um nach neuen Erkenntnissen zu streben, über die Motivation, Gebäude zu errichten oder auf Erkundungsreisen zu gehen, bis hin zu einem Ort für die Künste oder die Literatur. Die Gesellschaft entbehrt all ihrer Grundlagen – statt dessen herrscht »beständige Furcht und Gefahr eines gewaltsamen Todes« – und daher ist menschliches Leben in einem derartigen Zustand, in Hobbes berühmtester Formulierung eben: »einsam, armselig, ekelhaft, tierisch und kurz«.

Diese Sichtweise, die im Einklang mit dem mangelnden Selbstvertrauen und der pessimistischen Weltsicht des 17. Jahrhunderts steht, kommt auffälligerweise ohne jeglichen Hinweis auf Gott aus. Es findet sich auch keinerlei Andeutung, welche Rolle Gott bei der Regierungsbildung zukommen könnte. Hobbes war schlicht und einfach der Auffassung, daß dies eine rein menschliche Angelegenheit sei. Regierungen kommen zustande, wenn sich der vernunftbegabte Mensch darum bemüht, seinen verzweifelten, von Streit und Furcht geprägten Naturzustand zu überwinden, um langfristig in Frieden und Sicherheit leben zu können. Menschen entschließen sich *aus freien Stücken dazu*, eine gemeinsame, über sie herrschende Macht anzuerkennen – vorausgesetzt, daß dies auch ihre Nachbarn tun. Denn nur eine solche Macht ist imstande, die Ordnung aufrechtzuerhalten und damit auch dazu verpflichtet, die allgemeine Sicherheit zu garantieren. Dazu bedient sie sich der Institution des Gesetzes und der Staatsgewalt. Konflikte entstehen in dem Maße, in dem die Macht geteilt wird.

Aus diesem Grund hielt Hobbes die Monarchie für die beste Regierungsform. Nur eine dem Leviathan ähnelnde Macht, die über dem Gesetz steht und damit keiner höheren Autorität unterworfen ist, kann das Gemeinwohl auf

Dauer garantieren. Natürlich gibt Hobbes zu, daß Könige trotzdem Kriege gegen andere Könige führen. Das ist jedoch für ihn kein Grund, eine zentrale Weltregierung zu befürworten. Solange zu Hause Ruhe herrscht, können sich die Könige gerne im Ausland gegenseitig die Köpfe einschlagen.

Pech für Hobbes, daß er sich mit seinen Ideen zwischen alle Stühle setzte: Den Befürwortern eines Gesellschaftsvertrags war er zu royalistisch, und die Royalisten witterten hinter seinen Vorstellungen die Idee des Gesellschaftsvertrags. Noch schlimmer war, daß Hobbes' Ansichten auf viele atheistisch wirkten, auch wenn er selbst diesen Vorwurf vehement bestritt. Tatsache ist, daß seine Gedanken zu kompliziert und eigenwillig waren, um populär werden zu können. Dennoch hat er Philosophie und Politikwissenschaft über viele Generationen hinweg nachhaltig geprägt.(Spinoza etwa ist einer von Hobbes' herausragenden Schülern.) Hobbes selbst hatte im Alter die Auseinandersetzungen satt und begnügte sich damit, Homer zu übersetzen.

Tabula rasa

> Laßt uns also annehmen, das Bewußtsein sei, sozusagen, ein weißes Blatt Papier, frei von irgendwelchen Schriftzügen, ohne alle Ideen; wie wird es damit versehen? ... Darauf antworte ich mit *einem* Worte: aus der Erfahrung.
> John Locke, *Versuch über den menschlichen Verstand* (1690)

Auch wenn lateinische Begriffe immer Ehrfurcht einflößen, ist die Vorstellung einer *tabula rasa* eine der einfacheren »großen Erkenntnisse«. *Tabula rasa* bedeutet soviel wie »leere Tafel« und bezeichnet nach Auffassung bestimmter Philosophen den ursprünglichen Zustand des menschlichen Bewußtseins.

Zu diesen Philosophen zählt auch der englische Arzt John Locke (1632–1704), der in seinem *Versuch über den menschlichen Verstand* dem Ursprung der Ideen und ihrem Verhältnis zur Wirklichkeit nachging. Er vertrat die Auffassung, alle Ideen entstammten der Erfahrung, und Erkenntnis sei einfach das Verhältnis der Ideen untereinander. Das bedeutet, daß wir ohne Erfahrungen gemacht zu haben, keine Ideen haben können. Das Bewußtsein eines Neugeborenen wäre demnach erst einmal völlig leer. Locke verglich diesen Zustand mit einem weißen Stück Papier. Das Konzept der *tabula rasa* (wörtlich: »abgeschabte Schreibtafel«) ist jedoch älter und impliziert, im Gegensatz zu Lockes Lehre, daß es da bereits etwas gab, das man ausradieren kann.

Der eigentliche Clou an Lockes »weißem Papier« ist, daß wir nicht nur ohne konkrete Vorstellungen geboren werden, sondern auch ohne abstrakte Begriffe wie etwa Moral, Gott oder Freiheit. Wie die Sprache müssen wir auch diese Dinge erst erlernen. Das tun wir entweder mittels der Erfahrung oder mittels Vernunft und Reflexion. Aufgrund dieser Ansichten lehnte Locke den Idealismus und die Vorstellung uns angeborener Ideen zugunsten einer »Philosophie des gesunden Menschenverstandes« ab.

Obwohl die Vernunft nicht vom menschlichen Verstand zu lösen ist, bestimmt sie laut Locke nicht unsere Erfahrung. Der Geist steht *nicht* über der Materie, denn die Materie ist es ja, die den Geist mittels der Erfahrung mit Inhalten versorgt. Zu unseren einfachsten und grundlegendsten Ideen (»laut«, »hart«, »süß« und dergleichen) gelangen wir über die Sinne, und alle unsere konkreteren Vorstellungen bauen darauf auf. Zu anderen Ideen, einschließlich der Bewußtwerdung unseres eigenen Denkprozesses, gelangen wir durch Reflexion. Das »Denken« selbst, ebenso wie »Wahrnehmung«, »Glauben«, »Bewußtsein«, »Zweifel« usw., erschließt sich uns über die Erfahrung des Nachdenkens.

Lockes Lehre der *tabula rasa* beruht auf einer einfachen Logik. Wenn uns allen eine bestimmte Vorstellung von Gott angeboren wäre, dann hätten wir alle dieselbe Vorstellung von Gott. Aber dem ist natürlich nicht so. Und genauso verhält es sich mit dem Begriff der Moral: Wenn uns allen dieselbe Vorstellung davon, was moralisch richtig ist, angeboren wäre, dann wären wir alle einer Meinung darüber, was richtig und was falsch ist. Aber auch das ist nicht der Fall. Und selbst analytische Wahrheiten wie »Alles, was ist, existiert« oder »2 + 2 = 4« sind nicht jedem unmittelbar einsichtig, man denke nur an Kinder oder Schwachsinnige. Locke vertrat darüber hinaus die Ansicht, daß die Prämissen des Rationalismus – die Privilegierung des Geistes gegenüber der Materie – viel zu kompliziert sind, als daß sie nützlich oder gültig sein könnten. Wie Ockham glaubte auch er, daß etwas um so besser ist, je einfacher es ist, und daß man daher einer Beschreibung der Erkenntnis, die auf angeborene Ideen verzichtet, den Vorzug geben sollte.

Es hat zwar zunächst den Anschein, als handle es sich bei der *tabula rasa* um eine simple Sache, aber Lockes Argumentation wird gegen Ende seiner Ausführungen immer komplizierter. Gelegentlich widerspricht er sich auch, und schließlich sieht er sich gezwungen, zuzugeben, daß bestimmte Fähigkeiten angeboren sein müssen. Dazu zählen die fünf Sinne ebenso wie das Vermögen, seinen Verstand zu gebrauchen. Aber was auch immer die Schwierigkeiten von Lockes Argumentation sein mögen – sie setzte die britische Philosophie auf das für sie bis heute charakteristische Gleis des Empirismus. Die Franzosen zu überzeugen, gelang Locke jedoch nicht: Alles in allem sind sie Rationalisten geblieben. Ein Grund mehr, warum so viele Engländer die EG und den Tunnel unter dem Ärmelkanal so argwöhnisch betrachten.

Der Gesellschaftsvertrag

> Der Mensch wird frei geboren, und überall ist er in Ketten.
> Mancher hält sich für den Herrn seiner Mitmenschen und ist
> trotzdem mehr Sklave als sie. Wie hat sich diese Umwandlung
> zugetragen? Ich weiß es nicht. Was kann ihr Rechtmäßigkeit
> verleihen? Diese Frage glaube ich beantworten zu können. ...
> [D]enn sobald es [das Volk] seine Freiheit durch dasselbe Recht
> wiedererlangt, das sie ihm geraubt hat, so ist es entweder be-
> fugt, sie wieder zurückzunehmen, oder man hat sie ihm unbe-
> fugterweise entrissen. Allein die gesellschaftliche Ordnung ist
> ein geheiligtes Recht, das die Grundlage aller übrigen bildet.
> Dieses Recht entspringt jedoch keineswegs aus der Natur; es be-
> ruht folglich auf Verträgen. Deshalb kommt es darauf an, die
> Beschaffenheit dieser Verträge kennenzulernen.
> Jean-Jacques Rousseau, *Vom Gesellschaftsvertrag* (1762)

»Der Mensch wird frei geboren, und überall ist er in Ketten.« So beginnt Jean-Jacques Rousseaus Analyse der Übel
seiner Zeit. Die moderne Gesellschaft, die durch Egois-
mus, Ungleichheit, Tyrannei und Unaufrichtigkeit gekenn-
zeichnet ist, ist ein Verrat am natürlichen Zustand des
Menschen, denn seiner Natur nach ist der Mensch eigentlich frei, aufgeschlossen und glücklich. (Offensichtlich
teilt Rousseau nicht die Hobbessche Auffassung, der
Mensch sei naturgemäß ein unglückliches, gewalttätiges
und egoistisches Wesen.)

Rousseau (1712–1778) predigte allerdings auch nicht
den Umsturz des »Systems«. Vielmehr wandte er sich gegen einen bestimmten Glauben, den der König, die Aristokratie und viele »einfache« Menschen miteinander teilten,
nämlich daß die Gesellschaft und die Regierung genau so
beschaffen sind, wie sie beschaffen sein sollen, weil Gott
oder die Natur (oder beide) das so vorgesehen haben.
Ganz im Gegenteil, meinte Rousseau: Gott hat uns als von
Natur aus gleiche und gute Wesen geschaffen – als zur Au-
tonomie fähige Individuen. Wenn so etwas wie Gesellschaft existiert, dann deshalb, weil die Menschen – und
nicht etwa Gott oder die Natur – sie zum gegenseitigen

Schutz und Wohl geschaffen haben. Aber was der Mensch gemacht hat, kann der Mensch auch wieder rückgängig machen.

Rousseaus Gesellschaftsideal entspricht jedoch keineswegs einem offenen Kampf aller gegen alle. Anarchie ist seiner Meinung nach sogar noch schlimmer als Unterdrückung. Er schlug als mögliche Lösung den »Gesellschaftsvertrag« *(contrat social)* vor. Angesichts der Tatsache, daß alle Menschen von Natur aus gleich sind, ist die ideale Gesellschaft ein auf Übereinkunft beruhendes Werk, das auf einer Vereinbarung bzw. einem Vertrag zwischen allen ihren Mitgliedern beruht. Damit eine solche Gesellschaft glaubwürdig und gut ist, muß sie die natürliche Freiheit des Individuums, das heißt sein Recht auf Selbstbestimmung, so weit wie möglich bewahren.

Aber das ist gar nicht so einfach, da Verträge *per definitionem* mit einem Tausch verbunden sind – in diesem Fall dem von Rechten und Freiheiten. Rousseaus Rezept zufolge sollte nämlich jedes Mitglied der Gesellschaft »seine Person und seine ganze Kraft unter die oberste Leitung des allgemeinen Willens« stellen. Nur so läßt sich eine Gesellschaft formen, die dem Gemeinwohl und nicht den Wünschen einer bestimmten Person oder einer einflußreichen Gruppe dient.

Doch wie läßt sich das mit Rousseaus zweiter Forderung in Einklang bringen, die Gesellschaft solle die natürliche Freiheit des Individuums nicht beeinträchtigen? Seine Antwort hierauf ist verblüffend einfach: Wahre Freiheit ist an und für sich moralisch, und das moralisch Gute besteht darin, sich das zu wünschen, was für alle am besten ist. Privatinteressen, die im Widerspruch zum Allgemeinwohl stehen, sind schlicht und einfach unmoralisch, so daß wir nach Rousseaus Auffassung gar nicht die »Freiheit« besitzen, solche Interessen zu verfolgen. Der »allgemeine Wille«, der darin zum Ausdruck kommt, daß wir dem Gesellschaftsvertrag zustimmen, ist identisch mit der moralischen Freiheit, die alle anerkennen würden, wenn sie nur wüßten, was wirklich gut für sie ist.

Was auch immer man von Rousseaus Argumenten halten mag, das, was sie implizieren, ist ziemlich radikal: Wir besitzen bestimmte unveräußerliche Rechte, die kein Staat und keine Gesellschaft beschneiden kann. Beim idealen Gesellschaftsvertrag ist der allgemeine Wille der Souverän, und die Regierung regiert nur, solange die Regierten damit einverstanden sind. Der Gesellschaftsvertrag verleiht das Recht zur Machtausübung nur *bedingt,* und daher kann das Volk eine Regierung entlassen, wann immer es will. Es waren Äußerungen wie diese, die Rousseau die Ehre eintrugen, von Edmund Burke als der »wahnsinnige Sokrates« der Französischen Revolution beschimpft zu werden.

Wo wir gerade bei Sokrates sind: Die erste Erwähnung einer Art Gesellschaftsvertrag findet sich schon lange vor Rousseau in den Dialogen Platons. So spricht etwa Glaukon in Platons *Staat* von »einer Vereinbarung, Unrecht weder zu begehen noch zu erleiden«, und davon, daß dies »der Anfang der Gesetzgebung und der Bündnisse zwischen den Menschen« sei (Buch II). In letzter Konsequenz gibt Platon dieser Theorie dann aber doch den Laufpaß – und der Demokratie dazu.

Im englischen Sprachraum stammen die ersten erwähnenswerten Überlegungen zum Gesellschaftsvertrag aus dem 17. Jahrhundert. Ihre Verfasser sind Thomas Hobbes und John Locke. Hobbes vertrat in seiner Theorie die These, daß Vernunft und Angst die Gründe dafür seien, daß die Individuen den Frieden suchen, indem sie einem »Bündnis« beitreten, bei dem sie verschiedene Rechte an eine zentrale Autorität abtreten. Im Gegenzug können sie ungehindert ihren Geschäften nachgehen, in dem Wissen, daß alles Böse, was man ihnen antut, vom Gesetz bestraft werden wird. Nach Hobbes' Auffassung ist es unerläßlich, daß die Menschen ihre Souveränität aufgeben und sie einem Herrscher, beispielsweise einem König, übertragen, weil sie sonst ständig der Versuchung ausgesetzt wären, ihre eigene Macht gegenüber anderen zu mißbrauchen. Dumm nur, wenn der König etwas macht, was den Leuten nicht paßt, denn er ist nicht durch den Vertrag gebunden, sondern nur diejenigen, denen er seine Autorität verdankt.

Hobbes' Grundidee erwies sich als außerordentlich einflußreich. Er ist, nach Machiavelli, die zweite große Gestalt, der die politischen Wissenschaften wesentliche Impulse verdanken. Doch die Details seiner Theorie wurden von allen Seiten angegriffen und gerieten im Lauf der Zeit immer stärker in Vergessenheit. Als erfolgreicher erwiesen sich da die Ideen Lockes, der in seiner *Zweiten Abhandlung über die Regierung* (1690) das Argument entwickelte, daß die Menschen zwar einer Regierung bedürfen, diese jedoch letztlich der Diener und nicht der Herr der Gesellschaft sei. Dem Gesellschaftskollektiv steht es völlig frei, die Spielregeln des Regierens zu bestimmen und abzuwandeln, aber es sollte dies in schriftlicher Form tun. Und genau das taten die »Gründerväter«, als sie 1781 den berühmtesten aller Gesellschaftsverträge entwarfen und ratifizierten: die Verfassung der Vereinigten Staaten von Amerika.

Die Dialektik

Dialektik kann mehreres heißen; ursprünglich bedeutet das aus dem Griechischen stammende Wort einfach Gespräch, Unterhaltung oder Rede. Aber seitdem der Philosoph Georg Wilhelm Friedrich Hegel (1770–1831) den Begriff in die Finger bekam, wird er eigentlich nur noch in einer Bedeutung verwendet.

Hegels Dialektik wird häufig in drei Worten zusammengefaßt: These, Antithese, Synthese. (Daß Hegel selbst diese Begriffe nicht benutzte, soll uns hier nicht weiter stören.) Jeder bestehende Begriff oder Zustand (»These«)

ruft über kurz oder lang einen ihm widersprechenden Begriff oder Zustand auf den Plan (»Antithese«), so daß es zu einem Konflikt zwischen beiden kommt. Wenn sich der bei dieser Auseinandersetzung aufgewirbelte Staub erst einmal gelegt hat, ist daraus etwas Neues und Besseres (»Synthese«) entstanden, als es These und Antithese für sich allein waren.

So entsteht menschlicher Fortschritt (an dem Hegel nicht zweifelte), aber auch Kontinuität, denn These und Antithese löschen einander nicht einfach aus, sondern das jeweils Beste von beiden wird in der Synthese aufgehoben. Aber natürlich hat auch die Synthese Lücken und Mängel, so daß sich bald eine neue Anthithese bildet und die Sache wieder von vorne beginnt. Nach Hegels Auffassung ist Fortschritt ohne derartige Konflikte nicht denkbar.

Um zu einer deutlicheren Vorstellung davon zu gelangen, was Hegel eigentlich meinte, wollen wir eines seiner bekanntesten Beispiele, das Verhältnis von Herr und Knecht, etwas näher betrachten. Stellen wir uns also einen Herrn und einen Knecht, einen Gebieter und seinen Diener als unsere These bzw. Antithese vor. Der Herr ist deswegen ein Herr und der Gebieter deswegen ein Gebieter, weil er sich Knechte hält: er definiert sich also über das, was er *nicht* ist, eben den Knecht oder Diener. Es mag zwar den Anschein haben, als ob der Herr dem Knecht in jeder Hinsicht überlegen sei und als ob der Knecht seine Identität und sein Wohlergehen dem Herrn verdanke. Aber manchmal trügt eben der Schein. Denn in Wirklichkeit ist der Herr genauso vom Knecht abhängig wie dieser von ihm – nicht nur im Hinblick auf die Dienste, die ihm der Knecht leistet, sondern auch hinsichtlich der eigenen Identität (»Ich bin deswegen Herr, weil mein Knecht mich als seinen Herrn *ansieht*«).

So hängt also die »These« Herr ebenso von der »Antithese« Knecht ab wie umgekehrt, ja gewissermaßen ist der Herr sogar der Knecht des Knechts und der Knecht der Herr des Herrn. Wenn aber der Herr über diesen Sachverhalt nachdenkt – und aus Hegels Perspektive kann er gar nicht umhin, dies zu tun –, wird er unweigerlich die Willkür und Ungerechtigkeit erkennen, die darin besteht, daß er den Knecht unterjocht, von dem er doch abhängt. Und aus dieser Erkenntnis wird eine gerechtere Synthese entstehen – eine vernünftigere und humanere Gesellschaftsordnung.

Geschichte, Philosophie, Wissenschaft, Religion – nahezu alles funktioniert nach diesem Muster und wird daher immerzu besser und besser... Doch wie begann das Ganze? Nach Hegels Überzeugung steht am Anfang eine große unwandelbare Macht, die er als »Geist« bezeichnet. Dieser Geist, der unermüdlich nach Vervollkommnung strebt, ist die Vernunft selbst.

Um Skeptiker und andere Dauernörgler mundtot zu machen, hat Hegel eine außerordentlich komplexe und ausgefeilte Theorie ausgetüftelt, mit der er nachzuweisen versuchte, daß die Vernunft bzw. der Geist allumfassend ist und unermüdlich nach dem totalen Bewußtsein seiner selbst strebt, was den Gipfelpunkt menschlicher Vollkommenheit bedeutet. Das Mittel, dessen sich der Geist bedient, ist die Dialektik, welche ihrerseits die Entfaltung der »transzendentalen Idee« ist, die am Ende der Geschichte zu ihrer eigenen Vervollkommnung gelangen wird.

Wahrscheinlich sind Sie schon selbst darauf gekommen, daß sich hinter diesem ganzen Hokuspokus eine ziemlich vertraute Idee verbirgt, nämlich Gott. Das ist auch nur folgerichtig, denn laut Hegel ist die gesamte Welt der Phänomene eine *Schöpfung* des Geistes, ja tatsächlich ist sie nichts anderes als dessen Erweiterung.

Am Anfang, so Hegel, muß Gott, das Absolute, nach und nach seine Gedanken auf sich selbst gerichtet haben. Aber um über etwas nachzudenken, muß man sich erst einmal ein wenig davon distanzieren – selbst dann, wenn man selbst der Gegenstand des Nachdenkens ist. Man muß also zum »Objekt« der eigenen »Subjektivität« werden. Aber da Gott *alles* ist, kann es nichts außer ihm geben, so daß das, was er dachte, das Nichts gewesen sein muß.

Das Nichts aber ist selbstverständlich die Antithese zum Sein. Aber statt sich selbst auszulöschen, setzte Gott eine Synthese aus Sein und Nichts in Gang, und diese ist das Werden – der Ursprung der Geschichte und der zentrale Mechanismus, nach dem die Geschichte abläuft. Ihr Ziel aber ist die Rückkehr zum Absoluten, zum Sein – ohne das Nichts. Soweit Hegels Gedankengang in ganz einfachen Worten.

Ismen, Ologien und andere Krankheiten: Philosophie seit dem 19. Jahrhundert

Der Utilitarismus

»Das größtmögliche Glück für die größtmögliche Anzahl von Menschen«, schrieb der Engländer Jeremy Bentham (1748–1832), »bildet die Grundlage jeder Moral und Gesetzgebung.« Soll heißen: Alle Handlungen sollten primär dazu dienen, das Glück zu mehren. Die Vorstellung »Ende gut, alles gut« bildet also den Kern des Utilitarismus – kritischer betrachtet könnte man freilich auch sagen, die Vorstellung »Der Zweck heiligt die Mittel«.

Tatsächlich trugen Utilitaristen wie Bentham oder John Stuart Mill zu einer Art moralischem Relativismus bei. Handlungen lassen sich ihrer Meinung nach nicht losgelöst von ihren jeweiligen Umständen und Wirkungen beurteilen. Ein moralischer Absolutist würde sagen, daß Mord in jedem Fall unzulässig ist, völlig unabhängig von der jeweiligen Situation. Ein Utilitarist würde dem entgegenhalten, daß ein Mord dann gerechtfertigt ist, wenn er einem höheren Zweck dient. Stellen Sie sich vor, Sie hätten die Möglichkeit gehabt, Hitler zu töten. Ein Utilitarist hätte Sie wohl in dieser Absicht bestärkt, und zwar mit dem Argument, ein Toter ist besser als viele Tote.

Da Bentham davon ausging, daß das gut sei, was die größtmögliche Anzahl von Menschen glücklich macht, bezeichnet man seine Version des Utilitarismus als »universell«. Aber nicht alle Utilitaristen sind Universalisten. Einige sind nämlich der Auffassung, daß jeder Mensch für sich selbst darüber entscheiden muß, was gut für ihn ist. Eines der Probleme von Benthams Ansatz ist, daß sich der glückliche Ausgang einer Sache nicht immer garantieren läßt und man häufig erst im nachhinein weiß, wie man am besten vorgegangen wäre. Es mag schon sein, daß Sie allen

eine Freude machen wollten, als Sie Schokoladentorte auf-
trugen, aber da alle Anwesenden gerade fasteten oder gegen Schokolade allergisch waren, hielt sich die Freude
über Ihre Torte in engen Grenzen. Sollte man das, was Sie
gemacht haben, deshalb als »falsch« bezeichnen, trotz
Ihrer Absicht, der größtmöglichen Anzahl von Menschen
eine größtmögliche Freude zu bereiten? Aus utilitaristi-
scher Sicht gibt es darauf nur eine Antwort: Ja!

Eine weitere Schwierigkeit in diesem Zusammenhang
ist die, daß nicht alle Menschen einer Meinung darüber
sind, was »gut« eigentlich bedeutet. Benthams Maßstab
war das Glück, aber es gibt auch überzeugende Argumente für die gegenteilige Annahme. So sind zum Beispiel
viele Menschen der Auffassung, daß Bescheidenheit etwas
Gutes ist, auch wenn sie manchmal schmerzhaft sein
kann. Auch wenn Unwissenheit ein Glück sein kann, heißt
das noch lange nicht, daß sie für jedermann der Inbegriff
des Guten oder Nützlichen ist. Eventuell ist es ja besser,
jetzt unglücklich zu sein, wenn das bedeutet, daß man in
Zukunft glücklich sein wird. Aber die Beurteilung derartiger Fragen ist von langfristigen Ergebnissen abhängig,
und natürlich läßt sich trefflich darüber streiten, was man
unter »langfristig« versteht. Ist es zum Beispiel sinnvoll,
wenn Amerika sich jetzt auf einen Handelskrieg mit Japan
einläßt, was den amerikanischen Verbrauchern schaden
würde, wenn das langfristige Ergebnis eine Stärkung der
amerikanischen Wirtschaft ist? Vielleicht, doch in einer
noch langfristigeren Perspektive könnten diese Vorteile
auch wieder zunichte werden, und das einzige, was dann
übrigbliebe, wären vermutlich größere Spannungen zwischen den beiden Ländern.

Für sich selbst hatte Bentham einige interessante län-
gerfristige Pläne. Er vermachte seine Bibliothek nebst
einer Stiftung dem University College in London, wo er
Philosophie unterrichtet hatte – aber unter der Bedin-
gung, daß sein Körper weiter an den Sitzungen der Fakultät teilnehmen dürfe. So wurde Benthams Leiche also

fachgerecht präpariert und ausgestopft und ist bis zum heutigen Tage in einer Vitrine des College zu bewundern. Lediglich Benthams Kopf wurde durch ein Wachsmodell ersetzt. (Nachdem das Original langsam zu zerfallen begann, wurde es in eine Metallkiste zu Füßen Benthams gepackt.) Ab und zu nimmt Bentham noch immer an den Versammlungen der Fakultät teil und es heißt, er würde unter den Anwesenden zu den lebhaftesten zählen.

Der Übermensch

> Und Zarathustra sprach also zum Volke:
> *Ich lehre euch den Übermenschen.* Der Mensch ist etwas, das überwunden werden soll. Was habt ihr getan, ihn zu überwinden?
> Alle Wesen bisher schufen etwas über sich hinaus: und ihr wollt die Ebbe dieser großen Flut sein und lieber noch zum Tiere zurückgehen, als den Menschen überwinden?
> Friedrich Nietzsche, *Also sprach Zarathustra* (1883)

Friedrich Nietzsches *Übermensch* hat einen erstaunlichen Weg aus der Hochkultur in die Trivialkultur hinter sich: Aus einem unkonventionellen Stoiker wurde ein Mann aus Stahl – der Superman. Doch die Komikfigur *Superman* hat herzlich wenig mit dem Original zu tun, auch wenn der Ausdruck »Superman« aus den ersten englischen Übersetzungen von Nietzsches Schriften stammt und von George Bernard Shaw in seinem Stück *Man and Superman* aufgegriffen wurde.

Die Gestalt, die den Übermenschen predigt, ist Zarathustra (auch Zoroaster), ein persischer Prophet des 6. Jahrhunderts vor Christus, der Nietzsche als eine prophetisch-poetische Maske dient. Anders als man vielleicht vermuten würde, spricht Zarathustra nicht von einem hyperintelligenten Muskelprotz oder irgendeinem anderen Prachtkerl der Spezies Mensch. Vielmehr haben wir alle potentiell das Zeug zum Übermenschen. Die Rede ist allerdings auch dabei nicht von Fitneßstudio und Energiedrinks, sondern von *Mut* und *Willen*. Denn unsere größten Hindernisse auf dem Weg zum Übermenschen sind Angst und die Macht der Gewohnheit.

Die Basis von Nietzsches Überlegungen bildet der »Wille zur Macht«, den er für die Hauptantriebskraft alles Lebendigen hält. »Macht« bedeutet für Nietzsche jedoch nicht rohe Gewalt oder Herrschaft über andere, sondern eher so etwas wie »Unerschrockenheit«. Da der Wille zur Macht unser stärkster Antrieb ist, muß das, was wir am meisten bewundern bzw. das, wonach wir am heftigsten streben, die Macht am überzeugendsten verkörpern. Laut Nietzsche sind das Selbstdisziplin, Selbstverwirklichung und innere Ausgeglichenheit, wie sie sich beispielsweise bei Sokrates finden, der ohne zu protestieren den Schierlingsbecher trank.

Die meisten von uns sind aber weit entfernt vom Ideal des Übermenschen. Wir haben uns keineswegs unter Kontrolle und lassen uns ständig von unserer Angst, unseren Gewohnheiten und Ressentiments, unserem Aberglauben und anderen Dingen versklaven. Von Geburt an werden wir von der Familie, der Kirche und der Schule abgerichtet, uns Regeln und Gesetzen zu unterwerfen, uns »normal« zu verhalten, an Illusionen zu glauben und uns in den Dienst verschiedener Herren zu stellen. All das, was als »Natur des Menschen« bezeichnet wird, ist in Wirklichkeit nichts als unsere Gewohnheit. Aus Trägheit und Furcht scheuen wir vor Herausforderungen und Gefahren zurück und stumpfen allmählich gegen die Regungen unseres Gewissens ab.

Eine Welt ohne Gewohnheiten und ohne Herren mag erschreckend wirken, aber die Alternative sind Sklaverei und Entfremdung. Entweder lassen wir uns von der Gesellschaft unterjochen oder wir überwinden unsere Furcht und werden selbst zu Schöpfern, statt bloße Geschöpfe zu bleiben. Schöpferisch tätig sein heißt, selbst der in Wirklichkeit chaotischen und im steten Wandel begriffenen Welt einen Sinn zu verleihen, während das bloße Geschöpf sich den Sinngebungen der anderen unterwirft. Sprache ist Nietzsches Auffassung nach grundsätzlich eine mehr oder weniger geistreiche Interpretation, eine Art »Lüge«. Wenn aber die Sprache grundsätzlich lügt, dann fährt man besser und bleibt sich selbst treu, wenn man seine Lügen selbst entwirft. Das zu tun bedeutet, ein »Übermensch« zu sein.

Was es jedenfalls *nicht* bedeutet, ist, selbst zum Sklavenhalter zu werden. Tyrannei ist nicht das Ergebnis von Selbstbeherrschung, sondern von Frustration. In ihr drückt sich nichts anderes als Haß aus. Der Übermensch hingegen lebt sein Leben ohne Ressentiments und ist, wenn es die Situation erfordert, auch bereit, zu dienen – nicht nur zu führen. (Während für den Rest von uns das Dienen eine Sklaverei ist.) Indem er seine Leidenschaften kontrolliert und seinen Willen in bestimmte Bahnen lenkt, schafft der Übermensch Kunst und Philosophie und bejaht damit das Leben, das Lachen und alle anderen guten Dinge.

Die ewige Wiederkehr

> Wie, wenn dir eines Tages oder Nachts ein Dämon in deine ein-
> samste Einsamkeit nachschliche und dir sagte: »Dieses Leben,
> wie du es jetzt lebst und gelebt hast, wirst du noch einmal und
> noch unzählige Male leben müssen; und es wird nichts Neues
> daran sein, sondern jeder Schmerz und jede Lust und jeder Ge-
> danke und Seufzer und alles unsäglich Kleine und Große deines
> Lebens muß dir wiederkommen, und alles in derselben Reihe
> und Folge – ... Würdest du dich nicht niederwerfen und mit den
> Zähnen knirschen und den Dämon verfluchen, der so redete?
> Oder hast du einmal einen ungeheuren Augenblick erlebt, wo
> du ihm antworten würdest: »Du bist ein Gott und nie hörte ich
> Göttlicheres!« ... [W]ie müßtest du dir selber und dem Leben
> gut werden, um nach nichts *mehr zu verlangen* als nach dieser
> letzten ewigen Bestätigung und Besiegelung.
> Friedrich Nietzsche, *Die fröhliche Wissenschaft* (1882)

Man nehme einige wenige Dinge, zum Beispiel die Worte des Satzes »Dies ist ein kurzer Satz«. Man gebe sie in einen Computer ein und befehle ihm, die Worte nach dem Zufallsprinzip neu anzuordnen. Heraus käme dabei so etwas wie »Kurzer ist ein dies Satz«. Nun stelle man sich vor, man befiehlt dem Computer, diesen Vorgang ständig zu wiederholen. Das dürfte etwa zu folgendem Ergebnis führen:

1. dies ist ein kurzer Satz
2. ist Satz dies kurzer ein
3. kurzer dies ein ist Satz
4. ein dies ist Satz kurzer
5. Satz ein kurzer dies ist

... und so weiter und so fort.

Nehmen wir nun an, der Computer würde in alle Ewigkeit fortfahren, die Worte neu anzuordnen. Zwangsläufig wird er sich dann ab einem bestimmten Punkt wiederholen müssen, da es insgesamt nur 120 verschiedene Kombinationen dieser fünf Worte gibt. Außerdem wird der Computer nicht umhin können, irgendwann auch diese ersten fünf Sequenzen genau in dieser Reihenfolge zu wiederholen. Das heißt, die Reihe 1 – 5 wird sich wiederholen bzw. wiederkehren und zwar immer und immer wieder – solange sich die Worte nicht ändern, läuft der Prozeß in alle Ewigkeit weiter.

Dieses Gedankenspiel enthält in kondensierter Form das, worum es Nietzsche in seiner Lehre von der »ewigen Wiederkehr« ging, von der in seinem Buch *Die fröhliche Wissenschaft*, einer Sammlung Aphorismen, erstmals die Rede ist. Nietzsche war es damit genauso ernst wie mit all seinen anderen Ideen; er hielt diese Lehre für die vollkommenste aller wissenschaftlichen Hypothesen. Nietzsche vermutete, daß das Universum aus einer begrenzten Anzahl von »Kraftquanten« besteht, die, was auch immer sie konkret sein mögen, im endlichen Raum angeordnet sind. Da aber die Zeit unendlich ist, so Nietzsches Überlegung, müssen diese »Quanten« wie die Worte in unserem Beispielsatz bestimmten Mustern folgen, die sich in alle Ewigkeit beständig wiederholen.

Nietzsche, der in dieser Hinsicht ein materialistischer Determinist war, glaubte, daß sich die gesamte Materie und sämtliche Ereignisse als physikalische Relationen zwischen seinen »Kraftquanten« ausdrücken ließen. Bei der Welt, wie wir sie kennen, handelt es sich einfach um eine bestimmte Konstellation von Quanten, genauso wie etwa bei unserem persönlichen Geburtsdatum, unserem Musikgeschmack oder irgendwelchen anderen Daten. Diese Quanten verbinden sich zu immer neuen Wirklichkeiten, und eine davon wird über kurz oder lang der Zerfall der Welt sein. Kein Grund zur Sorge: Da die Zeit endlos ist, müssen sich die Quanten eines Tages auch wieder zur Welt, so wie wir sie kennen, zusammenfügen. Ja, gibt man ihnen nur genügend Zeit, werden sich genau jene Konstellationen wiederholen, denen wir die Geschichte der Menschheit verdanken. Kurzum, die Geschichte wird sich bis in alle Ewigkeit immer von neuem wiederholen.

Für die meisten Menschen dürfte wohl schon der Gedanke an diese Möglichkeit die Hölle sein. Aber genau darum geht es Nietzsche: Er entwickelt die Vorstellung von der ewigen Wiederkehr, um uns darüber nachdenken zu lassen, was es bedeuten würde, wenn wir unsere Leben noch einmal leben müßten. Wenn uns diese Vorstellung unerträglich ist, dann sagt das etwas aus – und zwar, daß wir in unserer »Sklavenmentalität« gefangen sind. Doch denjenigen, die es nach »nichts mehr verlangt«, kann man nur gratulieren, denn ihnen ist es gelungen, zu richtigen »Übermenschen« zu werden. (Die Gebrauchsanweisung hierfür findet sich ab S. 76.)

Bei Wissenschaftlern freilich steht Nietzsches Theorie nicht gerade hoch im Kurs. Denn das Ausspucken von Wortpermutationen durch den Computer in linearer Reihenfolge ist eine Sache, die Anordnung von Materie im dreidimensionalen, kontinuierlichen Raum eine ganz andere – selbst wenn man einräumt, daß der Raum endlich und die Zeit unendlich ist. So ist es zum Beispiel durchaus möglich, eine kleine Anzahl von Objekten in Bewegung zu setzen, ohne daß sie *jemals* zu ihrer Ausgangsposition (oder irgendeiner späteren) zurückkehren – und wenn wir bis zum Sankt-Nimmerleins-Tag warten. Womit wir noch nicht einmal die reichlich merkwürdige Vorstellung von »Kraftquanten« in Frage gestellt hätten, die weder mit den Entdeckungen der modernen Physik noch mit Einsteins Relatitivitätstheorie in Einklang zu bringen sind.

Auch wenn die Idee der ewigen Wiederkehr vielleicht ein wenig an schlechte Science-Fiction erinnert, kann sie doch auf eine ganz respektable philosophische Ahnenkette zurückblicken. Unter den alten Griechen war diese Vorstellung weit verbreitet; die Anhänger des Pythagoras etwa glaubten an ein sogenanntes »Großes Jahr«, nach dem sich der kosmische Kreislauf mehr oder weniger genau wiederholen würde. (Heraklit berechnete das »Große Jahr« auf 10 800 Erdenjahre.) Auch Aristoteles scheint im wesentlichen diese Auffassung geteilt zu haben, ebenso wie die Stoiker, deren Version im übrigen der von Nietzsche außerordentlich nahe kommt. Der jüdisch-christliche Glaube an eine geradlinig verlaufende Zeit, an deren Beginn die Schöpfung und an deren Ende das Jüngste Gericht steht, versetzte der Lehre zwar einen schweren Schlag, bereitete ihr aber keineswegs das völlige Ende. Im Mittelalter und während der Renaissance schlugen sich Philosophen, unter ihnen immerhin auch ein Descartes, mit der Möglichkeit einer zyklischen Wiederkehr der Geschichte herum, die sie keineswegs kategorisch ausschlossen. Nietzsche aber sorgte dafür, daß die Theorie nochmals Aufwind bekam, wenn auch nur für kurze Zeit. Wenn irgend etwas an der ewigen Wiederkehr dran ist, dann werden wir jedenfalls nicht zum letzten Mal von ihr gehört haben.

Der Pragmatismus

> Um also hinsichtlich unserer Gedanken über einen Gegenstand zu vollkommener Klarheit zu gelangen, genügt es zu überlegen, welche Wirkungen mit denkbaren praktischen Bezügen dieser Gegenstand haben dürfte. ... Unser Begriff dieser Wirkungen bildet also zur Gänze unseren Begriff des Gegenstands, insoweit als dieser Begriff überhaupt eine positive Bedeutung hat. Das ist das Prinzip von Peirce, das Prinzip des Pragmatismus.
> William James. »Philosophische Konzepte und praktische Resultate« (1898)

Die Philosophie hat auch ihre ironischen Seiten. Charles S. Peirce (1839–1914), dem der Bruder des großen Romanciers, Henry James, das Verdienst zuschreibt, der Begründer des Pragmatismus gewesen zu sein, war im praktischen Leben alles andere als erfolgreich. Nachdem man ihn von der Johns Hopkins Universität verbannt und ihm eine Fortsetzung seiner akademischen Karriere wegen angeblicher moralischer Vergehen unmöglich gemacht

hatte, lebte Professor Peirce in großer Armut und starb
schließlich einsam und verlassen. (Als Mitbegründer der
Semiotik, siehe. S. 223, sollte er in akademischer Hinsicht
freilich das letzte Wort behalten.)

Peirce stand sich selbst im Wege, denn im Grunde war
er ein genialer Universalgelehrter, dem wir wichtige Beiträge in der Mathematik, Philosophie, Chemie, Psychologie und Statistik verdanken. Seine bedeutendste Hinterlas-
senschaft aber ist seine von William James und später auch
von John Dewey propagierte Philosophie. Als Verächter
der Metaphysik – des Studiums unfaßlicher oder abstrakter »Realitäten« – beharrte Peirce darauf, daß die Bedeutung einer Idee ausschließlich auf ihren praktischen Wirkungen beruht. Wenn eine Idee keine Wirkung hat, dann
ist sie sinnlos – entweder »dummes Gewäsch« oder »völlig
absurd«, um Peirce selbst zu zitieren.

Das Ganze gipfelt darin, daß Begriffe wie »das Gute«
oder »das Wahre« keinerlei Wirklichkeit unabhängig von
der besitzen, die wir ihnen durch unser Handeln verleihen. Unabhängig davon, wie sie unser Verhalten beeinflussen, sind sie sinnlos. Überzeugungen sind aus pragmati-
scher Sicht dasselbe wie Handlungen oder zumindest wie
potentielle Handlungen. Wenn es zu unserer Vorstellung
des Guten gehört, alten Damen über die Straße zu helfen,
dann läuft das Gute für uns tendenziell darauf hinaus,
derartiges zu tun. Das Gute erweist sich damit letztlich als
die Summe sämtlicher Wirkungen dieser Vorstellung.
James weitete diese Überlegung in mehreren seiner Arbeiten bis zum Gottesbegriff aus. So schrieb er etwa in *Prag-
matism* (1907): »Wenn die Hypothese Gott im weitesten
Sinne des Wortes zufriedenstellend *funktioniert*, ist sie
wahr« [meine Hervorhebung].

Seit James' Zeiten sind vielfältige Formen des Pragmatismus entstanden, aber nicht alle stehen im Einklang mit
den Vorstellungen seiner Begründer. Gleichwohl verbindet
die Pragmatisten ein Bündel gemeinsamer Prämissen, zum
Beispiel methodische Flexibilität, die Verachtung jeglichen

Dogmatismus' sowie ein gewisser Werterelativismus. (»Gut« und »schlecht« definieren sich in Abhängigkeit von bestimmten menschlichen Bedürfnissen, Wünschen und Praktiken.) Peirce selbst jedoch war kein sonderlich überzeugender Relativist. Er glaubte, daß das Universum Entwicklungsgesetzen folge, die immer regelmäßiger und weniger zufällig würden. Vom wissenschaftlichen Fortschritt versprach er sich, daß die Forscher der »Wahrheit« der universellen Gesetze nach und nach immer näherkommen würden. Ihm wurde von anderen entgegengehalten, daß die »Wahrheit« selbst nur ein relativer Begriff ist, der von menschlichen Bedürfnissen und Verhaltensweisen abhängt. »Das Wahre«, schrieb James, »ist der Name für all das, was sich in Glaubensfragen als gut erweist.« Die Wahrheit ist also das, was gut funktioniert.

Gegenwärtig ist einer der berühmtesten (bzw. berüchtigtsten) Vertreter dieser Auffassung der Literaturwissenschaftler Stanley Fish. Fish macht es besonderes Vergnügen, uns die Relativität vermeintlich unumstößlicher Prinzipien vor Augen zu führen. Den vorläufig jüngsten Beleg hierfür liefert sein Buch *There's No Such Thing as Free Speech, and It's a Good Thing, Too* [Meinungsfreiheit gibt es nicht, und das ist auch gut so] von 1994. Das Recht der freien Meinungsäußerung kann laut Fish weder durch das Naturrecht noch durch Gesetze als absolut gegeben angenommen werden. Es handelt sich lediglich um etwas, das wir als Gemeinschaft für zulässig erklärt haben. Gewisse Beleidigungen oder pornographische Darstellungen werden immer davon ausgeschlossen bleiben und die Definitionen dessen, was als »frei« bzw. als »Meinung« gilt, ändern sich immer wieder, um sie jeweils den Bedürfnissen der Gemeinschaft anzupassen.

Fish ist nur einer von zahlreichen Neopragmatisten. Der einflußreichste unter ihnen ist der ehemalige Philosoph Richard Rorty. Als Rorty einsah, daß der Pragmatismus logischerweise impliziert, daß es Unsinn ist, Philosophie zu treiben, tat er den bewundernswerten Schritt, eine andere Laufbahn einzuschlagen. (Jetzt ist er Professor für Anglistik.) Man sollte sich darüber im klaren sein, daß solche Widersprüche im Umfeld des Pragmatismus keine Einzelfälle sind. Ein anderes gutes Beispiel ist das der Fishzöglinge Stephen Knapp und Walter Benn Michaels, die in literaturwissenschaftlichen Fakultäten mit ihrem theoretischen Aufsatz »Against Theory« (»Gegen Theorie«) für einige Unruhe sorgten. Im Kern besagt diese kluge Abhandlung, daß alle Literaturtheorien auf der Unterscheidung zwischen dem, was ein Text »wirklich« bedeutet, und dem, was sein Autor sagen wollte, beruhen. Doch diese Unterscheidung ist hinfällig, denn *in der Praxis* ist beides ein und dasselbe. Wann immer wir von »Bedeutung« sprechen, können wir gar nichts anderes meinen als die »Intention des Autors«. Daher führen die ganzen unstimmigen und praktisch witzlosen Versuche, eine kritische Literaturtheorie zu entwickeln, in die Irre und sollten aufgegeben werden. Doch niemand schenkte ihnen Gehör: Der Artikel hatte keine praktischen Auswirkungen. Es wird weiterhin fleißig an Theorien gebastelt. Vielleicht sollte man also dem Pragmatismus lieber nicht glauben.

»Die Welt ist alles, was der Fall ist«

Einer der angesehensten Philosophen des 20. Jahrhunderts, der Wiener Industriellensohn Ludwig Wittgenstein (1889–1951), wird von mehreren philosophischen Schulen als geistiger Stammvater in Anspruch genommen. Freilich stimmen nicht alle darin überein, was er eigentlich gemeint hat, und das entbehrt nicht der Ironie, denn seine vielleicht wichtigste Aussage war die, daß die Philosophie gut daran täte, sich auf die gewöhnliche, mutmaßlich klare und unkomplizierte Alltagssprache zu konzentrieren.

Mehr als irgend jemand sonst ist Wittgenstein für die Ausrichtung der Gegenwartsphilosophie auf die Sprache und zwar insbesondere auf das Verhältnis zwischen Aussagen und Wirklichkeiten verantwortlich. Seine eigene Auffassung verkündete er bereits im ersten Satz seines ersten Werks, des *Tractatus logico-philosophicus*: »Die Welt ist alles, was der Fall ist.« Was, wie er erklärt, bedeutet, daß die Welt »die Gesamtheit der Tatsachen, nicht der Dinge« ist.

Für den Fall, daß der Unterschied nicht unmittelbar einleuchten sollte: »Tatsachen« sind wahre Aussagen über Dinge. Ein Stuhl ist ein Ding; die Aussage »Der Stuhl ist rot« ist (zumindest potentiell) eine Tatsache. Die »Welt«, so wie wir sie kennen, ist schlicht und einfach die Summe bekannter Tatsachen, (dessen, »was der Fall ist«), und nicht eine Summe von Dingen unabhängig davon, was wir über sie aussagen können. Die Sprache ist es, die unser Verständnis der Welt, unserer Umgebung und unserer Erfahrungen strukturiert. Was wir nicht sagen können, können wir auch nicht wissen: »Worüber man nicht sprechen kann, davon muß man schweigen.«

Wittgensteins Sätze übten einen nachhaltigen Einfluß auf eine Gruppe junger Philosophen aus, die als »logische Positivisten« bezeichnet werden und die wie Hume der Auffassung waren, daß alles, was weder selbstverständlich noch empirisch nachweisbar ist, schlichtweg Unsinn ist. (Zum »Unsinn« zählen in diesem Sinne auch Dichtung, Kunst und die Phantasiegespinste der Metaphysik.) Aber ihre Begeisterung für Wittgenstein beruhte nicht auf Gegenseitigkeit. Denn obwohl auch Wittgenstein den Standpunkt vertrat, daß sich die Philosophie auf das beschränken solle, »was der Fall ist«, ließen ihm bestimmte Formen des Schweigens und unergründliche Wirklichkeiten keine Ruhe. Was nicht auf Tatsachen beruht, mag zwar Unsinn sein, doch Wittgenstein fand diesen Unsinn außerordentlich interessant.

Wittgensteins Ansichten änderten sich zwischen dem *Tractatus* und den *Philosophischen Untersuchungen* (postum 1953) grundlegend. Bei letzteren handelt es sich um die Rekonstruktion von Vorlesungen, die er in Cambridge gehalten hatte. De facto verabschiedete Wittgenstein sich darin von den meisten seiner früheren Ansichten, wie beispielsweise derjenigen, daß »die Grenzen meiner Sprache die Grenzen meiner Welt« sind. Wie die meisten Sprachphilosophen hatte der junge Wittgenstein Worte so aufgefaßt, als ob diese auf Dinge in der Welt zeigten oder sie darstellten. Dem späteren Wittgenstein schien eine derartige Betonung des Verweischarakters der Sprache zu einfach zu sein.

In seinen *Philosophischen Untersuchungen* entwirft Wittgenstein eine neue Sichtweise. Die Bedeutung von Worten hängt danach nicht so sehr davon ab, worauf sie sich beziehen, sondern wie sie benutzt werden. Sprache, meinte er nun, ist eine Art Spiel; sie besteht aus einer bestimmten Anzahl einzelner Bausteine bzw. einer Grundausstattung von Worten, die einem bestimmten Satz von Regeln (sprachlichen Konventionen) gemäß verwendet werden. Wie im *Tractatus* versteht Wittgenstein unsere Welt zwar als ein Gebilde aus Aussagen oder potentiellen Aussagen, aber das, was wirklich interessiert, ist weniger, was Aussagen »bedeuten« (denotieren) als wie sie unter der Voraussetzung bestimmter Regeln und in einem bestimmten Kontext verwendet werden.

Daraus folgt, daß Erkenntnis nicht darin besteht, daß man irgendeine Realität entdeckt (oder erfindet), die unserem Sprechen korrespondiert, sondern daß man die Art und Weise studiert, wie das Sprechen funktioniert. Daher ist die Alltagssprache der eigentliche Gegenstand der Philosophie. Traditionelle philosophische Probleme, die sich um Begriffe wie »Sein« und »Wahrheit« ranken, beruhen auf einer Verwechslung. Sie rühren vom Kauderwelsch unserer Sprache her und von dem irrigen Versuch, die »Realität« zu entdecken, die dieses Kauderwelsch mutmaßlich »repräsentiert«.

Die Phänomenologie

> Die gesamten bisherigen Denkgewohnheiten ausschalten, die
> Geistesschranken erkennen und niederreißen, mit denen sie den
> Horizont unseres Denkens umstellen und nun in voller Denk-
> freiheit die echten, die völlig neu zu stellenden philosophischen
> Probleme erfassen, die erst der allseitig entschränkte Horizont
> uns zugänglich macht – das sind harte Zumutungen. Nichts
> Geringeres ist aber erfordert. In der Tat, das macht die Zueig-
> nung des Wesens der Phänomenologie ... und ihres Verhältnis-
> ses zu allen anderen Wissenschaften ... so außerordentlich
> schwierig, daß zu alledem eine neue, gegenüber den natürlichen
> Erfahrungs- und Denkeinstellungen *völlig geänderte Weise der
> Einstellung* nötig ist.
>
> Edmund Husserl, *Ideen zu einer reinen Phänomenologie und
> phänomenologischen Philosophie* (1913)

Sehr viele philosophische Texte sind ziemlich unverständlich, aber die Schriften von Edmund Husserl (1859–1938)
schießen wahrscheinlich den Vogel ab. Doch obwohl Husserls Phänomenologie von philosophischem Kauderwelsch
nachgerade überquillt und teilweise wie besessen wirkt,
hat sie in der Philosophie des 20. Jahrhunderts eine un-
übersehbare Spur hinterlassen: Die großen unverdaulichen
Werke von Heidegger, Sartre und Derrida wären ohne ihn
überhaupt nicht möglich gewesen.

Die Begriffe *Phänomen* und *Phänomenologie* (griech.,
»Erscheinung«) waren für Husserl nichts Neues. Das in
der deutschen Philosophie bereits eingeführte *Phänomen*
meint ein Ding oder Ereignis, so wie es sich dem menschlichen Bewußtsein darstellt (im Gegensatz zu dem, was es
seinem Wesen nach, unabhängig von der Wahrnehmung,
ist). Die *Phänomenologie* ist also das Studium der Erscheinungen. Husserl glaubte, daß wir es, was unsere
Kenntnis der Welt betrifft, ausschließlich mit Phänomenen
zu tun haben, und daher versuchen müßten, das Beste daraus zu machen.

Zu diesem Zweck müssen wir unsere Wahrnehmung
auf ihre einfachsten Formen reduzieren und sie von allen
gewohnheitsbedingten Schichten und Annahmen be-

freien, die sie überlagern. Wir können uns etwa antrainieren, einen Stuhl anzusehen, ohne einen Gedanken an seinen Zweck (das Sitzen), seine Geschichte (wer ihn gebaut hat und wo wir ihn gekauft haben) oder seine Funktion (ob er bequem ist oder zum Teppich paßt) zu verschwenden. Wir müssen versuchen, den Stuhl auf möglichst unmittelbare Weise zu erfahren, als einen reinen Gegenstand des Bewußtseins. Wenn wir ihn auf diese Weise sehen – also lediglich seine wesentlichen Charakteristika erfassen – ist der Stuhl zum Phänomen im Husserlschen Sinn geworden.

Husserl nannte diese Art der Wahrnehmung »Einklammerung« oder, auf griechisch, *epochē*, worunter er den Verzicht verstand, an die Existenz von Gegenständen zu glauben. Er meinte damit ungefähr, daß wir auf der Suche nach den wesentlichen Eigenschaften einer Sache auf jegliche Anhänglichkeit an ihre reale Existenz verzichten müssen. Wir vollführen dann etwas, was Husserl Reduktion nennt. Nehmen wir etwa unseren Stuhl und stellen uns vor, wie er auch aussehen könnte: Wir schlagen ihm einige Beine ab, drehen die Lehne um, fügen ein Fax-Modem hinzu.

Handelt es sich immer noch um einen Stuhl? Wenn wir den Eindruck haben, daß wir die neue Variante nicht intuitiv als Stuhl erkennen würden, wissen wir, daß wir etwas Wesentliches verändert haben. Durch diese Methode des »Einklammerns« entdecken wir das Wesen eines Dings unabhängig von seiner Existenz hier und jetzt. »Zurück zu den Sachen selbst«, war Husserls Motto, und damit meinte er zurück zu unseren ersten Intuitionen der Dinge in ihrer wesentlichen Form (als Phänomene).

Aber damit ist die Phänomenologie noch keineswegs am Ende angelangt, denn das fundamentalste aller Phänomene haben wir noch gar nicht erwähnt: das Bewußtsein selbst, die Fähigkeit, Intuitionen zu haben. Denn ganz egal zu welcher Meisterschaft im Einklammern von Stühlen wir es bringen – selbst die Struktur einer einfachen bewußten Erfahrung verstehen wir deswegen noch lange nicht. Um das Bewußtsein zu untersuchen, müssen wir irgendeinen Weg darum herum oder darüber hinaus finden, um zu dem gelangen, was Husserl als transzendentale Subjektivität bezeichnet. (Normale Menschen nennen das »Ich-Bewußtsein«, weil das jedoch als etwas Subjektives empfunden wird, möchte uns Husserls »transzendentale Subjektivität« zu einer »objektiven« Sicht des Bewußtseins verhelfen.)

Ich werde hier die technischen Einzelheiten von Husserls Erklärung, wie wir der Subjektivität entgehen, beiseite lassen. Wir wollen uns darauf beschränken festzuhalten, daß wir bei der Untersuchung des Bewußtseins zunächst feststellen werden, daß dieses »intentional« ist. Im Husserlschen Sinne bedeutet »intentional« so etwas wie »auf etwas gerichtet«; wir sind uns nie einfach nur »bewußt«, sondern wir sind uns immer *irgendeiner Sache* bewußt. (Bei dieser Sache kann es sich um ein Objekt wie unseren Stuhl, ein Gefühl wie Hunger oder eine Idee handeln, und sie muß nicht einmal »wirklich« sein.) Aus der Tatsache, daß das Bewußtsein notwendig auf etwas gerichtet ist, folgt, daß es niemals leer oder passiv ist, sondern immer aktiv. Wenn sich das Bewußtsein regt, »erfaßt« es die Dinge, aber die Art und Weise, wie uns die Dinge erscheinen, hängt sowohl von deren Charakter (ihrem Wesen) als auch vom Charakter des »Erfassens« ab. Indem wir den Dingen eine Bedeutung verleihen, sind wir an der Erzeugung unserer Welt beteiligt.

Letztlich geht es bei alldem darum, die grundlegendsten Verfahren, mittels derer wir der Welt, in der wir leben, Sinn und Bedeutung verleihen, so vollständig und präzise wie möglich beschreiben zu können. Ein hehres Ziel, gewiß, aber auch ein umstrittenes. Selbst einige Phänomenologen hatten ihre Schwierigkeiten mit der Vorstellung eines »transzendentalen Ich«, nicht zuletzt, weil Husserl im Alter begann, etwas befremdliche Behauptungen darüber aufzustellen. (So betrachtete er etwa das transzendentale Ich als eine vom eigenen Bewußtsein unabhängige und irgendwie unsterbliche Entität.) Gibt es wirklich irgendeinen Ort, von dem aus wir beobachten und beschreiben können, wie unser Bewußtsein normalerweise funktioniert? Und wie kann das Bewußtsein sich selbst transzendieren? Die Lösung dieser Rätsel überlasse ich Ihnen!

Der Existentialismus

Existentialismus? Alles klar, Jean-Paul Sartre natürlich! Nur daß die Idee ein Jahrhundert älter ist als Sartre, ihr bekanntester Vertreter...

Der eigentliche Begründer des Existentialismus ist nämlich der dänische Philosoph Søren Kierkegaard (1813 – 1855). Kierkegaard warf der zeitgenössischen Philosophie vor, viel zuviel Zeit mit »Essenzen«, also den mutmaßlich der Welt zugrundeliegenden Wirklichkeiten und universellen Gesetzen, zu vergeuden. Denn abgesehen davon, daß diese Dinge zweifelhaft seien, lenke die Beschäftigung mit ihnen unsere Aufmerksamkeit von den wirklichen Problemen ab, etwa dem, wie wir als Individuen zu Entscheidungen gelangen können.

Zunächst einmal wandte sich Kierkegaard gegen die idealistische Vorstellung, daß »gut« und »böse« irgendeiner objektiven bzw. feststehenden Wirklichkeit entsprechen. Vielmehr handle es sich um »subjektive Wahrheiten«, die, obwohl sie sich weder beweisen noch auf andere übertragen lassen, die einzige Grundlage individueller Handlungen sind. So kann man etwa nicht objektiv oder logisch begründen, daß Töten an sich »schlecht« sei. Denn bekanntlich gibt es Situationen, in denen das Töten als »gut« gilt – etwa bei der Selbstverteidigung oder im Krieg. Meist haben wir keine Möglichkeit, uns über das richtige Handeln mittels der Logik klarzuwerden. Es läßt sich einfach nicht kalkulieren, wie man auf Ungerechtigkeit reagieren oder ob man an Gott glauben soll. Andererseits ist es aber auch nicht möglich, *keine* Entscheidungen bzw. Glaubensaussagen zu treffen.

Natürlich gibt es einige objektive Wahrheiten wie »2 + 2 = 4« und »Napoleon wurde bei Waterloo besiegt«. Aber was soll's? Für Kierkegaard besitzen derartige Wahrheiten, so interessant sie auch sein mögen, keinerlei Bedeutung für unsere Alltagsexistenz oder unsere wesentlichen Entscheidungen und Handlungen. Wir *sind* das, so glaubte er, was wir *tun*. Wenn wir wirklich *sein* wollen, müssen wir handeln, und die Grundlage unserer Handlungen bilden unsere Werte – rein subjektive und individuelle Wahrheiten, Glaubenssätze, unbeweisbar, aber ganz außerordentlich real.

Weder die Natur noch die Gesellschaft kann uns sagen, was gut und böse, was richtig oder falsch ist. Die ultimative Bedeutung und der eigentliche Wert unserer Handlungen sind immer ungewiß. Mensch sein heißt, im Angesicht derartiger Ungewißheit zu handeln. Aus existentialistischer Sicht handeln Männer und Frauen unaufrichtig, wenn sie sich einfach nur so verhalten, wie die Gesellschaft es von ihnen verlangt, oder wenn sie lediglich die Vorschriften der Kirche oder irgendeiner anderen Institution akzeptieren. Derartiges Verhalten kommt einer Flucht vor der Verantwortung gleich.

Ein Haken an dieser im Prinzip durchaus überzeugenden existentialistischen Sichtweise ist der, daß die Betonung der individuellen Existenz und der Entscheidung nichts darüber aussagt, wie man mit den überall offen zutage liegenden gesellschaftlichen Widersprüchen umgehen soll.

»Ich bin dazu verurteilt, frei zu sein«

Schon auf Grund der Tatsache, daß ich Bewußtsein der meine Tätigkeit in Gang bringenden Anlässe habe, sind diese Anlässe für mein Bewußtsein transzendente Objekte, sind sie draußen; vergeblich würde ich versuchen, mich wieder an sie anzuhängen: ich entziehe mich ihnen gerade durch mein Dasein. Ich bin dazu verurteilt, für immer jenseits meines Wesens zu existieren, jenseits der Antriebe und Anlässe meines Tuns; ich bin dazu verurteilt, frei zu sein. Das bedeutet, daß wir für unsere Freiheit keine anderen Grenzen als sie selbst finden können oder, wenn man so will, daß wir nicht die Freiheit haben, aufzuhören, frei zu sein.

Jean-Paul Sartre, *Das Sein und das Nichts. Versuch einer phänomenologischen Ontologie* (1943)

Wenn jemand Sie daran erinnert, daß Sie in einem »freien« Land leben, dann wissen Sie, was gemeint ist. Es steht einem im allgemeinen frei zu tun, was man will (man spricht in diesem Zusammenhang von »positiver« Freiheit), und man wird im allgemeinen nicht für seine Meinungen verfolgt (»negative« Freiheit). Bei der positiven Freiheit geht es um Alternativen, bei der negativen um Konsequenzen.

Diese beiden Freiheiten sind wunderbar, und wir können uns glücklich schätzen, daß es sie gibt. *Glücklich* ist hier das Schlüsselwort. Für den unwahrscheinlichen Fall, daß morgen ein Diktator an die Macht käme, könnten diese Freiheiten nämlich im Handumdrehen abgeschafft werden. Was bliebe uns dann? Gibt es eine fundamentale Art von Freiheit, die uns niemals genommen werden kann?

Nach Ansicht Sartres, des bedeutendsten existentialistischen Philosophen dieses Jahrhunderts, lautet die Antwort hierauf »Ja«. Aber dieses »Ja« ist eine zweischneidige Sache. Sartre glaubt, Mensch sein bedeute, absolut frei zu sein, also immer in der Lage zu sein, zu entscheiden. Das einzige, was wir nicht entscheiden können, ist, ob wir vor Entscheidungen gestellt werden wollen. In Sartres Worten: »Ich bin dazu verurteilt, frei zu sein.« Selbst die Entscheidung, nicht zu handeln, ist eine Entscheidung. Das ist unser existenzielles Dilemma.

Sartres Philosophie der Freiheit ging aus seiner Beschäftigung mit der Phänomenologie hervor, der Philosophie des reinen Bewußtseins. Nach Sartres Auffassung zeichnet sich das Bewußtsein dadurch aus, daß es gleichzeitig Teil der Welt und nicht Teil der Welt ist. Wenn wir darüber nachdenken, wie wir denken, wenn wir zu einem Bewußtsein unserer selbst gelangen, behandeln wir unser Denken, als sei es ein Gegenstand dieser Welt. Zu sagen, »Mich hat diese Erklärung verwirrt«, bedeutet, unser Denken zu transzendieren, indem wir darüber reflektieren. Aber die Welt, wie wir sie kennen, ist einfach eine Ansammlung solcher »transzendenter« Gegenstände: Dinge, die wir wahrnehmen und über die wir nachdenken.

Gleichzeitig ist das Bewußtsein jedoch auch nicht Teil der Welt. Wenn wir träumen, sind wir von allen äußeren Empfindungen abgeschnitten. Wenn wir tagträumen, uns beispielsweise vorstellen, wir würden im Lotto gewinnen, erheben wir uns aus der Gegenwart (der Welt, so wie sie ist) und entwerfen eine bessere Zukunft (die Welt, wie sie nicht ist). Da diese Zukunft nicht tatsächlich vorhanden ist, existiert sie nicht: Sie ist das *Nichts*.

Nach Sartre gehen alle Handlungen aus diesem Nichts hervor. Wenn man immer unmittelbar der Gegenwart verhaftet wäre und ihr nicht entkommen könnte, dann könnte man nicht nur nicht phantasieren, man könnte noch nicht einmal handeln. Die Gegenwart ist einfach das, was sie ist, und wenn man sich nicht klarmacht, daß sie auch anders sein könnte, gibt es keinen Grund, irgend etwas zu tun. Sartre ging in seinen Überlegungen aber noch einen Schritt weiter: Alle unsere Handlungen sind auf ein Ziel gerichtet, das es im Hier und Jetzt nicht gibt. Da unsere Handlungen also auf nichts basieren, sind sie auch niemals *notwendig*. Ziele sind etwas, das wir uns aus freien Stücken selbst setzen, und mit ihnen zusammen schaffen wir uns auch unsere eigenen Werte.

94

Sartres berühmter »Ekel« entspringt der absoluten Freiheit des Bewußtseins, daß man zu jeder wie auch immer gearteten Handlung fähig ist. So könnte man sich etwa jeden Augenblick dazu entschließen, sich umzubringen, und ebendieser Gedanke, bei dem sich in unserem Selbst ein gähnender Abgrund auftut, erzeugt Angst und Ekel. (Man *könnte* es tun und fürchtet daher, es *wirklich* zu tun.) Zur Freiheit verdammt zu sein heißt, allein dafür verantwortlich zu sein, aus jeder Situation unsere eigene »Welt« zu schaffen – uns selber Ziele zu setzen, auf unsere eigene Weise zurechtzukommen und unsere eigenen Reaktionen auf unsere Entscheidungsangst zu finden. Vielleicht wählen wir ja die Möglichkeit, uns selbst umzubringen; falls nicht, wählen wir damit zumindest die Möglichkeit, auch in Zukunft vor die Wahl gestellt zu sein.

Die meisten Menschen weigern sich aber, diesen Tatsachen ins Auge zu blicken, weil für sie die Vorstellung unerträglich ist, daß sie für ihre Welt *verantwortlich* sind. Wie schon viele Zeitkritiker gesagt haben, sehen wir uns viel lieber als Opfer denn als eigenverantwortliche Erwachsene. Wir suchen die Verantwortung für unsere Fehlentscheidungen und gescheiterten Bemühungen immer von uns abzuwälzen und auf unsere unglückliche Kindheit, auf unsere Herkunft, auf Diskriminierung oder auf die Gesellschaft als Ganzes zu schieben. Sartre würde nicht bestreiten, daß es so etwas wie eine unglückliche Kindheit oder Vorurteile gibt. Aber er bezeichnet es als unredlich, wenn wir uns weigern, unsere freien Entscheidungsmöglichkeiten hinsichtlich der Interpretation der Tatsachen des Lebens anzuerkennen.

Das Entlarven von Unaufrichtigkeit war eine der großen Stärken von Sartre; weniger erfolgreich war er hingegen, wo es darum ging, Alternativen aufzuzeigen. Der Existentialismus tut sich leichter mit dem Beschreiben als mit dem Wegweisen. Nach und nach erkannte Sartre dann auch die Beschränktheit des Existentialismus und wandte sich im stärkeren Maße Fragen der Unterdrückung zu. In den späten fünfziger Jahren begann er sich für den Marxismus zu begeistern, allerdings weniger für den Marxismus als politisches System denn als Philosophie des kollektiven Handelns. Doch bekanntlich hat sich auch das marxistische Ideal einer geplanten Neugestaltung der Welt als nicht besonders erfolgreich erwiesen.

NATURWISSENSCHAFTEN
UND MATHEMATIK

Was steigt, muß auch fallen: Grundlegende Theorien

Der Satz des Pythagoras

Thales glaubte, die Welt bestehe aus Wasser; Heraklit meinte, die Ursubstanz sei das Feuer, und Pythagoras (6. Jahrhundert v. Chr.) war der Auffassung, das Wesen der Wirklichkeit sei die Zahl, und Gleichungen wiesen den Weg zur Wahrheit. »Dinge sind Zahlen«, lautete seine Devise. Pythagoras' Philosophie, zu der auch der Glauben an die Reinkarnation und die schlimmen Auswirkungen von Bohnen gehörte, ist gelegentlich eigenartig und obskur, aber immerhin entdeckte er den ersten großen geometrischen Beweis, dessen Formel noch heute unter dem Namen »Der Satz des Pythagoras« geläufig ist.

Wer jemals mit Geometrie in Berührung gekommen ist, der kennt diesen Satz. Er bezieht sich auf das interessanteste aller Dreiecke, also das rechtwinklige Dreieck, das einen 90°-Winkel aufweist. Laut Pythagoras haben alle rechtwinkligen Dreiecke eine Sache gemeinsam, nämlich daß die Länge der längsten Seite zum Quadrat erhoben der Summe der Quadraturen der beiden anderen Seiten entspricht. In dieser Abbildung ist c die Länge der

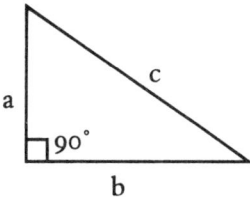

längsten Seite, der sogenannten »Hypotenuse«. Gemäß dem Satz des Pythagoras gilt: $a^2 + b^2 = c^2$.

Aber obwohl der Beweis dieses Satzes den antiken Quellen zufolge auf den von der Insel Samos stammenden

Griechen Pythagoras zurückgeht, machte der Satz im Nahen Osten schon etwa ein Jahrtausend vor dessen Geburt die Runde. Und obwohl Pythagoras ihn bewiesen hat, existiert er in seiner ursprünglichen Form nicht mehr; der erste Nachweis des Satzes findet sich in Euklids berühmtem Buch *Die Elemente* (etwa 300 v. Chr.), das bis auf den heutigen Tag die Grundlage der Geometrie bildet. Kurz zusammengefaßt besagt der Satz in Euklids Version, daß man über jeder Seite des Dreiecks ein Quadrat errichten und so beweisen könne, daß die Summe der beiden kleineren Quadrate der des größeren entspricht.

Einmal abgesehen davon, daß er der früheste seiner Art ist, ist der Beweis des Pythagoras auch noch aus anderen Gründen wichtig. Zum einen trägt er bis heute maßgeblich dazu bei, daß Schüler auf der ganzen Welt leiden müssen. Zum anderen führte er zur Entdeckung der »irrationalen« Zahlen, also von Zahlen, die sich nicht als Bruch – als *Quotient* zweier ganzer Zahlen – ausdrücken lassen. Ein Beispiel einer irrationalen Zahl ist die Quadratwurzel aus 2, was der Länge der Hypotenuse entspricht, wenn die anderen Seiten eines rechtwinkligen Dreiecks jeweils eine Einheit lang sind.

Ironischerweise paßte die Schlußfolgerung, die sich aus diesem Satz ergibt, nicht ins Konzept des Pythagoras, denn dieser hatte angenommen, daß alle Zahlen rational bzw., um seinen Begriff zu verwenden, »kommensurabel« seien. (Einer Legende zufolge schnappten sich andere Mitglieder der Schule des Pythagoras den Mann, der die inkommensurablen Zahlen hergeleitet hatte und warfen ihn ins Mittelmeer.) Da die griechische Arithmetik nur rationale Zahlen kannte, galt die Geometrie als aussagekräftiger und besser geeignet, um die Welt abzubilden. Das ist der Grund, warum sich die griechischen Mathematiker auf die Geometrie konzentrierten und in ihr mit Riesenschritten voraneilten, während ihre Fortschritte in der Arithmetik verhältnismäßig bescheiden blieben.

»Heureka!« (Das archimedische Prinzip)

> Der Legende zufolge soll Archimedes beim Waschen der Einfall
> gekommen sein, wie er den Goldanteil in der Krone von König
> Heiron würde messen können, als er sah, wieviel Wasser über
> den Badehocker floß. Wie ein Besessener sprang er auf und rief
> *Heureka!* (»Ich hab's!«). Nachdem er das mehrmals wiederholt
> hatte, eilte er davon.
> Plutarch, »Daß man nach Epikur gar nicht angenehm leben
> kann.« *Moralia*

Der sizilianische Mathematiker Archimedes (ca. 287–212
v. Chr.) war wie jener sprichwörtliche zerstreute Professor,
ein brillanter Denker, der oft die Welt um sich herum ver-
gaß, und zwar vor allem dann, wenn er gerade wieder eine
seiner großen Entdeckungen gemacht hatte. Nach Plut-
archs Überlieferung stieß Archimedes, nachdem er das
Prinzip der Hydrostatik (der Wissenschaft vom Auftrieb
fester Körper in Flüssigkeiten) entdeckt hatte, zunächst einige Freudenschreie aus und rannte dann nackt durch die
Straßen von Syrakus, ohne sich die Mühe zu machen, irgend jemandem seine Aufregung zu erklären.

Die Aufregung hatte damit begonnen, daß König
Heiron II. von Syrakus, ein Freund des Archimedes, mißtrauisch geworden war, ob eine neue, von ihm in Auftrag
gegebene Krone wirklich aus massivem Gold bestand oder
das Gold mit einer Legierung aus Silber (oder einem noch
minderwertigeren Metall) versetzt worden war. Um schnell
herauszufinden, woraus die Krone bestand, wollte auch
Archimedes zunächst nichts besseres einfallen, als sie ein-
zuschmelzen. Doch eines Tages, als er in eine bis zum
Rand gefüllte Badewanne stieg, kam ihm plötzlich der
entscheidende Gedanke und er krähte los: »Ich hab's! Ich
hab's!«, auf griechisch: *Heureka!*

Auch wenn Archimedes nicht der Erfinder dieses Aus-
rufs war (bei dem es sich eigentlich um ein ganz gewöhn-
liches griechisches Prädikat handelt), verhalf er ihm doch
zu Berühmtheit. Und »nebenher« entdeckte er noch das

nach ihm benannte Prinzip, wonach sich die Dichte eines Gegenstands bestimmen läßt, indem man dessen Gewicht mit dem des Wassers vergleicht, das er in einer Badewanne verdrängt. (Das Gewicht des Wassers, das dasselbe Volumen wie der Gegenstand hat, wird als dessen »Schwimmbzw. Tragkraft« bezeichnet; den Quotienten Masse und Volumen bezeichnet man als »Massendichte« des Gegenstands.)

Wenn man diese Entdeckung mit der Tatsache in Verbindung bringt, daß die Masse das Produkt aus Volumen mal Dichte ist, hat man die Lösung von Heirons Rätsel: Man nimmt einen Klumpen Gold, der genausoviel wiegt wie die umstrittene Krone. Dann läßt man diesen Klumpen ins Wasser fallen und mißt mittels des Gewichts oder des Volumens, wieviel Wasser er verdrängt. (Das entspricht der Menge des überlaufenden Wassers, wenn die Wanne randvoll ist, bzw. der Menge, um die das Wasser steigt, wenn die Wanne nicht ganz voll ist.) Dann wiederholt man den Vorgang mit der Krone. Wenn sowohl der Klumpen als auch die Krone die gleiche Menge Wasser verdrängen, dann haben beide dasselbe Volumen und die Krone besteht aus reinem Gold, da kein anderes Metall ganz genau dieselbe Dichte besitzt wie Gold. Verdrängt die Krone hingegen mehr Wasser, dann muß sie aus einer Legierung von Gold und einem Metall von geringerer Dichte bestehen – ihr Volumen wäre größer als das des Klumpens.

Wie sich herausstellte, war Heiron betrogen worden. Die Krone hatte ein größeres Volumen als der Klumpen. Von dem Goldschmied hat man danach nie wieder etwas gehört, aber Archimedes sollte noch eine ganze Reihe weiterer großer Ideen haben. So bestimmte er zum Beispiel annähernd den Wert von π, berechnete den Inhalt eines Kreises, legte die Grundlagen für die Differentialrechnung und leitete die Theorie der Hebelwirkung her. Vor allem auf diese letzte Entdeckung war Archimedes mächtig stolz und verkündete vollmundig: »Gebt mir einen Platz zum

Stehen, und ich werde die Erde bewegen.« (Archimedischer Punkt)

Dieses Kunststück ist ihm jedoch nicht gelungen und auch seine Berechnung der Menge der Sandkörner, die man braucht, um das Universum zu füllen, verlief ergebnislos im Sande. Es heißt, daß er während der Eroberung von Syrakus durch die Römer starb, als er gerade damit beschäftigt war, eine geometrische Skizze auf den Boden zu zeichnen. Angeblich war Archimedes derart ins Nachsinnen vertieft, daß er einem römischen Soldaten, der ihm befahl aufzustehen, sagte: »Störe meine Kreise nicht.« Dieser geriet darüber so in Wut, daß er ihn erstach.

Die kopernikanische Revolution

Es ist nur eine Legende, daß Kolumbus einer schockierten Welt demonstrierte, daß die Erde rund ist, indem er den Atlantik überquerte. In Wirklichkeit glaubten nämlich schon in der Antike nur wenige Gebildete an das Märchen, die Erde sei eine Scheibe. Wesentlich beunruhigender fand man hingegen die Frage, ob sich diese runde Welt bewegt.

Seit Platons Zeiten bis ins 16. Jahrhundert tendierten Astronomen zu der Annahme, die Erde stehe still, während sich das Universum um sie herum bewege, aber es ist keineswegs so, als habe es keine anderen Theorien hierzu gegeben. Schon im 4. Jahrhundert v. Chr. formulierte der griechische Astronom Aristarchos von Samos die sogenannte »heliozentrische« Hypothese, derzufolge die Planeten, unter ihnen die Erde, um die Sonne kreisen.

Die Schwierigkeit für die Verfechter des Heliozentrismus war, daß sie keine besonders überzeugenden Beweise für ihre Annahme liefern konnten. Ihre Anzahl hielt sich denn auch immer in relativ engen Grenzen, insbesondere nach dem 2. Jahrhundert n. Chr., als der große griechisch-ägyptische Astronom Ptolemäus eine komplexe Menge geometrischer Gleichungen ersann, um die »geozentrische« These zu untermauern, daß die Erde den festen Mittelpunkt des Universums bildet. Das ptolemäische Modell verlieh mit seinen Formeln dem, was die Menschen aus traditionellen, religiösen und psychologischen Gründen ohnehin zu glauben geneigt waren, eine wissenschaftliche Grundlage – zumal wir die Erdbewegung ja tatsächlich nicht spüren und der Himmel die Erde zu umkreisen scheint. Man kann es also durchaus mit der Angst zu tun bekommen, wenn man realisiert, daß sich unsere Sinne derart täuschen lassen und daß das, was wir für die Ordnung der Dinge halten, nicht stimmt. Die Christen fanden sich außerdem durch den Geozentrismus in ihrem Glauben bestärkt, daß die Erde und insbesondere der Mensch Gottes wichtigste Schöpfung sei und im Mittelpunkt stehe.

Schließlich konnte Ptolemäus sich auch auf Erkenntnisse der antiken Wissenschaft berufen. Aristoteles – für nahezu zwei Jahrtausende die höchste wissenschaftliche Instanz – vertrat die Auffassung, daß das Universum aus gänzlich anderem Material bestehe als alles Irdische. Dieses von ihm als *Äther* bzw. *quintessentia* bezeichnete Material sei vollkommen und unzerstörbar und bewege sich seiner Natur gemäß in Kreisen. Die natürlichen Objekte hier auf der Erde hingegen bestünden aus den Elementen Erde, Luft, Feuer und Wasser, welche dazu neigten, entweder zu steigen oder zu fallen. Die Elemente Erde und Wasser tendieren nach dieser Auffassung zum Fallen. Die Erdkugel besteht aus nichts anderem als Erde und Wasser, welche einst an die ihnen zugedachten Stellen gefallen seien; seitdem verharre der Globus in Ruhestellung.

Kurzum, der Geozentrimus war nicht einfach bloß eine wissenschaftliche Hypothese, sondern fester Bestandteil eines komplexen, beruhigenden, traditionellen Weltbildes. Doch dieses Weltbild sollte schließlich in der Renaissance mit den Werken des polnischen Astronomen Mikolaj Kopernik (1473–1543), uns eher unter dem Namen Nikolaus Kopernikus bekannt, endgültig überwunden werden. Ein reicher Onkel hatte Kopernikus, der eher ein Bücherwurm als ein Sternengucker war, auf die besten italienischen Universitäten geschickt. Ironischerweise verehrte er Ptolemäus ganz besonders, aber die Verehrung ging nicht so weit, daß ihm die zahlreichen Fehler in Ptolemäus' Geometrie verborgen geblieben wären, mit der dieser das Verhalten der Himmeskörper hatte erklären wollen.

Als echter Renaissancemensch war Kopernikus nicht gerade ein Experimentalwissenschaftler. Auch seine heliozentrische Theorie, die er in *De revolutionibus orbium coelestium* (Von den Kreisbewegungen der Himmelsbahnen, 1543) darlegte und die als erste derartige Theorie in der Moderne für Aufsehen sorgte, verdankt sich mehr der Metaphysik als zuverlässigem Datenmaterial. Ihm ging es darum, ein Modell des Universums zu finden, das genauere Voraussagen ermöglicht als das des Ptolemäus. Gleichzeitig suchte er jedoch nach spirituellen Erklärungen, etwa der, daß die lichtspendende Sonne der Vollkommenheit und damit Gott näher sei als die Erde. (Dieses Argument sollte auch im Werk von Kopernikus' bedeutendem Nachfolger, dem Deutschen Johannes Kepler, 1571–1630, nochmals auftauchen.) Und auch Aristoteles hinterließ in dieser Theorie noch seine Spur; er hatte nämlich – fälschlich – angenommen, daß die Planetenbahnen vollkommen kreisförmig seien. Kopernikus' Modell führte also zu keinen wesentlich besseren Ergebnissen als das des Ptolemäus.

Gleichwohl hatte die Revolution begonnen. Geozentristen wie der dänische Astronom Tycho Brahe (1546–1601) schlugen zurück, indem sie das Ptolemäische Modell verfeinerten, während Heliozentristen wie Brahes Assistent Kepler versuchten, das Kopernikanische System zu vereinfachen und zu verbessern. Es stand viel auf dem Spiel, denn wenn Kopernikus recht hatte und die Erde einfach nur ein Planet neben anderen war, dann mußte Aristoteles' *Äther*-Theorie falsch sein und zusammen mit ihr ein Großteil der aristotelischen Wissenschaft. Wenn Kopernikus recht behielt, dann wäre das Universum viel, viel größer als man bis dahin angenommen hatte, denn frühere Berechnungen hatten auf dem Erdumfang beruht, während die neueren auf der Umlaufbahn der Erde basierten. Der Mensch und seine Welt würden sich dann innerhalb des Gesamtplans als noch unbedeutender erweisen, als mittelalterliche Wissenschaftler und Theologen ohnehin schon angenommen hatten.

Was die Erklärung beobachteter Phänomene angeht – im Jargon der Zeit: »das Wahren der Erscheinungen« –, hatten weder Kopernikus noch Kepler bessere oder schlechtere Theorien anzubieten, als die von Brahe. In rein mathematischer Hinsicht standen die Chancen fifty-fifty. Der Beweis dafür, daß das Universum aus derselben Materie besteht wie die Erde und daher denselben Naturgesetzen folgt, sollte erst in den Arbeiten des großen englischen Physikers Isaac Newton erbracht werden. Es zeigte sich, daß Kepler mehrere Bewegungsgesetze der Himmelskörper entdeckt hatte, die im perfekten Einklang mit Newtons neuem Gesetz der Schwerkraft standen. [siehe **Newtons Gesetze**, S. 109.] Das war zwar weder ein sicherer Beweis der heliozentrischen Astronomie noch einer der Newtonschen Mechanik, aber es stärkte beide Positionen gewaltig. Der Himmel war unwiderruflich auf den Boden der Tatsachen geholt worden.

»Wissen ist Macht«

Dieser kleine Aphorismus findet sich in den *Meditationes Sacrae* (1597), einem etwas obskuren Werk Francis Bacons (1561–1626), der gleichzeitig Rechtsanwalt, Politiker, Essayist und Mitbegründer der wissenschaftlichen Methode war. Oberflächlich betrachtet, leuchtet dieses geflügelte Wort unmittelbar ein, insbesondere heute, im Informationszeitalter. Aber wir laufen leicht Gefahr mißzuverstehen, was Bacon mit »Macht« meint, nämlich nicht »persönliche oder politische Vorteilnahme«, sondern »Naturbeherrschung«.

Bacon kämpfte gegen die sterile Wissenschaft und Philosophie seiner Zeit. Die wissenschaftliche Debatte, die noch der aristotelischen Metaphysik verhaftet und von Haarspaltereien und Scheinargumenten bestimmt war, bot kaum gesicherte Grundlagen für weitere Auseinandersetzungen. Gleichzeitig hatte es aber inzwischen auf dem Gebiet der mechanischen Wissenschaften, über die die Theoretiker nur die Nase rümpften, kontinuierliche und rasche Fortschritte gegeben: Der Erfindung des Schießpulvers, des Kompasses und der Gutenbergschen Druckpresse mit beweglichen Lettern hatten die vornehmen Wissenschaftlerkreise nichts entgegenzusetzen.

Bei seiner Bestandsaufnahme der Situation kam Bacon zu dem Schluß, daß das Wissen nur dann Früchte tragen werde, wenn Technik und Philosophie an einem Strang zögen. Statt über die Feinheiten von Materie und Form zu debattieren, sollten Wissenschaftler lieber direkt die Natur beobachten, daraus ihre Schlüsse ziehen und sich praktischer Instrumente bedienen, um diese zu überprüfen. Mit anderen Worten, die Wissenschaft solle auf Induktion und Experimenten fußen und nicht auf Metaphysik und Spekulationen.

Bacon war keineswegs der erste, der aktiv für die experimentelle bzw. »wissenschaftliche« Methode eintrat. Und obwohl er sie dauernd im Munde führte, sind von ihm selbst kaum nennenswerte Experimente überliefert. Trotzdem waren seine Zeitgenossen beeindruckt, und die meisten großen wissenschaftlichen Geister des 17. Jahrhunderts einschließlich Newton sprachen von der starken Inspiration, die von seinem Werk ausgegangen sei. Im übrigen verdankt sich die Tatsache, daß seit fast vierhundert Jahren wissenschaftliche Forschung im Team betrieben wird, zu einem Gutteil Bacons Beharren darauf, daß wir in aller Regel den wirklichen wissenschaftlichen Fortschritt und damit die »Macht« über die Natur bestimmten Gruppen und nicht vereinzelten Genies verdanken.

Trotzdem lassen Bacons Theorien auch unabhängig von seinen praktischen Versäumnissen einiges zu wünschen übrig. Er schüttete nämlich das Kind mit dem Bade aus, als er zusammen mit der spekulativen Wissenschaft auch die Bedeutung von Hypothesen leugnete, weil er diese als unfundiert und steril empfand. Er behauptete, daß alle wahre Erkenntnis durch Beobachtungen und Experimente gewonnen werde und daß jede Form von Vorannahmen nur zu einer Verzerrung der Wahrnehmung und ihrer Deutung führen könne. Aber ohne Hypothesen kann es keine kontrollierten Experimente geben, die das Wesen der modernen wissenschaftlichen Methode ausmachen. Bacon hielt die Welt im wesentlichen für chaotisch und meinte daher, es sei ein Fehler, sich der Natur auf der Grundlage der Annahme nähern zu wollen, sie folge regulären Gesetzen. Doch die Fortschritte der Wissenschaft verdanken sich primär dieser Annahme, daß die Welt bestimmten Gesetzen gehorcht und daß der Natur einfache und regelmäßige Strukturen zugrunde liegen.

Bacon hat also manches richtig gesehen und manches falsch, aber alles in allem fiel es ihm wesentlich leichter, das Alte zu kritisieren, als das Neue vorherzusagen. Daher war sein Ruf schon immer gewissen Schwankungen ausgesetzt. Auch heute ist die Meinung über ihn gespalten. Die einen feiern seine Pionierarbeit im Bereich der wissenschaftlichen Philosophie, während die anderen seine »Wissen ist Macht«-Lehre dafür verantwortlich machen, daß die Wissenschaft immer mehr auf die schiefe Bahn der Naturausbeutung geraten ist. Macht ist aus der Sicht dieser Kritiker zu einem Selbstzweck geworden, der letztlich zu Materialismus und Entfremdung führt. Bacon selbst hatte angenommen, daß gesellschaftliche Werte und Moralvorstellungen den technischen Fortschritt lenken und zügeln würden. Doch genau in diesem Punkt lag er völlig falsch.

Newtons Gesetze

> GESETZ I: Jeder Körper beharrt in seinem Zustande der Ruhe oder dem einer gleichförmigen geradlinigen Bewegung, wenn er nicht durch eine einwirkende Kraft gezwungen wird, diesen Zustand zu ändern.
> GESETZ II: Die Änderung der Bewegung ist der Einwirkung der bewegenden Kraft proportional und geschieht nach der Richtung derjenigen geraden Linie, nach welcher jene Kraft wirkt.
> GESETZ III: Die Wirkung ist stets der Gegenwirkung gleich, oder die Wirkungen zweier Körper aufeinander sind stets gleich und von entgegengesetzter Richtung.
> Sir Isaac Newton, *Mathematische Prinzipien der Naturlehre* (1686)

Der englische Physiker Sir Isaac Newton (1642–1727) wird häufig als der größte Wissenschaftler aller Zeiten bezeichnet, und es besteht kein Zweifel, daß er zur ersten Garde zählt. Er war es, der die Physik endgültig von der Metaphysik befreite, indem er die universellen Kraft- und Bewegungsgesetze formulierte, die Himmel und Erde bestimmen. Doch andere haben ihm den Weg geebnet, wie Newton selbst einräumte: »Wenn ich weiter gesehen habe als andere, dann deswegen, weil ich auf den Schultern von Riesen stand.« (Er war allerdings nicht der erste, der das gesagt hat.)

Einer von Newtons Vorgängern war Galileo, der erste

große Experimentalphysiker der Geschichte und der Mann, der die Hauptverantwortung dafür trägt, daß Aristoteles als intellektueller Meister aller Wissenschaftsklassen entthront wurde. Galileo hat zum Beispiel bewiesen, daß Aristoteles' Bewegungstheorien falsch sind und daß, im Gegensatz zu einer weitverbreiteten Annahme, Gegenstände weder mit konstanter Geschwindigkeit fallen noch schwerere Gegenstände schneller als leichtere – zumindest nicht in einem Vakuum.

Daß Galileo zu diesen Schlußfolgerungen gelangt sei, indem er Gegenstände vom Schiefen Turm von Pisa herabfallen ließ, gehört leider ins Reich der Legenden, aber es stimmt, daß er einige sehr clevere Experimente mit schiefen Ebenen und dergleichen durchgeführt hat. Das Ergebnis dieser Experimente war seine Theorie der gleichmäßigen Beschleunigung: Die Geschwindigkeit fallender Körper nimmt konstant zu. Auch das Trägheitsgesetz wurde von Galileo entdeckt: Körper haben die Eigenschaft, entweder im Ruhezustand oder in einer konstanten Bewegung zu verharren, solange sie nicht von einer von außen auf sie einwirkenden Kraft gestört werden. Mittels dieser beiden Gesetze konnte er zeigen, daß unter idealen Bedingungen Wurfgeschosse parabelförmige Flugbahnen haben.

Eine Generation später präsentierte der vor allem für seinen Satz »Ich denke, also bin ich« berühmte René Descartes den ersten »Erhaltungssatz« der Physik. Dieses Gesetz besagt, daß eine bestimmte Menge oder Größe unabhängig vom physikalischen Geschehen oder von einer Veränderung der Situation stets dieselbe bleibt. Descartes interessierte sich besonders für die Kollisionen bewegter Körper, etwa die zweier Billardkugeln. Er erklärte, daß deren kombinierter Impuls (Gewicht mal Geschwindigkeit) konstant bleibt. Das heißt, wenn man die Impulse zweier Billardkugeln nach einem Zusammenstoß addiert, entspricht das Ergebnis der Summe ihrer jeweiligen Impulse vor der Kollision: Der Impuls bleibt »erhalten«.

Die Entdeckungen von Galileo und Descartes waren wichtig, ja revolutionär, aber es brauchte einen Newton, um sie so miteinander zu kombinieren, daß daraus ein in sich schlüssiges System wurde. Die entscheidende Idee, durch die die Verbindung von Galileos Beschleunigungsgesetz und Descartes' Arbeit über die zusammenstoßenden Körper zustande kam, war die der Schwerkraft, deren Entdeckung Newtons berühmtestes Verdienst ist. (Die Legende, daß das mit einem Apfel zusammenhing, der eines Tages auf Newtons Kopf landete, können Sie allerdings getrost neben der Akte »Schiefer Turm von Pisa« abheften.)

Newton stieg jedoch nicht gleich mit dem Gravitationsgesetz ein, sondern machte zunächst eine andere Entdeckung – die der Masse *(m)*. Descartes hatte den Impuls als das Produkt von Gewicht und Geschwindigkeit bezeichnet, aber Newton erkannte, daß das »Gewicht« eine ungenaue und veränderliche Größe ist. Dinge wiegen zum Beispiel weniger, wenn sie sich im Wasser befinden, als an der Luft. Newton suchte und fand etwas, daß sich genauer bestimmen läßt: die »Menge an Materie« eines Gegenstands, die überall dieselbe ist, ob im Wasser oder in der Luft, im Weltall oder auf der Erde. Diese Größe bezeichnete er als »Masse«. Indem er Descartes' »Gewicht« durch »Masse« ersetzte und indem er Geschwindigkeit als eine Vektorgröße (also als Geschwindigkeit in einer bestimmten *Richtung*) auffaßte, gelang Newton eine Neudefinition des Impulses (Masse mal Geschwindigkeit in einer positiven oder negativen Richtung). Da Geschwindigkeit eine Richtung besitzt, bedeutet jede Richtungsänderung auch eine Impulsänderung.

Newton definierte dann die Größe »Kraft« – ein alter, aber vager Begriff – als das, was die Veränderung des Impulses eines Objekts verursacht. Newton machte Galileos Trägheitsgesetz zu seinem ersten Bewegungsgesetz und formulierte dann ein zweites, nämlich daß sich die Kraft (F) direkt proportional zu der Impulsänderung verhält, die sie auslöst. Mit anderen Worten, eine doppelte Krafteinwirkung wird bei einem Gegenstand eine doppelte Impulsänderung auslösen.

Unter der Voraussetzung von Newtons neuer Definition des *Impulses*, die die variable Größe des Gewichts durch die feste Größe der Masse ersetzt, läuft sein zweites Gesetz auf die Feststellung hinaus, daß die Kraft sich proportional zur Geschwindigkeitsveränderung verhält. (Wenn die Masse feststeht, dann wirkt sich zusätzliche Kraft nur auf die Geschwindigkeit aus.) Da die Veränderung der Geschwindigkeit dasselbe ist wie die Beschleunigung *(a)*, ist F proportional zu *a*. Verschiedene Objekte verlangen allerdings nach verschiedenen Kräften, die ihrer Trägheit entgegenwirken. Je massiver ein Objekt ist, desto mehr Kraft ist erforderlich, um seinen Impuls zu verändern; F ist also auch proportional zu *m*. So gelangen wir zu der berühmten Formel von Newtons zweitem Gesetz: F = *ma* (Kraft gleich Masse mal Beschleunigung).

Die wichtigste Konsequenz aus dem zweiten Gesetz war, daß es Raum bot für die Vorstellung einer *kontinuierlichen* Kraft. Die Wissenschaftler vor Newton hatten zwar bereits einen Begriff von Kraft, doch nur als etwas, das sich unmittelbar übertragen läßt, wie in unserem Beispiel der aufeinanderprallenden Billardkugeln. Newtons »Kraft« deckte ein wesentlich größeres Spektrum von Situationen ab. Ein Mann etwa, der eine Schubkarre die Straße entlangschiebt, übt eine kontinuierliche Kraft aus, um die Bewegung aufrechtzuerhalten (das heißt, der Reibung entgegenzuwirken). Das zweite Gesetz ermöglicht zudem die Vorstellung einer potentiellen Kraft, nämlich der Energie, die einem in der Höhe befindlichen Körper innewohnt.

Das letzte Stück des Puzzles bildet Newtons drittes Gesetz, zugleich sein kühnstes Gedankenexperiment. Ausgehend von Descartes' Gesetz, daß der Impuls erhalten bleiben muß, zeigte Newton, daß jedesmal, wenn die Bewegung eines Objekts gestört wird (jedesmal, wenn sein Impuls geändert wird), auch die Bewegung eines anderen Objekts gestört werden muß, damit der Impuls erhalten bleiben kann. Ja, diese zweite Störung muß der ersten genau entsprechen, aber in entgegengesetzter Richtung wirken.

Man muß sich das etwa so vorstellen: Wenn wir den Impuls einer Billardkugel um vier Einheiten erhöhen (welche Art von Einheiten spielt hier keine Rolle), dann muß, Descartes' Gesetz zufolge, etwas anderes vier Impulseinheiten verlieren (bzw. anders gesagt, *vier negative* Impulseinheiten hinzugewinnen – entweder, indem es langsamer wird, oder indem es sich in die entgegengesetzte Richtung bewegt). Das ist die berühmte »gleiche Wirkung von entgegengesetzter Richtung«, die laut Newtons drittem Gesetz erforderlich ist. *Wirkung* bedeutet Bewegungsänderung und damit Impulsänderung. Das dritte Gesetz besagt nun, daß die Bewegungsänderung eines Objekts die Bewegung eines anderen Objekts nicht unberührt läßt: ein anderes Objekt muß »dazwischentreten«, muß eine gleich starke Wirkung von entgegengesetzter Richtung erfahren.

Und an dieser Stelle wird es richtig spannend. Ausgehend von Galileos Gesetz der gleichförmigen Beschleunigung, schloß Newton auf die Existenz der Schwerkraft. Wenn ein Gegenstand auf den Boden fällt, dann nehmen seine Geschwindigkeit und sein Impuls zu. Dem Trägheitsgesetz und Newtons zweitem und drittem Gesetz zufolge muß irgendeine Kraft für die Beschleunigung verantwortlich sein, und sie muß konstant sein, wenn die Beschleunigung konstant ist. ($F = ma$; die Masse eines Objekts bleibt dieselbe; wenn also die Beschleunigung konstant ist, muß es die Kraft auch sein.) Ebendiese Kraft ist die Schwerkraft, und Newton formulierte das Gesetz, daß die Wirkung der Schwerkraft auf jeden Gegenstand gleich und direkt proportional zu dessen Masse ist. (Da die Beschleunigung wegen der Schwerkraft für alle Objekte dieselbe ist, muß F im direkten Verhältnis zu m anwachsen.) Die Wirkung der Schwerkraft auf ein bestimmtes Objekt entspricht dessen *Gewicht*. (Genaugenommen entspricht das Gewicht der Masse mal der Schwerkraft; und, falls Sie das interessieren sollte, die Wirkung der Schwerkraft beträgt ungefähr 9,8 Meter pro Quadratsekunde.)

Noch interessanter sind die Konsequenzen, die sich aus Newtons drittem Gesetz ergeben. Da ein Gegenstand aufgrund der Schwerkraft zu Boden fällt, muß seine Impulsänderung durch eine entsprechende Veränderung des Impulses eines anderen Gegenstands ausgeglichen werden. Nehmen wir das Beispiel eines zu Boden fallenden Apfels. Das einzige andere Objekt, dessen Impuls dabei beeinflußt werden könnte, ist die Erde selbst. Das soll heißen, daß die Wirkung der Erde auf den Apfel derjenigen des Apfels auf die Erde entsprechen muß; und nur weil die Erde so viel massiver ist als der Apfel, nehmen wir eine Veränderung des Impulses der Erde nicht wahr.

Aber in der Welt abstrakter physikalischer Gesetze ist die Frage, um welches Objekt es sich gerade handelt, gleichgültig. Wenn ein Apfel auf die Erde fällt, machen wir die Schwerkraft der Erde dafür verantwortlich und lassen außer acht, was dabei mit der Erde geschieht, weil wir die »gleiche Wirkung von entgegengesetzter Richtung« nicht wahrnehmen. Aber vom Standpunkt der Physik könnte man genausogut sagen, daß die Schwerkraft des Apfels die Erde anzieht und daß das Fallen des Apfels die »gleiche Wirkung von entgegengesetzter Richtung« ist. Aus dieser Tatsache zog Newton den Schluß, daß die Schwerkraft proportional zur Masse der beteiligten Körper – Apfel und Erde – sein muß.

Die praktischen Auswirkungen dieser Einsicht, die hier auf der Erde nicht ins Gewicht fallen, sind wesentlich größer, wenn es um Himmelskörper wie die Erde und den Mond oder die Sonne und die Erde geht. Immerhin lieferte Newtons Gravitationsgesetz in seiner erweiterten Form endlich den Beweis, daß das Sonnensystem wirklich ein Sonnensystem ist, also die Erde um die Sonne kreist und nicht umgekehrt. Unter Rückgriff auf die von Johannes Kepler ermittelten Daten und Gesetze setzte Newton das

Verhalten der Planeten in ein Verhältnis zu den Gleichungen der Schwerkraft und zeigte damit unter anderem, daß die beobachteten Bewegungen der Planeten sich nur erklären lassen, wenn jeder von der Schwerkraft der Sonne gelenkte Planet eine leicht elliptische Bahn um die Sonne beschreibt.

Der Beweis dieser mittlerweile selbstverständlich gewordenen Tatsache war nur *eine* von Newtons erstaunlichen Leistungen, die seinen Theorien und ihren Grundannahmen den Ruf eintrugen, absolute physikalische Wahrheiten zu sein. Doch im Verlauf der Jahre wirkte ein Aspekt dieser Theorien auf viele zunehmend irritierend, nicht zuletzt auf Newton selbst, die Tatsache nämlich, daß die Schwerkraft offensichtlich auch über größere Entfernungen hinweg wirkt und zwar mit gleicher Kraft. Bis zur Zeit Newtons hatte man angenommen, daß Kräfte durch direkten Kontakt übertragen werden, etwa indem zwei Kugeln aufeinanderprallen. Doch wenn die Schwerkraft auch über große Entfernungen hinweg und selbst in einem Vakuum wirkt, dann kann sie mit dem Stoff der jeweils beteiligten Objekte nichts zu tun haben. Das schien einfach keinen Sinn zu ergeben – und in der Tat ergibt es auch keinen.

Erst viele Generationen später sollte sich dafür eine schlüssigere Erklärung finden – die Feldtheorie, mit der wir uns hier leider nicht befassen können. Die Feldtheorie ihrerseits ermöglichte jedoch erst Einsteins Entdeckungen [siehe **Relativität**, S. 119] und seitdem ist es mit Newtons Universum vorbei. Seine Gesetze besitzen für bestimmte Arten physikalischer Interaktionen, einschließlich der am leichtesten zu beobachtenden, noch immer ihren Wert. Doch von Newtons mechanistischem Universum weiß man mittlerweile, daß Zufall und Ungewißheit sein Zentrum bilden, und Newtons Schwerkraft wurde von der Vorstellung einer gekrümmten Raum-Zeit abgelöst. Was ein bißchen schade ist, denn Newtons Welt ist soviel verständlicher als die Einsteins und Heisenbergs.

Paradigmenwechsel

Wissenschaftler denken von sich selber gerne, daß sie zur steten Steigerung des Fortschritts beitragen. Jede neue Entdeckung korrigiert Fehler, macht unser Wissen immer vollkommener und läßt die Wahrheit immer klarer zutage treten. Wenn die Wissenschaftler auf die Wissenschaftsgeschichte zurückblicken, nehmen sie eine kontinuierliche Entwicklung wahr, deren Verlauf sich bequem an den großen Entdeckungen ablesen läßt.

Doch bei diesem Bild handelt es sich um eine Illusion, wie der Wissenschaftshistoriker Thomas Kuhn in seinem Buch *Die Struktur wissenschaftlicher Revolutionen* (1962) zu zeigen versucht hat. Die Wissenschaft besteht nicht aus glatten Übergängen vom Irrtum zur Wahrheit, sondern aus einer Reihe von Krisen und Revolutionen, die in »Paradigmenwechseln« zum Ausdruck kommen.

Unter einem »Paradigma« versteht Kuhn eine Reihe von Annahmen, Methoden und grundsätzlichen Problemen, mittels derer eine wissenschaftliche Gemeinschaft festlegt, welches die für sie wichtigsten Fragen sind und auf welche Weise man sie am besten beantwortet. (Die Newtonsche Optik und die Freudsche Psychoanalyse bieten hierfür gute Beispiele.) Kuhns Untersuchungen ließen zwei Dinge sichtbar werden: erstens, daß Paradigmen zählebig sind, und zweitens, daß ein Paradigma ein anderes nicht in vielen kleinen Schritten, sondern auf einen Schlag entthront. Der wissenschaftliche Fortschritt ähnelt weniger dem organischen Wachstum als einer Serie plötzlicher Umschwünge – Heureka!

Der Wert eines Paradigmas besteht darin, daß es die Forschung bündelt. Ohne eine solche Bündelung würden verschiedene Forscher immer neue Mengen mehr oder weniger zufallsbedingter Daten anhäufen, und jedermann wäre viel zu sehr damit beschäftigt, irgendeinen Sinn in dieses Chaos zu bringen und sich konkurrierender Theorien zu erwehren, als daß kontinuierlicher Fortschritt möglich wäre. Das Problem mit Paradigmen besteht darin, daß sie zur Inzucht neigen und rasch unflexibel werden. Neue wissenschaftliche Vorstöße werden immer esoterischer und sind bald nur noch für Experten verständlich. Wissenschaftler, die durchaus etwas zu sagen hätten, aber das Paradigma ablehnen, werden als »Spinner« ausgegrenzt. Potentiell erfolgversprechende Forschungswege werden blockiert, weil sie nicht auf allgemein anerkannten Vorannahmen beruhen. Jedes Paradigma gewährt zwar einerseits Einsichten, stellt aber andererseits auch eine Art Blindheit dar: es ermöglicht uns, gewisse Dinge zu erkennen, und läßt uns gleichzeitig andere völlig übersehen.

Nichtsdestotrotz müssen Paradigmen wechseln, wenn alte Modelle durch neue Beweise unwiderruflich in Frage gestellt werden: So hat etwa Galileos Entdeckung, daß der Jupiter eigene Monde hat, zum Ende der Ptolemäischen Astronomie beigetragen. (Natürlich klammerten sich manche, darunter die Kirche, dennoch verzweifelt an das alte Paradigma.) Der entscheidende Punkt für Kuhn ist, daß die plötzlich und abrupt erfolgenden Paradigmenwechsel das Idealbild der Wissenschaft als eines schrittweisen und steten Fortschritts widerlegen. Solange ein Paradigma funktioniert, das heißt solange eine wissenschaftliche Gemeinschaft es akzeptiert und solange es einigermaßen im Einklang mit der Natur steht, wird die Forschung schrittweise vorankommen und Erkenntnis auf Erkenntnis häufen. Aber wirklich Neues, unerwartete Beobachtungen und abweichende Phänomene werden von Paradigmen nur ungern und widerwillig aufgegriffen, und wenn doch einmal, dann nicht sehr lange. Wissenschaftliche Revolutionen (Paradigmenwechsel) sind also unvermeidlich und notwendig, solange herrschende Theorien unvollständig oder blind sind.

Was diese Tatsache für jedermann, nicht nur für Wissenschaftler, interessant macht, ist, daß ein wissenschaftlicher Paradigmenwechsel oft mit einer neuen und häufig irritierenden Weltsicht einhergeht. Die kopernikanische

Revolution verstieß den Menschen aus dem Mittelpunkt des Universums und zwang ihn dazu, die Schöpfung und den eigenen Platz darin in neuem Licht zu sehen. Kepler, Newton und ihresgleichen ersannen ein mechanisches Universum, das wie eine Uhr lief, die Gott niemals aufziehen mußte. Trotz der Komplexität und schwerverständlicher Details sind Einsteins Relativität und Heisenbergs Unbestimmtheit ins allgemeine Bewußtsein eingedrungen, und die Welt wirkt beliebiger und zufallsabhängiger als je zuvor. Das Beängstigendste bei alledem ist jedoch, daß das nächste Paradigma sich nie voraussehen läßt: Wir sehen die Zukunft immer genau durch das Paradigma, über das wir im Moment verfügen.

Vom Hier und Jetzt zur Unbestimmtheit: Die moderne Physik

Relativität

Relativität ist nicht $E = mc^2$. Wenn die Sache wirklich so simpel wäre, würden Sie hier nichts darüber lesen. Die zu seinem Markenzeichen gewordene Formel Albert Einsteins ist lediglich ein Ableger einer wesentlich umfangreicheren Theorie, in der er sich damit auseinandersetzte, wie die Dinge uns aus unterschiedlichen Blickwinkeln erscheinen.

Tatsächlich entwickelte Einstein (1879–1955) zwei Relativitätstheorien, eine »spezielle« und eine »allgemeine«. (Die allgemeine schließt die spezielle als einen Sonderfall ein.) Einsteins interessanteste Schlußfolgerungen lauten:
- Raum und Zeit sind keine absolut feststehenden Größen. Sie wirken auf Menschen, die sich mit unterschiedlicher Geschwindigkeit bewegen, verschieden, auch wenn diese Verschiedenheit unendlich klein ist, wenn der Unterschied der Geschwindigkeiten gering ist. Diese Einsicht bildet den Kern der speziellen Theorie.
- Wenn man den Unterschied zwischen zwei physikalischen Kräften oder Ereignissen nicht benennen kann, dann gibt es effektiv keinen Unterschied zwischen ihnen. So ist es beispielsweise der allgemeinen Relativitätstheorie zufolge nicht möglich, den Unterschied zwischen einer Beschleunigungskraft und der Schwerkraft zu benennen. Also gibt es keinen echten Unterschied zwischen Beschleunigung und Schwerkraft.

Das wär's – im wesentlichen. Natürlich kamen diese Theorien mit allerlei Mathematik im Schlepptau daher, über die Physiker sich ungemein freuen, aber eigentlich beruht Einsteins Ruhm auf seiner Erkenntnis der subjektiven Natur aller Beobachtungen und Messungen. Ich lasse daher im folgenden die Formeln beiseite und versuche statt dessen, diese Einsicht zu verdeutlichen.

Einstein ging von einer Idee aus, die bis zu Newton zurückreicht: Bewegung ist relativ. Genauer gesagt, die Gesetze der Physik scheinen dieselben zu sein, egal ob man stillsteht oder sich mit konstanter Geschwindigkeit bewegt. Nehmen wir einmal an, Sie fliegen in einem Flugzeug in einer konstanten Höhe von 10 000 Metern. Sie *spüren* die Bewegung so lange nicht, bis sie gestört wird. Wenn Sie sich aus Ihrem Sitz erheben, um sich den *Spiegel* zu holen, dann kostet Sie das genausoviel Mühe und betrifft dieselbe Strecke, wie wenn die Maschine auf dem Rollfeld des Flughafens steht. Ja, wenn Sie es nicht besser wüßten, könnte man sogar verzeihen, daß Sie beim Rausschauen den Eindruck gewinnen, daß es die Wolken und die Erde sind, die sich bewegen und nicht das Flugzeug.

Und tatsächlich bewegen sich die Wolken und die Erde ja auch – aber eben nicht mit derselben Geschwindigkeit wie das Flugzeug. Womit wir bei einer interessanten Frage angekommen wären: Wie schnell fliegt das Flugzeug denn *wirklich*? Nehmen wir an, daß die Geschwindigkeit des Flugzeugs im Verhältnis zur Erde 800 Kilometer pro Stunde beträgt. Aber die Erdoberfläche selbst bewegt sich kraft der Erdumdrehung mit einer Geschwindigkeit von ungefähr 1600 km/h. Für jemanden, der sich in einer Raumstation befindet, deren Position im Verhältnis zur Sonne stabil bleibt, sähe es so aus, als würden Sie mit 2400 km/h reisen, wenn das Flugzeug nach Osten fliegt, bzw. als würden Sie sich mit 800 Stundenkilometern *rückwärts* bewegen, wenn die Maschine nach Westen fliegt (während sich gleichzeitig die Erde mit doppelter Geschwindigkeit rückwärts dreht).

Das Fazit von alledem ist, daß das, was in dem einen Bezugssystem wie 800 km/h wirkt, in einem anderen wie 2400 km/h oder – 800 km/h aussieht oder in wieder einem anderen wie Null. Das heißt, es gibt keine »absolute«, sondern lediglich eine relative Geschwindigkeit. Trotzdem besagt die Relativität, daß für Sie die Gesetze der Physik, wenn Sie im Hinblick auf ein anderes Bezugssystem (ab jetzt sprechen wir nur noch von einem »System«) mit *konstanter* Geschwindigkeit reisen, genauso wirken und funktionieren, wie sie das in dem anderen System täten. Wenn wir also für einen Moment von der unrealistischen Situation ausgehen, daß Ihr Flugzeug mit einer konstanten Geschwindigkeit durch ein Vakuum fliegt, dann wäre es genauso einfach, im Gang der Maschine mit einem Basketball herumzudribbeln wie in Ihrem Wohnzimmer, auch wenn sich, von der Erdoberfläche aus gesehen, der Boden des Flugzeugs unter dem Ball mit einer Geschwindigkeit von 800 km/h bewegt. Dies ist die »Newtonsche« Relativität.

Die spezielle Relativitätstheorie

Was Newton jedoch nicht wußte und was die ganze Angelegenheit enorm kompliziert, ist die Tatsache, daß, ganz unabhängig davon, in welchem System man sich befindet und wie schnell sich dieses im Verhältnis zu einem anderen bewegt, die Geschwindigkeit des Lichts unveränderlich und konstant ist, wenn wir einmal von der Schwerkraft absehen. Ein Lichtstrahl, der Ihr Flugzeug durchquert, wird sich für Sie, für den Beobachter in der Raumstation und für irgend jemanden, der das Ganze von der Erde aus mit einem Fernglas beobachtet, mit genau derselben Geschwindigkeit bewegen. Diese Geschwindigkeit, die ungefähr 300 000 Kilometer pro Sekunde beträgt, bezeichnet man gewöhnlich als c.

Aber wir wollen das Problem wieder vom Kopf auf die Füße stellen. Nehmen wir an, Sie fahren in einem Zug, dessen Geschwindigkeit 100 km/h beträgt. Nehmen wir um des Beispiels willen außerdem an, der Zug sei durchsichtig. Wenn Sie mit einer Geschwindigkeit, die Ihnen wie 3 km/h vorkommt, in Fahrtrichtung laufen, wird es dem neben den Gleisen stehenden Beobachter so vorkommen, als liefen Sie im Verhältnis zum Boden mit 103 km/h. Zumindest sagt uns das unser gesunder Menschenverstand und Newtons Relativität.

Nun stellen Sie sich vor, daß dieser Beobachter ein Blitzlicht auf die Gleise richtet und zwar genau in der Richtung, in der sich der Zug bewegt. Das Licht des Blitzes durchläuft den Zug, gleichzeitig läuft es parallel zum Erdboden. Den physikalischen Gesetzen zufolge müßte der Zugschaffner, wenn er die Geschwindigkeit des durch den Zug laufenden Lichts mißt, zu dem Resultat c gelangen. Und auch unser Beobachter am Boden müßte, wenn er die Geschwindigkeit des Lichts aus seinem Blickwinkel messen würde, notwendig auf c kommen.

Doch die Sache hat einen Haken: Wie kann etwas durch einen in Bewegung befindlichen Zug laufen und dabei sowohl im Verhältnis zu diesem Zug als auch im Verhältnis zur Erde dieselbe Geschwindigkeit haben? Denken Sie an unser früheres Beispiel: Wenn Sie den Gang mit einer Geschwindigkeit von 3 km/h im Verhältnis zum Zug entlanglaufen, müssen Sie sich im Verhältnis zum Boden schneller bewegen – nämlich 103 km/h (zumindest würde Newton das sagen). Warum sollte es sich beim Licht anders verhalten? Warum wirkt es vom Boden aus nicht so, als bewege es sich mit einer Geschwindigkeit von $c + 100$ km/h durch den Zug? Oder, wenn es sich im Verhältnis zur Erde mit c bewegt, warum wirkt es dann auf jemanden im Zug nicht so, als bewege es sich mit $c - 100$ km/h?

Hier kommt nun die Relativität ins Spiel. Wie sich nämlich herausstellt, sieht es, wenn Sie mit 3 km/h durch einen Zug gehen, für jemanden, der auf der Erde steht, *nicht* so aus, als würden Sie sich mit 100 km/h bewegen, sondern mit einer etwas geringeren Geschwindigkeit. In diesem Fall ist 100 + 3 *nicht* gleich 103. Die Addition funktioniert nur für den Fall, daß Sie unbewegt im Zug stehen: in diesem Fall würde es jemandem, der auf der Erde steht, so vorkommen, als würden Sie sich mit der Geschwindigkeit 100 + 0 km/h bewegen. Am entgegengesetzten Ende der Skala würde Licht, das sich mit der Geschwindigkeit c durch den Zug bewegt, für jemanden am Boden so wirken, als bewege es sich mit c; die 100 km/h zählen dabei überhaupt nicht. Aber bei jeder mit einer Geschwindigkeit zwischen 0 und c erfolgenden Bewegung wird es auf unseren Beobachter am Boden so wirken, als *zöge* sich der Raum *zusammen* und als würde die Zeit *sich verlangsamen.*

Dieser Schluß ist zwingend, wenn wir das durch die absolute Lichtgeschwindigkeit aufgeworfene Problem lösen wollen. Wenn sich Raum und Zeit im Zug und auf der Erde unterscheiden, dann sind wir fein raus. Da Geschwindigkeit die zurückgelegte Distanz geteilt durch die dafür benötigte Zeit ist, können Sie Ihre Bewegung im Zug nur dann als 3 km/h messen, und jemand am Boden kann sie nur dann als weniger denn 3 km/h messen, wenn sich Ihre Kilometer und Stunden von seinen unterscheiden.

Genau das war die wichtigste Schlußfolgerung, zu der Einstein gelangte, als er 1905 die spezielle Relativitätstheorie in einem Aufsatz vorstellte. Er bediente sich dabei der Gleichungen für die Kompression von Zeit und Raum, die der holländische Physiker Hendrik Lorentz entwickelt hatte. Dieser erforschte den Elektromagnetismus und wandte ihn auf alle nur denkbaren Ereignisse in Raum und Zeit an, bzw. genauer auf solche Ereignisse, die von zwei Systemen aus wahrgenommen werden, die sich gleichförmig, konstant und linear bewegen – in der Tat ein ganz besonderer Fall, der sich in der praktischen Erfahrung nur äußerst selten findet.

Die spezielle Theorie ging aus Newtons Relativität hervor – aus der Idee, daß physikalische Gesetze in zwei in konstanter relativer Bewegung befindlichen Systemen als absolut identisch empfunden werden (wie ein Zug, der sich mit einer bestimmten Geschwindigkeit über den Boden bewegt). Doch Einstein bereitete einem der scheinbar einleuchtendsten Naturgesetze ein Ende, nämlich dem, daß Raum und Zeit absolute Größen sind, daß ein Kilometer ein Kilometer ist und eine Sekunde eine Sekunde, ganz egal, innerhalb welchen Systems man sich bewegt, ob im Ruhezustand oder bei einer Geschwindigkeit von 300 000 Kilometern pro Sekunde. Und tatsächlich sieht etwas, das von einem in Bewegung befindlichen Zug aus wie ein Kilometer wirkt, vom Boden kürzer als ein Kilometer aus; und das, was im Zug wie eine Sekunde wirkt, wird vom Bahnhof aus länger als eine Sekunde erscheinen. Eine der befremdlichsten Tatsachen aber ist, daß dies auch umgekehrt funktioniert: Was vom Boden aus wie ein Kilometer aussieht, wirkt vom Zug aus kürzer, usw. Andernfalls wüßte man, daß sich der Zug bewegt und nicht der Boden, und das stünde im Widerspruch zu dieser Theorie.

Einstein hat freilich nicht behauptet, daß sich in Bewegung befindliche Gegenstände buchstäblich zusammenziehen, also etwa ein 20 Zentimeter langes Würstchen in einem fahrenden Zug plötzlich nur noch halb so lang ist. Das ist nicht möglich, denn die Relativität ist umkehrbar. Man kann genausogut sagen: »Der Boden bewegt sich« wie »Der Zug bewegt sich«, es gibt also keinen Ort, von dem aus sich behaupten ließe: »Hier, bitte – eine 20 Zentimeter lange Wurst ist *absolut* 20 Zentimeter lang.« Einstein sprach von scheinbarer Kontraktion, also davon, daß zwei in relativer Bewegung befindliche Parteien sich nicht darüber einig sind, wessen Messungen stimmen.

Die traurige Tatsache ist, daß beide Messungen falsch sind. Um etwas zu messen, benötigt man Zeit; die benötigt man auch, um etwas zu sehen; dazu ist Licht erforderlich, und auch das Licht benötigt Zeit für seine Reise. *Wo* man sich befindet, wenn man etwas sieht (wenn man Informationen darüber erhält), entscheidet über den *Zeit-*

punkt, zu dem dies unserer Meinung nach stattgefunden hat. Der entscheidende Punkt der speziellen Relativitätstheorie ist, daß niemand jemals in der Lage sein wird zu sagen: »Dieses Ereignis hat sich genau zu dieser Zeit genau an diesem Ort zugetragen.«

Die allgemeine Relativitätstheorie

Wir haben es bisher schon mit einigen ziemlich dicken Brocken zu tun gehabt, aber Einstein hatte noch Größeres im Sinn. In seiner speziellen Theorie hatte er gezeigt, daß physikalische Gesetze solange für Systeme zutreffen, die sich gleichförmig bewegen, solange wir von der Vorstellung einer feststehenden Zeit und einer feststehenden Entfernung absehen. 1916 ging er im Hinblick auf die Relativität mit seiner »allgemeinen Theorie« noch einen Schritt weiter und baute seine spezielle Theorie so aus, daß sie alle nur denkbaren Systeme umfassen konnte, selbst wenn diese sich unregelmäßig, elliptisch oder im Verhältnis zum gewählten Bezugspunkt mit wechselnder Geschwindigkeit bewegen. Er tat dies, indem er bewies, daß die Unterscheidung zwischen Beschleunigung und Schwerkraft unhaltbar ist – da man beides auf dieselbe Weise empfindet und beides auf dieselbe Weise funktioniert. (Deswegen hat man in der Achterbahn bei wechselnden Geschwindigkeiten auch immer das Gefühl, schwerer bzw. leichter zu werden.)

Nach vielen weiteren subtilen Argumenten – Sie werden mir nachsehen, daß ich sie hier übergehe – zeigte Einstein, daß sich die Gesetze der Physik praktisch in jedem beliebigen System ableiten lassen, in welchem Bewegungszustand auch immer es sich befindet, und daß nicht nur Entfernung und Zeit relativ sind, sondern auch Beschleunigung und Schwerkraft, und damit jede andere von ihnen abhängige Größe (wie etwa Kraft und Impuls). Und es gibt keine Möglichkeit, ein Bezugssystem zu finden, und keine Grundlage, auf der sich eines auswählen ließe, das uns die »wahren« Werte eines Kilometers, einer Sekunde oder eines Kilogramms verraten würde.

Zu den vielen revolutionären Konsequenzen der allgemeinen Theorie zählt auch die Erkenntnis, daß die Zeit nicht unabhängig vom Raum existiert – ja daß die Zeit genauso wie eine räumliche Dimension aussieht und funktioniert, und daß sie von Gravitationsfeldern »gebogen« werden kann. Daher sprach Einstein auch nicht von Ereignissen, die sich im Raum zu einem bestimmten (nicht damit zusammenhängenden) Zeitpunkt zutragen, sondern vielmehr von Ereignissen in einem vierdimensionalen »Raum-Zeit-Kontinuum«. Dieses Kontinuum wird von der Schwerkraft verdreht und gekrümmt; es trotzt den eindeutigen Gesetzen der Euklidischen und Kartesischen Geometrie, die von der Gleichartigkeit von Raum und Zeit und von einem geradlinigen Universum ausgingen. (Wenn man es mit Raum-Zeit-Phänomenen zu tun hat, muß man sich der sogenannten »nicht-euklidischen Geometrie« bedienen; Einstein selbst zog die von Gauß entwickelte Geometrie vor.)

Als sei das alles noch nicht radikal genug, stellte Einstein dann auch noch unsere Begriffe von »Raum« und »Zeit« selbst in Frage, die er nicht für »Wirklichkeiten« der Natur hielt, sondern für deren psychologische Wirkungen. Da die Form dessen, was wir als »Raum« bezeichnen (und was bei Einstein »Raum-Zeit« heißt), von der Schwerkraft abhängt, die ihrerseits materieller Körper bedarf, schloß Einstein, daß Raum und Zeit ohne Materie bedeutungslos sind. Als man ihn einmal bat, die Bedeutung der Relativität zu erklären, antwortete er: »Früher dachte man, daß selbst dann, wenn alle materiellen Dinge aus dem Universum verschwinden würden, Zeit und Raum übrigblieben. Der Relativitätstheorie zufolge verschwinden dann aber auch Zeit und Raum, zusammen mit den Dingen.«

$E = mc^2$

Und nun zu unserer Formel $E = mc^2$, die die meisten Menschen spontan mit der Relativität assoziieren. Es handelt sich dabei, wie gesagt, nur um einen Ableger der speziellen Theorie, von dem Einstein selbst überhaupt nicht viel Aufhebens machte.

Die gräßlichen Details finden sich im Anhang (siehe S. 287), doch hier zumindest eine Kurzversion: Die spezielle Relativitätstheorie besagt, daß physikalische Gesetze auf zwei in gleichförmiger konstanter Bewegung befindliche Beobachter identisch wirken müssen. Zu diesen Gesetzen zählt Newtons Impulserhaltung (siehe S. 112 f.). Aber da Impuls Masse mal Geschwindigkeit ist, und da die Geschwindigkeit auf zwei Beobachter unterschiedlich wirkt, zwingt uns die Relativität zu dem Schluß, daß Körper, die sich schneller bewegen, mehr Masse haben. (Ich gebe Ihnen mein Wort darauf!) Wenn ein Objekt sich schneller bewegt, muß es daher so wirken, als nähme es an Masse zu.

Wenn nun aber Masse relativ zur Geschwindigkeit ist, dann hängt das, was mit einem Gegenstand geschieht, wenn wir ihm Energie hinzufügen, davon ab, wie schnell er sich bereits bewegt. Energie in Form von Kraft erhöht den Impuls eines Objekts; Newtons Mechanik zufolge bedeutet das einfach, daß wir die Geschwindigkeit des Objekts erhöhen, da die Masse ja mutmaßlich feststeht. Aber Einstein hat gezeigt, daß Masse nie etwas absolut Gegebenes ist, sondern daß sie relativ ist und offenbar mit der Geschwindigkeit zunimmt. Wenn man einem Objekt Energie hinzufügt, erhöht man also durchaus auch seine Masse.

Ja, wenn sich ein Objekt schon fast mit Lichtgeschwindigkeit bewegt, dann läßt sich seine Geschwindigkeit kaum noch beeinflussen, und alle zusätzliche Energie fließt fast vollständig in die Erhöhung seiner Masse. Die Energie E muß sich also in einem gewissen Grade in die Masse m übersetzen lassen. Das muß für ein Objekt, das

sich mit Lichtgeschwindigkeit bewegt, ebenso gelten wie
für alles andere auch, und es wird uns nie gelingen, ein
solches Objekt noch weiter zu beschleunigen; bei derartigen Objekten bedeutet zusätzliche Energie *dasselbe* wie
zusätzliche Masse. Aber der Relativität zufolge bleibt es
sich völlig gleich, ob wir sagen, dieses Objekt bewegt sich
mit Lichtgeschwindigkeit, oder dieses Objekt befindet
sich im Ruhezustand, und *wir* bewegen uns mit Lichtgeschwindigkeit. Mit anderen Worten, ganz egal *wie* schnell
sich etwas bewegt, seine Masse läßt sich in Energie übersetzen. Der Proportionalfaktor ist, basierend auf Einsteins
berühmter Formel $E = mc^2$, die zum Quadrat erhobene
Lichtgeschwindigkeit. Das bedeutet, daß wir einem Objekt, wenn wir seine Geschwindigkeit nicht erhöhen, genau E/c^2 mehr Masse hinzufügen können, indem wir die
Energie E hineinpumpen. (E muß allerdings ziemlich groß
sein, damit ein Unterschied feststellbar wird.) Und umgekehrt muß sich Masse mit dem gewaltigen Faktor c^2 in
Energie zurückübersetzen lassen. Dieser Faktor ist so gewaltig, daß die Vernichtung einiger weniger Atome eine
ungeheure Energiemenge freisetzt, was zur Folge hat, daß
man entweder ganze Großstäde damit zerstören oder
ihren Energiebedarf mit Kernkraftwerken befriedigen
kann. Einstein hat weder das eine noch das andere Ergebnis beabsichtigt; ihm ging es nur um die richtigen Gleichungen. Aber die Techniker fingen den Ball auf – und
weg war er.

Der Quantensprung

Die Theorie der Quantenmechanik trug zusammen mit
Einsteins Schriften zur Relativität wesentlich dazu bei, den
Tagen, in denen der Physik noch mit gesundem Men-
schenverstand beizukommen war, ein Ende zu bereiten.
Die Newtonsche Vorstellung, daß die kleinsten Materie-
teilchen sich wie die größten verhalten müssen, und der

Glaube, daß die Theorien der mikroskopischen Welt ohne weiteres mit unserer Sicht der Welt als ganzer übereinstimmen würden, hatten ein für allemal ausgedient.

Die Quantenmechanik ist die Wissenschaft davon, wie Teilchen, die kleiner als Atome sind, sich bewegen, wie sie zirkulieren und springen. (Von besonderem Interesse dabei ist, wie durch diese Aktivität Licht entsteht.) Die Grundideen, so kompliziert sie auch sein mögen, gehen auf einfache Experimente zurück, die Max Planck um die Jahrhundertwende durchführte. Diese beschäftigten sich mit dem von heißen schwarzen Objekten in verschiedenen Frequenzen (Farben) ausgestrahlten Licht.

Die Resultate, zu denen Planck gelangte, waren merkwürdig. Bis zu diesen Experimenten waren die Physiker davon ausgegangen, daß Licht, genauso wie der Schall, eine wellenförmige Energie sei. Ganze Heerscharen von Experimenten stützen diese Annahme, da Licht Interferenzmuster produzierte, die nur durch Wellen erzeugt werden konnten. Plancks Zahlen waren aber nur dann zu erklären, wenn das Licht sich nicht in kontinuierlichen Wellen ausbreitete, sondern in kleinen Explosionen partikelartiger »Pakete«, die er als Quanten (Singular: »Quantum«) bezeichnete.

Aber wenn Licht wirklich in Form von »Quanten« daherkommt, wie entstehen diese dann? Da Licht von der Materie freigesetzte Energie ist, muß seine Ausbreitung letztlich auf der Freisetzung von Energie auf der Ebene der Atome beruhen. Die diesem Vorgang zugrundeliegenden

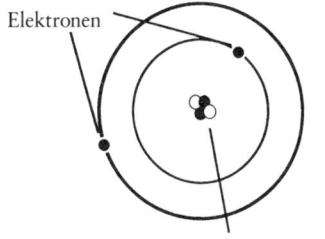

Elektronen

Atomkern (Protonen & Neutronen)

Mechanismen sind noch heute umstritten, aber die entscheidende Theorie stammt von Niels Bohr, einem dänischen Physiker, der Plancks Quantentheorie auf das in den Jahren nach 1910 entwickelte Atommodell anwandte.

Diesem Modell zufolge ähnelt jedes Atom einem winzigen Sonnensystem, bei dem sich der Kern an der Stelle der Sonne befindet und die Elektronen an der Stelle der Planeten, die den Kern umkreisen. Laut Bohr sausen die Elektronen auf bestimmten festgelegten Bahnen um den Atomkern. Wenn wir ein Atom mit Energie beschießen, können wir seine Elektronen dazu veranlassen, von der einen Umlaufbahn auf die andere zu springen, aber sie werden sich niemals irgendwo dazwischen niederlassen – ja, es läßt sich noch nicht einmal sagen, daß sie irgendwo dazwischen »existieren«. Sie verschwinden aus der einen Umlaufbahn und tauchen auf einer anderen wieder auf. Und wenn wir den äußeren Anreiz entfernen, »springen« die Elektronen wieder auf ihre ursprünglichen Umlaufbahnen zurück und setzen bei diesem Vorgang Energie frei.

Das ist der berühmte »Quantensprung«, den Bohr erstmals 1913 beschrieb: Wenn ein Elektron von einer äußeren Umlaufbahn auf eine innere springt, wird Energie in Form eines Lichtquantums, des sogenannten »Photons«, freigesetzt. Die Abruptheit des Energiewechsels, und die Tatsache, daß Elektronen unmittelbar von der einen Stelle an eine andere (nicht an sie angrenzende) springen, ohne sich körperlich von der einen zur anderen zu bewegen, erklärt die übliche Verwendung des Begriffs »Quantensprung« zur Bezeichnung einer radikalen und plötzlichen Veränderung der Umstände.

Das Problem mit Bohrs Theorie ist, daß sie zwar eine Vielzahl beobachteter Phänomene erklärt, aber sich selbst nicht durch Beobachtung erklären läßt. Man kann nun einmal ein Atom nicht unters Mikroskop legen und beobachten, wie seine Elektronen herumhüpfen. Und so riefen denn Bohrs Forschungen auch eine Reihe konkurrierender Methoden und Theorien auf den Plan, nicht zuletzt am

Kopenhagener Institut für Theoretische Physik, wo einige der wichtigsten Arbeiten Werner Heisenbergs entstanden und wo Erwin Schrödinger eine radikale Neuinterpretation des Atommodells vorstellte. Die Fortsetzung dieser Geschichte folgt im nächsten Kapitel.

Die Unbestimmtheitsrelation

Aus der Unbestimmtheit kam es, und zur Unbestimmtheit sollte es wieder zurückkehren. Was Werner Heisenbergs »Unbestimmtheitsrelation« wirklich bedeutet, hängt ein bißchen davon ab, wen man danach fragt. Fragen Sie hundert Leute und Sie erhalten folgendes Ergebnis: sechzigmal verständnislose Blicke, dreißigmal Schulterzucken und zehn verschiedene Versionen der Antwort »Wir verändern die Welt, indem wir sie beobachten« – was nicht ganz stimmt. Das Komische daran ist, daß Heisenberg gehofft hatte, die Verwirrung *reduzieren* zu können, die durch moderne physikalische Theorien, insbesondere die Quantenmechanik, entstanden war.

Das, was diese Relation im Grunde besagt, ist, daß es keine Möglichkeit gibt, die wesentlichsten Eigenschaften subatomaren Verhaltens zu messen. Oder vielmehr, je genauer man die eine Eigenschaft mißt, zum Beispiel die Geschwindigkeit eines Elektrons, desto ungenauer wird die Information über die andere, in diesem Falle den Aufenthaltsort des Elektrons. Je sicherer das eine, desto unsicherer das andere.

Heisenberg entdeckte diese beunruhigende Tatsache bei seinem Versuch, verschiedene Lichttheorien miteinander in Einklang zu bringen. Niels Bohrs Quantentheorie zufolge, die Heisenberg bevorzugte, wird Licht unregelmäßig und stoßweise von Atomen ausgestrahlt, wenn Elektronen einen Quantensprung machen. Doch anderen Physikern zufolge, unter ihnen der nicht zuletzt wegen seiner Katze berühmte Erwin Schrödinger, kann die Quantentheorie nicht stimmen, da sie nicht zu erklären vermag, wie und warum sich das Licht in Wellenform ausbreitet.

Auch Heisenberg selbst war mit Bohrs Theorie nicht zufrieden, weil sie auf einer Vorstellung des Atoms beruht, die sich niemals würde beweisen lassen. Aber er hielt Schrödingers Gegenentwurf für noch unbefriedigender, und um das zu beweisen, begann er damit, genauer zu untersuchen, was wir mit Gewißheit über Elektronen sagen *können*. Im Verlauf dieser Untersuchungen überprüfte er besonders gründlich die herkömmlichen Maßstäbe (Ort, Geschwindigkeit, Impuls, Energie und Zeit), auf die die Physiker bei der Begründung ihrer Theorien zurückgriffen. 1927 gelangte er dabei zu dem überraschenden Schluß, daß sowohl die Quantentheorie als auch die mit ihr konkurrierende Wellentheorie hinsichtlich der Art und Weise, wie sie formuliert sind, mit unüberwindbaren Unbestimmtheiten behaftet sind.

Heisenberg begann daraufhin intensiv über den Prozeß des wissenschaftlichen Beobachtens nachzudenken. Dieser mag zwar im allgemeinen, wenn es um alltägliche Gegenstände geht, zuverlässig sein, aber da, wo es um subatomare Teilchen geht, stößt er auf erhebliche Schwierigkeiten. Heisenbergs erstes Argument lautet: Man kann die Position eines Elektrons nur beobachten, indem man etwas davon abprallen läßt – Licht zum Beispiel. Mit anderen Worten, man muß eine Art Strahlung mit ins Spiel bringen, die selbst über Energie verfügt, und diese Energie wird den Weg des Elektrons mehr oder weniger stark stören.

Je genauer man die Position des Elektrons bestimmen möchte, desto stärker muß man seine Geschwindigkeit (und damit seinen Impuls) stören, weil man zusätzliche Energie hinzufügen muß. Und umgekehrt muß man die Interferenz durch die Strahlung minimieren, wenn man den Impuls des Elektrons (der in seiner Geschwindigkeit zum Ausdruck kommt) genau messen möchte. Doch indem man das macht, wird es unmöglich, die Position des Elektrons genau zu bestimmen.

Zusammenfassend läßt sich sagen: Strahlung von hoher Energie liefert präzisere Daten darüber, wo sich das Elektron zu einem bestimmten Zeitpunkt aufhält, zerstört jedoch den Nachweis seiner ursprünglichen Geschwindigkeit. Strahlung von niedriger Energie hingegen liefert präzisere Daten darüber, wie schnell ein Elektron zu einer bestimmten Zeit umherschwirrt, macht aber die Angaben über seinen jeweiligen Aufenthaltsort wesentlich ungenauer. Noch merkwürdiger aber ist, daß das Beobachten der Position eines Elektrons dazu führt, daß dieses sich eher wie ein Partikel verhält, während umgekehrt das Beobachten seiner Energie dazu führt, daß das Elektron eher als eine Welle erscheint.

Um diesen frustrierenden Fund darzustellen, dachte sich Heisenberg eine nette kleine Formel aus, die im Kern darauf hinausläuft, daß bei der Multiplikation der Unbestimmtheit des Orts mit der Unbestimmtheit des Impulses das Produkt niemals kleiner als eine bestimmte positive Zahl sein kann, die man als Wirkungsquantum bezeichnet. Das heißt, die Unbestimmtheit läßt sich niemals auf Null reduzieren, und je genauer man die eine Größe mißt, desto ungenauer wird die andere.

Es geht also nicht darum, daß unsere Kenntnis der Atompartikel deswegen unsicher ist, weil unsere Meßtechniken nicht fein genug sind, sondern vielmehr darum, daß überhaupt keine Technik, welcher Art auch immer, eine fundamentale Unbestimmtheit oder »Unschärfe« im Verhalten der Quanten überwinden kann. Es mag durchaus sein, daß sich Elektronen wie präzise Punkte verhalten, die sich mit präzisen Geschwindigkeiten bewegen, aber wir werden niemals in der Lage sein, das mit letzter Sicherheit zu wissen; genauso wahrscheinlich ist es, daß sie das nicht tun, und daher sind Spekulationen zu diesem Thema ebenso sinnlos wie überflüssig.

In praktischer Hinsicht bedeutet die Unbestimmtheitsrelation, daß man mit Partikeln oder Quanten nicht so umgehen kann, als handele es sich um Gegenstände des Alltagslebens, auf die wir mit dem Finger zeigen und von denen wir sagen können: »Dieses Objekt ist jetzt *hier* und bewegt sich nun von hier nach *dort*.« Die wesentlichen Eigenschaften eines Partikels (Position, Geschwindigkeit, Impuls, Energie) lassen sich nie präzise gleichzeitig beobachten. Der Akt des Beobachtens selbst verzerrt unweigerlich mindestens eine dieser Größen. Das äußerste, was wir zu hoffen wagen können, ist, daß unsere Messungen und Voraussagen *wahrscheinlich* bzw. statistisch brauchbar sind.

Solche scheinbar defätistischen Vorstellungen trieben einige bedeutende Physiker auf die Palme. Der berühmteste unter ihnen war Albert Einstein, dessen Einwände im nächsten Kapitel behandelt werden.

»Gott würfelt nicht«

> »Jedenfalls bin ich überzeugt, daß *der* nicht würfelt.«
> Albert Einstein, Brief an Max Born (1926)

Selbst die radikalsten und innovativsten Denker haben, nachdem sie bahnbrechende neue Denkweisen etabliert hatten, niemals völlig mit den alten gebrochen. Sigmund Freud blieb im Kern ein Wissenschaftler des 19. Jahrhunderts und das gleiche gilt in vieler Hinsicht auch für Albert Einstein.

Einstein trug nicht unwesentlich zur Entwicklung der Quantenmechanik bei, indem er an der Entwicklung des dualen Partikel-/Wellenmodells der subatomaren Phänomene mitwirkte. Aber letzten Endes sah er sich außerstande, die daraus resultierenden Schlußfolgerungen zu akzeptieren. Seine Bemerkung in einem Brief an seinen

Kollegen Max Born, daß »*der* [Gott] nicht würfelt«, kam
einer Zurückweisung der Unbestimmtheitsrelation und
aller anderen Theorien gleich, die dem Zufall bei physikalischen Ereignissen eine wesentliche Rolle einräumen. Einstein glaubte, daß das Universum bestimmten Gesetzen
gehorcht und einer Ordnung unterliegt. Was auch immer
Gott sein mag – selbst wenn er nur eine Metapher für die
Entfaltung von Raum und Zeit sein sollte –, Einstein hielt
ihn für einen guten Newtonianer!

Das Wesen der Newtonschen Physik ist physikalischer
Determinismus. Eine vollständige Beschreibung einer Situation oder eines Systems vorausgesetzt – seiner Objekte,
deren Massen, sämtlicher Energien usw. –, sollte man im
Prinzip in der Lage sein, genau vorherzusagen, wie sich
die Situation innerhalb jedes beliebigen Zeitraums verändert. Wenn man zum Beispiel beim Fußball weiß, mit welcher Geschwindigkeit der Mittelstürmer den Ball in Richtung Tor schießt, wieviel Energie er in seinen Schuß legt,
in welcher Stellung und wann er den Ball trifft und wie der
Wind weht, dann sollte man in der Lage sein, genau vorherzusagen, wohin der Ball fliegen wird.

Aber Werner Heisenberg – mit dem Born einer Meinung war – versetzte dem Newtonschen Weltbild einen
empfindlichen Schlag. Die logische Konsequenz aus der
Quantenmechanik ist nach Heisenberg die, daß Ursache
und Wirkung strenggenommen leere Begriffe sind. Heisenberg zeigte, daß man, zumindest auf subatomarer
Ebene, niemals alle Ausgangsbedingungen einer Situation
kennen kann – bestenfalls hat man es mit Wahrscheinlichkeiten und Statistik zu tun. Daher ist das Verhalten
der Atome unbestimmt: Es läßt sich nicht vorhersagen.
Heisenberg ging noch einen Schritt weiter und wies die
klassische Vorstellung von Kausalität ganz zurück: In
einem Aufsatz von 1927, in dem er die Unbestimmtheitsrelation vorstellte, geißelte er die Annahme, daß »hinter
dem statistischen Universum der Wahrnehmung eine
›wirkliche‹, von Kausalität bestimmte Welt läge« als

»nutz- und sinnlos«. Da wir subatomare Bedingungen niemals wahrnehmen oder messen können, und da wir noch nicht einmal wissen, ob hier überhaupt von Kausalität die Rede sein kann, sollten wir den Begriff am besten ganz fallenlassen.

Diese Vorstellung war Einstein zuwider, den man nicht einfach deshalb für einen Relativisten halten sollte, weil er die Relativitätstheorie formuliert hat. Einstein zerstörte den Glauben daran, daß es so etwas wie einen absoluten Bezugspunkt für physikalische Messungen gibt. Und dennoch entwickelte er präzise Formeln, die zu konkreten Zahlen führten, wo es um die Beziehungen zwischen relativistischen Systemen geht. Einsteins Universum besitzt eine bestimmte Gestalt, und obwohl es relativistisch ist, ist es doch kontinuierlich und vorhersagbar. Kurzum, Einstein konnte sich keine Welt vorstellen, die sich lediglich in der unscharfen Begrifflichkeit der Statistik ausdrücken läßt.

Einstein versuchte die Anhänger der Quantentheorie jahrelang nach besten Kräften davon zu überzeugen, daß ihre Annahmen falsch sein müssen und daß der Zufall keinen Anteil an physikalischen Ereignissen hat. Sein mit großer Heftigkeit geführtes Rückzugsgefecht wurde zum Teil dadurch motiviert, daß sein eigenes Werk auf der Annahme eines kontinuierlichen und kausalen Universums beruht – jenes Raum-Zeit-»Kontinuums«, das Heisenberg mit seiner Interpretation der Quantentheorie bestritt. Und hinter diesem Werk verbirgt sich eine tiefe Überzeugung von universeller Ordnung und Kontinuität.

Diese Eigenschaften sind es und nicht so sehr ein allmächtiger Gott, die Einstein in seinem berühmten Satz meinte. (Man beachte, daß er nicht schrieb: »Gott würfelt nicht mit dem Universum«, sondern »*der* würfelt nicht«.) »Ich glaube nicht an einen personalen Gott«, sagte Einstein, »und ich habe das nie geleugnet, sondern es klar zum Ausdruck gebracht. Wenn es etwas in mir gibt, das man als religiös bezeichnen könnte, dann ist es die grenzenlose Bewunderung der Struktur der Welt, soweit unsere Wissenschaft sie sichtbar machen kann.«

Was Einstein sich nicht vorstellen konnte, war ein Universum, in dem Grundbausteine wie Elektronen frei herumirren, ohne Gesetz und an keine Kausalität gebunden. Ein solches Universum würde keine übergreifende Struktur oder Einheit aufweisen. Ob Einstein recht hat oder nicht, ist bis zum heutigen Tag umstritten, ebenso wie manche der abstruseren Behauptungen der Quantenmechanik.

Ist Ihre Logik schwammig?
Die neuere Mathematik

Russells Paradoxie (Metasprache)

Ein Mann nähert sich Ihnen auf der Straße und sagt: »Was immer ich Ihnen sage, ist eine Lüge.« Sagt er die Wahrheit? Dies ist eine Version der »Alle-Kreter-lügen-Paradoxie«, die so heißt, weil sie auf den Witzbold Epimenides aus Kreta zurückgeht, von dem die Aussage stammt, daß »alle Kreter Lügner sind«.

Niemand wußte so recht, was er mit solchen verwirrenden, sich selbst in den Schwanz beißenden Rätseln anfangen sollte, bis der britische Philosoph Bertrand Russell (1872–1970) in der Logik auf eine ähnliche Paradoxie stieß. Russells Version dieser Paradoxie entwickelte sich aus seinen Bemühungen, mit seiner Entdeckung klarzukommen, daß mathematische »Wahrheit« nicht mehr das ist, was sie einmal war.

Viele Jahrhunderte zuvor hatte Euklid fünf geometrische Lehrsätze aufgestellt, und jedermann hatte sie akzeptiert, weil sie mit der Wirklichkeit in Einklang zu stehen schienen. Doch im 19. Jahrhundert gelang der Nachweis, daß gleichermaßen gültige und in sich schlüssige Geometrien auf der Grundlage scheinbar »falscher« Annahmen aufgebaut werden können. Euklid behauptete zum Beispiel, daß sich – eine gerade Linie und ein nicht auf dieser Linie befindlicher Punkt vorausgesetzt – nur eine weitere Linie durch diesen Punkt ziehen lasse, die parallel zu der ersten verlaufe. Solch eine Aussage leuchtet unmittelbar ein. Aber wenn wir sie anzweifeln und dagegen halten, daß sich *mehr* als nur eine parallele Linie durch diesen Punkt ziehen läßt oder aber, daß man *gar keine* Parallele durch diesen Punkt ziehen kann, können wir daraus immer noch eine strenge Geometrie ableiten. (Derartige Geometrien bezeichnet man als »nicht-euklidische« Geometrien.) Diese Prämissen sind weder »wahrer« noch »falscher« als die Euklids, zumindest nicht, wenn man die üblichen Kriterien zugrunde legt; Einsteins Relativitätstheorien *erfordern* sogar nicht-euklidische Geometrie.

Das, was für die Geometrie gilt, gilt auch für die Arithmetik und alle anderen Zweige der Mathematik. Um uns von der Gültigkeit der Mathematik zu überzeugen, müssen wir auf etwas anderes bauen als auf unsere Anschauung, unseren gesunden Menschenverstand oder unsere praktischen Erfahrungen. Um die zweifelhaften Begriffe der Mathematik auf eine sicherere Grundlage zu stellen, hielt Russell es lediglich für erforderlich, die einfachen Bestandteile ausfindig machen, aus denen sie sich zusammensetzen. Diese finden sich in der Logik, denn etwas Sichereres als deren Prinzipien dürfte es kaum geben. Russell nahm sich daher vor, die Arithmetik von Kopf bis Fuß zu analysieren, sie auf ihre allgemein anerkannten logischen Begriffe herunterzubrechen, und dann die Mathematik auf der Grundlage dieser Begriffe neu aufzubauen. (Ein Großteil der Mathematik läßt sich aus der reinen Arithmetik ableiten.) Zusammen mit dem Mathematiker Alfred North Whitehead widmete er diesem Projekt drei Bände der *Principia Mathematica* (1910–1913).

Als erste Stolpersteine erwiesen sich die drei undefinierten Ausdrücke der Arithmetik: »Null«, »Zahl« und »Nachfolger« (im Sinne des Satzes »Die Zahl Eins ist der Nachfolger von Null«). Jeder weitere arithmetische Satz folgt erst, nachdem diese drei Ausdrücke definiert sind. Zu diesem Zweck wandte sich Russell der Logik der »Klassen« oder Mengen zu, die zu dieser Zeit in der theoretischen Mathematik die Nase ganz vorne hatte. Russell dachte, er könne sowohl »Null« als auch »Zahl« mit dem logischen Begriff einer Menge von Mengen oder einer »Klasse von Klassen« definieren. Doch wie sich herausstellte, verhält sich dieser Begriff gar nicht so, wie er eigentlich soll, sondern führt zu Widersprüchen und Paradoxien, ja zu einer Art »Alle-Kreter-lügen-Problem«.

Die Schwierigkeiten setzen schon ein, wenn wir versuchen, Klassen auf dieselbe Weise zu behandeln wie die Objekte, die sie enthalten. In den meisten Fällen ist der Unterschied offensichtlich. Man stelle sich etwa ein Sechser-Pack Bier als eine Menge oder eine »Klasse« von Bierflaschen vor; offensichtlich ist das Sechser-Pack selbst keine Flasche, und ein Sechser-Pack kann auch kein anderes Sechser-Pack enthalten. Eine Kiste Bier hingegen kann durchaus vier Sechser-Packs enthalten, womit sie zu einer »Klasse von Klassen« wird (eine Menge von vier Sechser-Packs, die selbst Mengen sind). Die Frage ist nun, ob der Unterschied zwischen einer Kiste und einem Sechser-Pack geringer ist als der zwischen einem Sechser-Pack und einer Bierflasche. Denn immerhin sind ja eine Kiste und ein Sechser-Pack beides Klassen, so daß sie wahrscheinlich ähnliche Eigenschaften besitzen.

Genau dies ist der Punkt, an dem es beginnt, paradox zu werden. Eine bestimmte Menge physischer Dinge kann sich nicht selbst enthalten, denn eine Menge ist kein physisches Ding. So enthält beispielsweise eine Kiste mit Flaschen sich nicht selbst, da eine Kiste keine Flasche ist. Dasselbe läßt sich sogar von einer bestimmten Menge von Mengen sagen. Nehmen wir zum Beispiel die Klasse der ethnischen Gruppen in Kalifornien. Jede Gruppe für sich bildet eine Menge – die der Latinoamerikaner, die der Chinesen, die der Afroamerikaner, die der Euroamerikaner usw. Aber die Menge ethnischer Gruppen ist selbst keine ethnische Gruppe, sie enthält sich also nicht selbst.

Und so enthält sich auch die Menge aller Katzen nicht selbst, da sie keine Katze ist. Aber wie sieht es mit der Menge aller Nicht-Katzen aus? Entweder ist etwas eine Katze, oder es ist es nicht, und eine Menge ist keine Katze: Daher *muß* die Menge aller Nicht-Katzen *sich selbst enthalten*. Es gibt aber sogar ein noch einfacheres Beispiel: die Menge aller Mengen. Da die Menge aller Mengen selbst eine Menge ist, muß sie sich auch selbst enthalten. Und ab hier wird die Sache wirklich lustig.

Da sich eine Menge entweder selbst enthält oder nicht, können wir alle möglichen Mengen in zwei Gruppen oder Klassen aufteilen: die Klasse von Mengen, die sich nicht selbst enthalten (wir wollen sie N, für »nein«, nennen), und die Klasse von Mengen, die sich selbst enthält (und die wir J, für »ja«, nennen wollen). Die Menge der Bierflaschen gehört zu N, und das gleiche gilt für die Menge der Katzen bzw. die Menge der ethnischen Gruppen in Kalifornien. Mengen wie die Menge aller Mengen und die Menge der Nicht-Katzen hingegen gehören zu J.

Ein Mann nähert sich Ihnen auf der Straße und sagt: »Die Menge N enthält sich selbst.« Glauben Sie ihm?

Dies ist Russells Paradoxie, die allen Versuchen, die Arithmetik mit Hilfe der Mengenlehre zu begründen, ein Ende bereitete. Wenn man darüber nachdenkt, wird man herausfinden, daß die Antwort lautet, daß es keine Antwort gibt. Wir befinden uns in einer logischen Sackgasse. Denn wenn N sich selbst enthält, dann ist N per Definition eine Menge, die sich nicht selbst enthält. Aber wenn wir davon ausgehen, daß N sich nicht selbst enthält, dann ist es eine Menge, die sich nicht selbst enthält, so daß sie doch zu N gehören muß.

Russell stellte fest, daß das Problem darin besteht, daß man alle Mengen gleich behandelt. Auf diese Weise verstricken wir uns immer wieder in dem Problem, daß Mengen sich selbst enthalten können. Um dieser Zwickmühle zu entkommen, schlug er vor, daß man Mengen nach dem beurteilen solle, was er als ihren »Typ« bezeichnete. Eine Menge einfacher Objekte gehört zum niedrigsten (grundlegendsten) Typ – nennen wir sie eine Menge vom »Typ 1«. Solche Mengen sollen nur Objekte enthalten, keine anderen Mengen. Auf der nächsthöheren Stufe finden sich die Mengen vom Typ 2, die Objekte enthalten können, aber auch Mengen vom Typ 1. Unsere grundlegende Menge von Mengen (ebenso wie unsere Kiste mit Flaschen) ist eine Menge vom Typ 2; sie kann sich niemals selbst enthalten, denn sie enthält nur Mengen eines niedrigeren

Typs. Wieder eine Stufe höher finden sich Mengen vom Typ 3, die Objekte enthalten können, aber auch Mengen vom Typ 1 und 2. Auch diese können sich niemals selbst enthalten. Und so weiter. Hat man erst einmal eine solche Unterscheidung getroffen, wird die Frage, ob eine Menge sich selbst enthält oder nicht, bedeutungslos.

Russell meinte, daß man mit einer ähnlichen Logik auch sprachlichen Paradoxien wie der Alle-Kreter-lügen-Geschichte Herr werden könne. Obwohl er den Ausdruck selbst nicht verwendete, entsprach das, was er damit vorschlug, letztlich dem Begriff der »Metasprache«, also einer Sprache, die über sich selber spricht. Wir können nämlich die Menge vom Typ 1 als einfache »Menge« bezeichnen und eine Menge vom Typ 2, die erstere einschließt, als eine »Metamenge«. Und ähnlich lassen sich Aussagen über Objekte oder einfache Beziehungen wie »Die Katze ist auf der Matte« als »einfache Sprache« (bzw. »Objektsprache«) bezeichnen. Aussagen aber, die sich auf die einfache Sprache, ihre Bedeutung oder ihren Wahrheitsgehalt beziehen, zählen selbst nicht zur einfachen Sprache, sondern zur »Metasprache«. (Und Sprache über Metasprache ist »Metametasprache«.) Um die Alle-Kreter-lügen-Paradoxie zu umgehen, muß man einfach nur Sprache und Metasprache auseinanderhalten und darauf achten, daß man nicht Wahrheiten über das eine als Wahrheiten über das andere auffaßt. Paradoxien wie »Was immer ich sage, ist eine Lüge« werden ins Reich des Unsinns verbannt, da sie versuchen, Sprache mit Metasprache gleichzusetzen, und damit die Hierarchie verletzen, indem sie die Sprache auf sich selbst beziehen.

Gleichwohl ist es wesentlich schwieriger, Sprache und Metasprache auseinanderzuhalten, als es zunächst scheinen mag. »Der vorausgegangene Satz enthält 14 Worte« ist ein klarer und einfacher Fall von Metasprache, der nebenbei auch noch zutrifft. Doch wie steht's mit der Aussage: »Dieser Absatz besteht aus sieben Sätzen«? Die Schwierigkeit bei dieser metasprachlichen Aussage ist, daß sie sich selbst als einen dieser Sätze mitzählt – das heißt, sie bezieht sich nicht nur auf die einfache Sprache, sondern auch auf die Metasprache. Handelt es sich deswegen um eine metametasprachliche Aussage? Und ist diese letzte Frage dann eine metametametasprachliche? Und würde die Tatsache, daß dieser Abschnitt sieben Sätze umfaßt, zu einer metametametametasprachlichen Aussage?

Wie dem auch sei, Russell befaßte sich nur mit Mathematik und nicht mit der Alltagssprache. Aber selbst seine Verbesserung der Logik der Mathematik war noch nicht gut genug, nicht einmal, nachdem er Ordnung in die Mengenlehre gebracht hatte und ihr scheinbar zuverlässigere Begriffe aus der Aussagenlogik einverleibt hatte. Wie sich herausstellte, läßt sich Selbstreferentialität oder Zirkularität einfach nicht aus dem System entfernen: Irgendwo lauert immer eine Alle-Kreter-lügen-Paradoxie hinter den Axiomen. Die Paradoxie, die sich in Whiteheads und Russells *Principia* verbarg, kam achtzehn Jahre später ans Licht, als ein österreichischer Mathematiker Russells Paradoxie auf Russell selbst anwandte.

Gödels Unvollständigkeitssatz

> Zu jeder ω-widerspruchsfreien rekursiven Klasse κ von *Formeln* gibt es rekursive *Klassenzeichen* r, so daß weder v Gen r noch Neg (v Gen r) zu Flg (κ) gehört (wobei v die freie Variabel von r ist).
> Kurt Gödel, »Über formal unentscheidbare Sätze der Principia Mathematica und verwandter Systeme I« (1931)

Wenn Ihnen bei diesem Zitat etwas schwindelig geworden ist, dann herzlich willkommen: Sie befinden sich in guter Gesellschaft! Selbst die meisten Mathematiker begriffen Kurt Gödels Antwort auf Whiteheads und Russells Meisterwerk der symbolischen Logik, *Principia Mathematica,* nicht, als dieser sie 1931 veröffentlichte.

Grob gesagt, ging es Gödel um folgendes: Jedes komplexe formale Denksystem wie die Logik oder die Arithmetik ist zwangsläufig unvollständig. Etwas genauer ausgedrückt: Unter der Voraussetzung einer endlichen Anzahl elementarer Annahmen (»Axiome«) und Regeln, mittels derer man aus ihnen Sätze ableiten kann, wird man, soweit die Axiome widerspruchsfrei sind, immer in der Lage sein, zumindest eine wahre Aussage zu treffen, die das System nicht beweisen kann.

Worauf Gödel jedoch eigentlich hinauswollte, ist, daß sich formale Zeichensysteme wie etwa die reine Arithmetik nie werden dazu verwenden lassen, ihre eigene Vollständigkeit oder Schlüssigkeit zu beweisen. (Ein »vollständiges« System wird ausschließlich wahre Aussagen erzeugen; ein »widerspruchsfreies« wird nicht zu Widersprüchen führen.) Eine Ergänzung oder Erweiterung des Systems kann diese Situation nicht beheben; um uns seiner zu vergewissern, müssen wir uns außerhalb des Systems umsehen. Aber dann müßten wir zeigen, daß die äußeren Methoden selbst zuverlässig sind, was sich als noch schwieriger erweisen dürfte.

Gödels »Unvollständigkeitssatz« und sein Beweis sind extrem abstrakt und verwickelt, aber zumindest die wesentlichen Punkte lassen sich hier darstellen, auch wenn wir dabei zahlreiche Abkürzungen nehmen müssen. Wenn Sie jemals etwas mit Geometrie zu tun hatten, dann sind Ihnen Axiome ja nicht ganz unbekannt – sprich die Grundannahmen, derer man sich zur Herleitung wahrer Aussagen bedient. Euklid errichtete seine Geometrie auf fünf solchen Axiomen, obwohl deren uneingeschränkte Gültigkeit mindestens seit dem letzten Jahrhundert in Frage gestellt wird. Zu den Beispielen für Axiome in der Arithmetik zählen »Null ist eine Zahl« und »Eine Zahl ist mit sich selbst identisch«. Obwohl wir solche Aussagen für selbstverständlich halten, lassen sie sich nicht beweisen.

Schon seit Aristoteles haben Wissenschaftler und Philosophen versucht, Euklids Erfolg auf andere Wissensgebiete zu übertragen. Sie hofften, daß es mit einer bestimmten Menge von Axiomen und deduktiver Logik möglich sei, Hypothesen mit absoluter Sicherheit bestätigen oder widerlegen und letztlich alle möglichen Wahrheiten erzeugen zu können. Aber mit dem Aufstieg der experimentellen Methode verabschiedete sich die Naturwissenschaft von diesem Traum und überließ ihn der reinen Mathematik. Und dort zeitigte er bemerkenswerte Erfolge: Im späten 19. Jahrhundert entwickelten Gottlob Frege und Giuseppe Peano Notationssysteme, die Mathematik und Logik miteinander verbanden, und in den Jahren ab 1910 schienen Whitehead und Russell schließlich die Arithmetik auf dieselbe sichere axiomatische Grundlage gestellt zu haben wie die Euklidische Geometrie.

Aber ihr Triumph sollte sich als kurzlebig erweisen. Whitehead und Russell hatten gehofft, sie hätten ein aus einer kleinen Anzahl von Ableitungsaxiomen und -regeln bestehendes System entworfen, das sowohl *widerspruchsfrei* als auch *vollständig* sei. Ein System ist dann widerspruchsfrei, wenn sich daraus nicht gleichzeitig zwei einander widersprechende Aussagen ableiten lassen. Das heißt, wenn man den »Satz« (die Formel) »2 + 2 = 4« beweisen (»ableiten«) kann, dann kann man niemals den gegenteiligen Satz »2 + 2 ≠ 4« beweisen. Whiteheads und Russells ursprüngliche Axiome wirkten unter der Voraussetzung ihrer Ableitungsregeln schlüssig, und für einen Augenblick wollen wir daher diese Schlüssigkeit als gegeben annehmen. Trotzdem sehen wir uns auch dann mit der Frage konfrontiert, ob ihr System auch vollständig ist – das heißt, ob es *alle* wahren arithmetischen Formeln erzeugen kann und ob alle wahren arithmetischen Formeln innerhalb dieses Systems bewiesen werden können. Diese wesentlich härtere Nuß versuchte Gödel zu knacken, und in seinem Aufsatz »Über formal unentscheidbare Sätze« gelang ihm dies auch.

Um es nochmals zu sagen: Gödel erbrachte den Beweis, daß keine endliche, widerspruchsfreie Menge von

Axiomen jemals vollständig sein kann und daß es, völlig unabhängig davon, wie viele weitere Axiome man einem formalen logischen System hinzufügt, um einen Mangel auszugleichen, immer möglich sein wird, ein wahres Theorem zu entdecken, das sich nicht beweisen läßt.

Gödels Beweis ist ein genialer Wurf. Unter Verwendung der symbolischen Logik der *Principia* entdeckte er eine Möglichkeit, jedem Symbol, jedem Axiom, jedem Satz und jedem Beweis eine bestimmte Zahl zuzuweisen, die man als ihre »Gödelzahl« bezeichnet. Zum besseren Verständnis wollen wir sagen, daß die Gödelzahl des Axioms »x = x« (»eine Zahl ist mit sich selbst identisch«) 156 ist. (De facto haben selbst solch einfache Gleichungen riesige Gödelzahlen.) Mittels einer einfachen Ableitungsregel können wir aus »x = x« den Satz »o = o« ableiten. Sagen wir, die Gödelzahl von »o = o« ist 72. Gödel zeigte, daß eine Aussage wie »›o = o‹ ist ein wahrer Satz« selbst auf eine Formel reduziert werden kann, die Gödelzahlen miteinander verbindet – in diesem Fall die Zahlen 156 und 72.

Solch eine Aussage aber ist nicht selbst eine Formel im System, sondern eine Aussage über das System. Andere derartige »meta-arithmetische« Aussagen wären »›2+2 = 5‹ ist falsch«, »Wenn der Satz wahr ist, dann ist das System nicht schlüssig« und »Satz S läßt sich nicht beweisen«. So wie Gödel seine Zahlen zurechtmontierte, wird jede meta-arithmetische Aussage durch ein mathematisches Verhältnis zwischen Gödelzahlen widergespiegelt – mit anderen Worten, meta-arithmetische Aussagen lassen sich innerhalb der Arithmetik modellieren bzw. »übersetzen«.

Und nun ließ Gödel die Katze aus dem Sack. Unter Verwendung der Gödelzahlen konstruierte er einen arithmetischen Satz (den wir G nennen wollen), dessen meta-arithmetische Übersetzung lautet: »Die Formel G läßt sich nicht beweisen.« Wenn G ein wahrer Satz ist, dann ist auch »G läßt sich nicht beweisen« wahr, und daher ist das System unvollständig – wir haben ein wahres Theorem gefunden, das sich innerhalb des Systems nicht beweisen läßt. Aber wenn G falsch ist, so stellt sich heraus, dann bedeutet dies, daß G sich nicht beweisen läßt (wenn das System schlüssig ist), und damit ist die Aussage »G läßt sich nicht beweisen« also wahr. Aber da G *bedeutet*, daß »G sich nicht beweisen läßt«, ist G wahr. Dies widerspricht der Prämisse, daß G falsch ist, und daher ist das System nicht widerspruchsfrei.

Um seinen Beweis wasserdicht zu machen, ersann Gödel eine Formel, die der Aussage »Wenn die Arithmetik schlüssig ist, dann läßt sich G beweisen« entspricht. Diese Formel erweist sich als wahrer Satz im System. Aber was Gödel zeigte, ist, daß G nur dann bewiesen werden kann, wenn sich sein Gegenteil ebenfalls beweisen läßt; wenn aber die Arithmetik widerspruchsfrei ist, entstehen solche Widersprüche nicht. Daher können wir nie beweisen, daß die Arithmetik widerspruchsfrei ist, zumindest nicht, wenn wir uns auf die in der Arithmetik verkörperten Grundannahmen verlassen.

Der Haken an der Sache ist, daß Gödel die Arithmetik benutzte, um zu beweisen, daß die Vollständigkeit und Schlüssigkeit der Arithmetik sich nicht beweisen läßt. Und mit keiner endlichen Anzahl von Zusatzaxiomen bekommt man dieses Problem in den Griff. Sollte es Beweise geben, dann liegen diese jenseits der Logik, jenseits der axiomatischen Methode und letztlich auch jenseits der Mathematik. Und jede außermathematische Methode müßte ihrerseits ihre Schlüssigkeit beweisen, und damit bewegen wir uns nur wieder in Zirkeln, bei denen es fraglich ist, ob wir ihnen jemals entrinnen werden.

Gödels Unvollständigkeitstheorem scheint vor allem für die Künstliche Intelligenz (KI) nichts Gutes zu verheißen, zumindest für die KI in ihrer heutigen Gestalt. Computer sind immer noch logische Maschinen, die auf der Basis endlicher Daten und mit einer endlichen Anzahl von Anweisungen funktionieren – und sie werden es vielleicht für immer bleiben. Man kann einen Computer mit einer Milliarde Anweisungen (»Axiome« und »Ableitungsregeln«) speisen, und dennoch wird er niemals zu all den Wahrheiten vorstoßen oder sie gar beweisen, die menschliche Gehirne ausgeheckt haben.

Das Gefangenendilemma (Spieltheorie)

Man schleppt Sie und Ihren Komplizen auf die Polizeiwache und sperrt jeden von Ihnen in eine isolierte Einzelzelle. Ein Staatsanwalt teilt Ihnen mit, daß die Polizei genügend Beweise habe, um Sie beide für ein Jahr ins Gefängnis zu stecken, aber nicht genug, um Sie wegen schwererer Vergehen zu verurteilen. Aber wenn Sie ein Geständnis ablegen und gegen Ihren Partner aussagen, wird man Sie dafür, daß Sie kooperiert haben, freisprechen, während er für drei Jahre ins Gefängnis wandert. Wenn Sie sich jedoch beide zu dem größeren Verbrechen bekennen, ist die Polizei nicht auf Ihre Mithilfe angewiesen und jeder von Ihnen sitzt zwei Jahre. Sie haben Grund zu der Annahme, daß man Ihrem Partner dasselbe Angebot gemacht hat. Was sollen Sie tun?

Dies ist eine gängige Version des »Gefangenendilemmas«, eines berühmten Problems in der Spieltheorie, der mathematischen Theorie der Entscheidungen. (Es gibt in der Spieltheorie noch weitere Dilemmas, wie beispielsweise das »Hasenfußdilemma«, auf das wir noch zu sprechen kommen werden.) Vielleicht wurden Sie in letzter Zeit nicht verhaftet, und Sie fragen sich daher, was Sie das alles überhaupt angeht. Es ist jedoch gar nicht schwierig, im Alltagsleben auf weitere Gefangenendilemmas zu stoßen. Angenommen, Sie hätten die Gelegenheit, sich an die Spitze einer langen Menschenschlange vorzudrängeln: Würden Sie es tun? Wie reagieren Sie auf all die lästigen Kampagnen, mit denen man Sie auffordert, endlich Ihre Rundfunk- und Fernsehgebühren zu bezahlen? Und wie verhalten Sie sich bei Auseinandersetzungen im Büro? Mauern Sie oder versuchen Sie, Kompromisse zu schließen? In allen diesen Fällen sind Sie mit einem Problem konfrontiert, daß dem der beiden Gefangenen ähnelt: Kommen Sie wirklich am besten weg, wenn Sie sich egoistisch verhalten?

Das Dilemma besteht darin, daß sich eine Entscheidung nicht auf rein rationaler Basis treffen läßt. Um zu sehen warum, wollen wir zu unserer Ausgangsszene zurückkehren. Aus dem einen Blickwinkel fahren Sie besser, wenn Sie gestehen, aber aus einem anderen sollten Sie lieber schweigen. Hier sehen wir die möglichen Ergebnisse in einer Matrix:

	Partner schweigt	Partner gesteht
Sie schweigen	1 Jahr für Sie 1 Jahr für den Partner	3 Jahre für Sie 0 Jahre für den Partner
Sie gestehen	0 Jahre für Sie 3 Jahre für den Partner	2 Jahre für Sie 2 Jahre für den Partner

Offensichtlich ist das beste Ergebnis für Sie selbst, wenn Sie gestehen und Ihr Partner nicht. (In der Spieltheorie spricht man vom Nicht-Kooperieren, wenn man unter allen Umständen das eigene Interesse in den Vordergrund stellt.) Und selbst wenn Ihr Partner ein Geständnis ablegt, profitieren Sie, indem Sie nicht kooperieren, denn wenn Sie schweigen, stehen Ihnen drei Jahre im Knast bevor, während es durch das Geständnis nur zwei werden. Mit anderen Worten, ganz egal, was Ihr Partner macht (und Sie haben keine Möglichkeit, etwas über seine Entscheidung zu erfahren), Sie fahren besser, wenn Sie nicht kooperieren.

Aber wenn Ihr Partner so clever ist wie Sie, dann wird er zu derselben Schlußfolgerung gelangen: die vernünftigste

Entscheidung ist die zu gestehen. Diese Logik führt dazu, daß man Ihnen beiden zwei Jahre Knast aufbrummen wird. Ist das wirklich »rational«, da Sie beide nur ein Jahr sitzen müßten, wenn Sie den Mund halten würden (»kooperierten«)? Aufs Ganze gesehen ist Kooperation das Beste, denn die Gesamtzeit, die Sie beide im Gefängnis verbringen müßten, betrüge so nur zwei und nicht drei oder vier Jahre.

Sie sollten also kooperieren, nicht wahr? Aber was, wenn Ihr Partner *nicht* zu dieser Schlußfolgerung kommt, oder wenn er zwar dazu kommt, sich jedoch entschließt, Ihr Vertrauen auszunutzen und nicht zu kooperieren? In diesem Fall haben Sie das schlechtest-mögliche Ergebnis erwischt und dürfen drei Jahre lang Nummernschilder stanzen. Was sollen Sie also tun? Vertrauen Sie ihm oder nicht? Was ist vernünftiger – Kooperation oder Nicht-Kooperation?

Diese und ähnliche Probleme bilden den Ursprung der Spieltheorie, die mehr oder weniger eine Erfindung des Mathematikers John von Neumann (1903 – 1957) ist. Neumann, ein ungarisches Wunderkind, das sich in den Vereinigten Staaten niedergelassen hatte, trug unter anderem zur Entwicklung der Atombombe und der Erfindung des digitalen Computers bei. Außerdem liebte er strategische Spiele, insbesondere Poker und Schach, und in den 1920er und 1930er Jahren entwickelte er eine eigene Mathematik, um die Struktur dieser Spiele beschreiben zu können. Von Neumann tat dies zum einen, um Spiele besser verstehen zu können, doch vor allem, weil er glaubte, daß die Spieltheorie eine wissenschaftliche Grundlage für das Studium spielartiger Situationen im »richtigen Leben« bieten könnte. Er prägte den Begriff »Spieltheorie« in *The Theory of Games and Economic Behavior* (1944, zusammen mit Oskar Morgenstern). Das Verhalten der Wirtschaft ist ein »Spiel« im Sinne von Neumann, eine Situation, die von miteinander konkurrierenden Interessen bestimmt wird und in der jeder danach trachtet, seine Gewinne zu maximieren.

In den Wirtschaftswissenschaften erwies sich die Spieltheorie zunächst jedoch als Flop, während sie in anderen Bereichen sehr wichtig und nützlich wurde. Nach dem Zweiten Weltkrieg wurde Neumann von der RAND Corporation angeheuert, wo er die Spieltheorie mit größerem Erfolg auf die Strategien des Kalten Krieges anwandte. Man versetze sich in die fünfziger Jahre zurück und stelle sich vor, man müsse darüber entscheiden, ob die Vereinigten Staaten ein Arsenal von Wasserstoffbomben bauen sollen oder nicht. Nehmen wir an, es wäre für die Sowjetunion, den »Feind«, kein Problem, dies ebenfalls zu tun. Sie haben genau zwei Alternativen: das Arsenal bauen oder nicht. Vier Resultate sind möglich:

1. Weder die USA noch die UdSSR bauen ein Arsenal: der Status quo ist gewahrt.

2. Die USA bauen ein Arsenal, die UdSSR baut keines: die USA sind potentiell in der Lage, die Sowjetunion zu zerstören und die Welt zu beherrschen.

3. Die UdSSR baut ein Arsenal, die USA bauen keines: die Sowjets sind potentiell in der Lage, die USA zu zerstören und die Welt zu beherrschen.

4. Sowohl die USA als die UdSSR bauen Arsenale: der Rüstungswettlauf eskaliert, keine der beiden Seiten dominiert, sehr viel Geld wird ausgegeben, und die ganze Welt ist nun mit der Drohung eines alles vernichtenden Nuklearkrieges konfrontiert.

Wenn man sich dieses »Spiel« näher ansieht, wird man feststellen, daß es sich dabei um eine Art Gefangenendilemma handelt. Ganz egal, was die UdSSR macht, liegt es in Ihrem Interesse, die Bomben zu bauen. (Wenn die anderen sie nicht bauen, sind Sie die führende Weltmacht geworden, und wenn die anderen sie bauen, dann sind Sie wenigstens gleichauf.) Aber wenn die Sowjets zu demselben Schluß gelangen, dann werden beide Unmengen von Geld ausgeben, nur um das Machtgleichgewicht zu erhalten, und erzeugen gleichzeitig riesige Vorräte äußerst gefährlicher nuklearer Waffen. Das ideale Resultat hieße also »Kooperation«: beide Seiten verzichten auf den Bau (Resultat I). Aber trauen Sie der anderen Seite? Am Ende haben bekanntlich beide Seiten einander nicht getraut.

Auch wenn von Neumann die Spieltheorie bei RAND einführte, war er weder der Entdecker des Gefangenendilemmas noch derjenige, der dessen Konsequenzen untersuchte. Von Neumann konzentrierte sich fast ausschließlich auf das, was er als »Nullsummenspiele« bezeichnete. Bei solchen Spielen steht die Gewinnverteilung fest: Der Gewinn Ihres Mitspielers entspricht genau Ihrem Verlust. Die meisten Brettspiele etwa sind Nullsummenspiele: Wenn Ihr Gegner gewinnt, verlieren Sie. Auch Poker ist ein Nullsummenspiel, bei dem der Gewinner *alles* einsackt.

Einer der Kollegen von Neumanns in der RAND Corporation, John Nash, baute die Spieltheorie so aus, daß sie auch für Nichtnullsummenspiele mit zwei Spielern funktioniert. Seiner Theorie zufolge gibt es in solchen Spielen immer einen »Gleichgewichtspunkt«. Vorausgesetzt, Ihr Gegner ändert seine Strategie nicht, ändern auch Sie die Ihre nicht. Nehmen wir zum Beispiel dieses Spiel:

	K wählt Kopf	K wählt Zahl
Sie wählen Kopf	Sie gewinnen $ 1 K gewinnt $ 3	Sie *verlieren* $ 1 K gewinnt $ 4
Sie wählen Zahl	Sie gewinnen $ 2 K gewinnt nichts	Sie gewinnen $ 1 K gewinnt $ 2

In diesem Spiel liegt der »Gleichgewichtspunkt« bei Zahl/Zahl (rechte untere Hälfte). Das liegt daran, daß es, unabhängig davon, was K macht, immer von Vorteil für Sie ist, Zahl zu wählen, und dasselbe gilt für K. Und selbst wenn K die Chance erhielte, seine Strategie zu ändern, würden Sie auch weiterhin Zahl wählen, und umgekehrt gilt dasselbe.

Was Nash zunächst nicht erkannte bzw. akzeptierte ist, daß Menschen im richtigen Leben den Gleichgewichtspunkt nicht schon einfach deswegen wählen, weil er existiert. Das gilt insbesondere für Wiederholungsspiele, also Spiele zwischen zwei oder mehr Spielern, die immer wieder mit derselben feststehenden Strategie und Gewinnverteilung gespielt werden. Wenden wir uns noch mal dem Gefangenendilemma zu, das im Kern 1950 von Merrill Flood und Melvin Dreher, zwei anderen RAND-Wissenschaftlern, entdeckt wurde. (Sie entdeckten die Form des Spiels; Albert Tucker führte die Gefangenen ein und gab dem Dilemma seinen Namen.) Der Gleichgewichtspunkt ist das gemeinsame Nicht-Kooperieren: Vorausgesetzt, Ihr Partner / Gegner hat eine Strategie gewählt und kann diese nicht ändern, sind Sie immer besser beraten, wenn Sie nicht kooperieren.

Aber nehmen wir an, Sie und ein Gegner spielen ein derartiges Spiel hundertmal hintereinander. Die Gewinnverteilung sieht folgendermaßen aus:

	K kooperiert	K kooperiert nicht
Sie kooperiern	$ 2 für Sie $ 3 für K	$ 0 für Sie $ 4 für K
Sie kooperieren nicht	$ 3 für Sie $ 1 für K	$ 1 für Sie $ 2 für K

Ganz egal, was K macht, Sie fahren immer besser, wenn Sie nicht kooperieren – Sie gewinnen immer einen Dollar mehr. Dasselbe gilt für K: Ganz egal was Sie tun, er gewinnt einen Dollar mehr, wenn er nicht kooperiert. Aber wechselseitige Kooperation ist für Sie beide besser, als wenn Sie beide nicht kooperieren; die schlechteste Alternative für Sie bestünde darin zu kooperieren, während K nicht kooperiert.

Wenn Sie bei diesem Spiel nur eine einzige Chance hätten, und weder Sie noch K vorher Strategien entwickeln könnten, dann wäre die logische Konsequenz daraus, nicht zu kooperieren, denn Sie kennen Ks Strategie nicht und können sie auch nicht ändern. Aber in einem Spiel, das sich wiederholt, sieht die Sache ganz anders aus. Sagen wir, K entscheidet sich zur Kooperation, in der Hoffnung, daß Sie dasselbe tun und damit das für beide bestmögliche Ergebnis garantieren. Sie aber folgen der Logik des »einmaligen Spiels« und kooperieren nicht. Sie sind der große Gewinner ($3), während K sich mit der für ihn kleinstmöglichen Summe ($1) begnügen muß, und so beschließt K beim nächstenmal, Sie zu »bestrafen«, indem er selbst nicht kooperiert. De facto beraubt K Sie dadurch Ihrer zwei Dollar, also zweimal des Zusatzprofits, den Sie gemacht haben, indem Sie beim erstenmal nicht kooperiert haben. Nicht-Kooperieren erweist sich damit also zwar als sicher, aber Sie könnten potentiell wesentlich mehr Geld gewinnen, wenn Sie und K miteinander kooperierten. Natürlich würden Sie den maximalen Gewinn von $300 absahnen, wenn K jedesmal kooperieren würde und Sie jedesmal nicht. Aber wenn K vernünftig ist, dann wird er es Ihnen gleichtun und ebenfalls jedesmal nicht kooperieren und dadurch ebenfalls $100 mehr verdienen, als wenn er jedesmal kooperieren würde. Was also ist die beste Strategie?

Unter Zuhilfenahme von Computermodellen liefert die Spieltheorie hierauf eine Antwort. Diese lautet: »Wie du mir, so ich dir.« Sie beginnen, indem Sie kooperieren. Wenn K ebenfalls kooperiert, kooperieren Sie auch in der zweiten Runde. Das machen Sie so lange, bis K nicht kooperiert, und dann »bestrafen« Sie ihn, indem Sie beim nächstenmal nicht kooperieren. Daß diese Strategie funktioniert, liegt daran, daß Sie das Spiel dazu verwenden, K eine Nachricht zu übermitteln: »Ich werde immer genau das machen, was du in der letzten Runde gemacht hast; und da du nicht davon profitierst, wenn ich nicht kooperiere, solltest du immer mit mir kooperieren, und so das optimale Ergebnis für uns beide gewährleisten.« Mit anderen Worten, Sie fordern ihn auf, mit Ihnen zusammen gegen das *Spiel selbst* statt gegeneinander zu spielen.

Im richtigen Leben bedeutet »Wie du mir, so ich dir«, daß man andere Menschen so behandelt, wie man von ihnen behandelt wird, wobei man zunächst jedoch immer freundlich ist. Sich an die Spitze einer Schlange vorzudrängeln, mag für Sie selbst gut sein, doch für alle anderen ist es schlecht, und wenn die anderen entsprechend reagieren würden, käme es schnell zu einer Schlägerei. Und ebenso profitieren alle davon, wenn Sie Ihre Fernseh- und Rundfunkgebühren bezahlen; natürlich können Sie schwarzhören oder -sehen, aber wenn alle anderen das auch täten, dann könnten Sie Ihre Kultursendungen bald ganz vergessen. Natürlich wären Sie blöd zu kooperieren, wenn niemand sonst dies täte; aber da alle anderen das ebenfalls wissen und niemand auf Chaos versessen ist, kooperieren die meisten Menschen.

Ein weiteres spieltheoretisches Dilemma, das wir aus dem Alltag kennen, trägt den Namen »Hasenfuß« [»chicken«] (der von Bertrand Russell stammt – ob Sie's glauben oder nicht). Sie und ein Freund schwingen sich aufs Fahrrad und rasen auf den Rand einer Klippe zu. Derjenige von Ihnen, der zuerst bremst oder vom Kurs abweicht, ist der »Hasenfuß«. Wenn Sie beide zugleich abbremsen (»kooperieren«), dann ist keiner von beiden der Hasenfuß, aber auch keiner der Gewinner. In diesem Spiel wäre das beste Resultat für Sie, wenn Ihr Freund als erster bremst: Dann gewinnen Sie, und er ist der Hasenfuß. Das schlechteste Resultat für alle Beteiligten wäre natürlich, daß keiner von Ihnen bremst – das heißt, Sie beide nicht kooperieren und in den Abgrund sausen. Wie also verhalten Sie sich? (Dieses Spiel unterscheidet sich dadurch vom Gefangenendilemma, daß gemeinsames Nicht-Kooperation für beide Seiten das *Schlechteste* ist.)

Wie Ihnen vermutlich bereits aufgefallen sein dürfte, ist es der Spieltheorie, so streng mathematisch sie auch sein mag, bislang noch keineswegs gelungen, alle Konflikte aus der Welt zu schaffen. Damit die Theorie funktioniert, muß nämlich zunächst einmal klar sein, wer die beteiligten Spieler sind. Außerdem müssen sich die Gewinne in Zahlen (oder zumindest in Wahrscheinlichkeiten) ausdrücken lassen. Angesichts der Kompliziertheit der Spiele »Gesellschaft« und »Politik« ist dies nicht immer der Fall. Zweitens ist das, was »Kooperation« oder »Nicht-Kooperation« ausmacht, häufig nicht klar definiert: im richtigen Leben gibt es eine beträchtliche Grauzone, und Gegner tendieren dazu, sich über die Bedingungen uneinig zu sein (was der einen Seite als ausreichend erscheinen mag, muß die andere noch lange nicht zufriedenstellen). Trotzdem ist es natürlich besser, wenn einem ein gewisses Instrumentarium zur Verfügung steht, als wenn dies nicht der Fall ist; und die Spieltheorie bietet nun einmal solch ein bemerkenswert interessantes Instrumentarium mit ganz konkreten Anwendungen in den Bereichen Physik, Ethik, Technik und sogar in der Biologie. So läßt sich beispielsweise die Entwicklung einer bestimmten Spezies mit Hilfe der Spieltheorie erklären, aber das ist eine andere lange Geschichte ...

»Fuzzy-Logik«

Die Lehrsätze und Gesetze der Mathematik eignen sich ausgezeichnet zur Erledigung bestimmter Aufgaben. Wir wissen beispielsweise mit absoluter Gewißheit, daß 2 + 2 = 4 ist und daß die Winkel eines Dreiecks insgesamt 180° ergeben – es handelt sich dabei um eine logische Folge der Axiome. Mathematik läßt sich auch auf feststehende physikalische Größen anwenden. Einstein nutzte die Mathematik, um zu demonstrieren, daß es nichts Schnelleres gibt als die Lichtgeschwindigkeit, bei der es sich um eine feststehende Größe handelt. Spieler wie Blaise Pascal erfanden die Statistik, um die Wahrscheinlichkeit bestimmter Ergebnisse berechnen zu können – daß man eine Vier würfeln wird zum Beispiel. Die Fernsehmeteorologen bedienen sich der Zahlen, um zu prophezeien, ob es morgen regnen wird oder nicht.

Man kann diese Berechnungen natürlich als Resultat »harter Logik« bezeichnen, deren Methodik letztlich auf Aristoteles zurückgeht. Vor einiger Zeit hat jedoch eine kleine Schar von Ingenieuren und Physikern diese harte Logik fürs erste verabschiedet und sich statt dessen der sogenannten »Fuzzy-Logik«, einer unscharfen Logik zugewandt, also der Wissenschaft der unbestimmten Größen. Den Fuzzy-Logikern zufolge ist es schön und gut davon zu sprechen, daß es mit 60prozentiger Wahrscheinlichkeit regnen wird, solange man definieren kann, was »Regen« bedeutet. Der Meteorologe geht davon aus, daß es zwei Möglichkeiten gibt: Entweder es regnet oder es regnet nicht.

Doch in Wirklichkeit ist der Begriff »Regen« ziemlich unscharf. Regnet es schon, wenn zwei Tropfen Wasser vom Himmel fallen? Und wie sieht es bei fünfzig Tropfen aus? Oder bei tausend? Nehmen wir an, der Nebel sei so dicht und bodennah, daß man die Wassertropfen auf der Haut spürt. Handelt es sich um Regen? Wo verläuft die Grenze, fragen die Fuzzy-Logiker. Wann wird aus Nicht-Regen Regen?

Wenn das in Ihren Ohren wie ein Zenrätsel klingt, dann geht das nicht nur Ihnen so. Tatsächlich feiern Vertreter des »fuzzy thinking« wie Professor Bart Kosko von der University of Southern California ihre neue Wissenschaft als eine Synthese östlichen und westlichen Denkens. Und während die Fuzzy-Logik in den Vereinigten Staaten eher mit Häme übergossen als gefeiert wird, ist sie in der japanischen Industrie der große Hit. Wahrscheinlich haben Sie schon von all den neuen »intelligenten Maschinen« aus Japan gehört: intelligente Waschmaschinen, intelligente Cola-Automaten, intelligente Mikrowellenherde, intelligente Camcorder. Diese Geräte sind so programmiert, daß sie mit Zuständen zwischen »an« und »aus«, differenzierteren Größen als »laut«, »normal« oder »leise« und Antworten zwischen »ja« und »nein« umgehen können.

Die Fuzzy-Logik rührt von Versuchen her, die Logik mit Russells Paradoxien und Heisenbergs Unbestimmtheit zu vereinbaren. Der polnische Logiker Jan Lukasiewicz entwickelte in den zwanziger Jahren eine »mehrwertige« Logik, die die binäre Ja/Nein-Logik der Newtonschen Physik verfeinerte, und auch unbestimmten Zuständen einen Platz einräumte. 1965 wandte der Mathematiker Lotfi Zadeh von der Universität Berkeley in seinem Aufsatz »Fuzzy Sets« (»Unscharfe Mengen«) diese neue Logik auf die Mengenlehre an; von daher stammt der Name.

Die Mengen, mit denen wir es in der Grundschule zu tun hatten, waren eindeutig definiert. Die Zahl 2 gehört zur Menge der geraden Zahlen und nicht zu der der ungeraden, und die »Schnittmenge« der beiden Mengen ist »leer«, weil keine Zahl gleichzeitig gerade und ungerade ist. (Übereinkunftsgemäß ist die Zahl 0 weder das eine noch das andere.) Zadehs unscharfe Mengen aber sind, was sie sind – unscharf. Manche Dinge zählen zu solchen Mengen, andere nicht, und eine dritte Art von Dingen zählt *in einem gewissem Grade* dazu.

Die Menge der geraden Zahlen und die der ungeraden sind klar umrissen, und auch die Menge der Männer und die Menge der Frauen stehen im Prinzip fest, auch wenn Hermaphroditen und Transsexuelle die Grenze etwas aufweichen. Aber wie steht es mit der Menge der großen Menschen? Niemand würde einen 1,50-Meter-Mann als groß bezeichnen, doch jeder eine 2-Meter-Frau. Doch wo zieht man die Grenze? Gehört ein 1,80-Meter-Mann zur Menge der großen Menschen oder nicht? Wäre ein Asiate sich dabei mit einem Europäer einig, oder ein Italiener mit einem Schweden? Da Körpergröße sowohl etwas Subjektives als auch etwas Kontinuierliches ist, ist es unmöglich, eine bestimmte Höhe festzulegen, die eindeutig bestimmt, was groß ist, und damit alle Kleineren ausschließt. Wenn 1,90 Meter groß ist, wie steht es dann mit 1,8999 Metern? Wenn man erst einmal anfängt, über graduelle Phänomene nachzudenken, wird das Denken ziemlich schnell »fuzzy«.

Ein weiteres Beispiel: Die Menge glücklicher Menschen ist ebenfalls »unscharf«, denn die meisten von uns sind in einem gewissen Maße glücklich. Mehr oder weniger, gewiß, aber eigentlich nie vollkommen glücklich oder völlig unglücklich. Eine Meinungsumfrage, die mit Fragen aufwartet wie: »Sind Sie mit der Regierung zufrieden?« ist unsinnig, da die meisten Menschen nur in einem gewissen Grade zufrieden oder unzufrieden sind. Auch eine zusätzliche Skala von 1 bis 10 löst das Problem nur zum Teil, denn auch dabei wenden wir ein Reihe feststehender Zahlen auf ein aus fließenden Übergängen bestehendes Phänomen an. Nicht alle »5er« werden sich gleichen.

»Unscharfe« Mengen sind der Schlüssel zu »unscharfen« Maschinen. Die meisten Geräte, mit denen wir es zu tun haben, sind »dumm«, das heißt, sie sind sehr unflexibel programmiert. Ihr Fernseher ist entweder an oder aus; die Helligkeit ist auf »6« eingestellt und der Kontrast auf »3«. Ein mittels eines Thermostats reguliertes Heizungssystem (auf das wir im Kapitel **Die Kybernetik**, auf S. 167, noch mal zurückkommen werden), ist das klassische Beispiel einer dummen Maschine. Wenn die Temperatur unter eine bestimmte Gradzahl sinkt, springt die Heizung an, und wenn die Temperatur über diese Zahl steigt, schaltet sie sich wieder aus. Der Mechanismus ist binär: Die Heizung ist entweder »an« oder »aus«, und wenn sie an ist, dann ist sie immer im selben Grade an.

»Unscharfe« Maschinen hingegen verwenden »unscharfe« Mengen, um flexibler reagieren zu können. Thermostate »denken«, es sei entweder heiß oder kalt, und geben den entsprechenden Befehl zum Ein- oder Ausschalten; »unscharfe« Befehle dagegen ermöglichen es, den Wärmegrad zu regulieren. Wenn wir 18°C für die ideale Temperatur halten, können wir einer »intelligenten« Heizung/Klimaanlage befehlen, ihr Verhalten danach auszurichten, wie stark die tatsächliche Temperatur von 18°C abweicht. Die Anlage wäre nie einfach nur an oder nur aus, sondern sie wäre immer an und würde variabel auf die wechselnden Befehle reagieren.

Die berühmte »unscharfe« Waschmaschine funktioniert nach demselben Prinzip: sie behält eine ganze Palette von Variablen im Auge, rechnet Durchschnittsgewichte der Wäsche aus, und paßt ihre Befehle flexibel an. Um was für Stoffe handelt es sich? Wie schmutzig sind sie? Haben wir es mit Fett, Ketchup, Kaffee, Erde oder Schweiß zu tun? Wie groß ist die Ladung? Alle diese Mengen sind in einem gewissen Grade vorhanden, und die intelligente interaktive Waschmaschine richtet ihre Reaktionen danach aus. Das Gleiche gilt für intelligente Camcorder, die Brennpunkt und Blende genau einstellen, und intelligente Fernseher, die die Helligkeit und den Kontrast sich verändernder Bilder überwachen und anpassen.

Fuzzy-Logikern zufolge ist die ganze Welt der Fakten (Größe, Fernsehbilder usw.) »unscharf«. David Hume unterteilte Aussagen in »Vorstellungsverknüpfungen« und »Tatsachen« [siehe **Humes Gabel**, S. 47]; erstere sind notwendigerweise wahr, während letztere wahr oder falsch sein können. Für die »unscharfe« Denkweise ist gar *nichts* Empirisches absolut wahr oder absolut falsch, sondern beides immer nur in gewissem Grade. Moderne Wissenschaftler räumen ein, daß ihre Theorien und Schlußfolgerungen niemals absolut sicher sind, sondern immer nur im hohen Maße wahrscheinlich. Die »unscharfe« Entgegnung hierauf lautet, daß auch die Wahrscheinlichkeit noch auf unbeweisbaren Annahmen beruht, wie etwa der, daß sich ein Partikel da befindet bzw. nicht befindet, wo er der Wahrscheinlichkeit nach sein sollte. Die Wissenschaftler sagen nicht, daß ein Partikel zu 70 Prozent da ist und zu 30 Prozent nicht, sondern daß es eine 70prozentige Chance gibt, daß er zu 100 Prozent da ist. Und das ist nicht »unscharf«.

»Unscharf« ist aber folgendes: Die Welt ist grau. Nichts ist nur schwarz oder nur weiß. Wenn wir eine Schwarz-Weiß-Denkweise auf eine graue Welt anwenden, müssen wir etwas *in einem gewissen Grade* Wahres (etwa, daß ein Glas einigermaßen voll ist) wie etwas *völlig Wahres* (das Glas ist voll) oder wie etwas *völlig Falsches* (das Glas ist leer) behandeln. Jeder Schritt eines Gedankengangs erfordert eine derartige Vereinfachung und fügt ihm damit immer nur noch eine weitere Schicht Willkür und Fehlerhaftigkeit hinzu. Je mehr man über etwas nachdenkt, desto *weiter* entfernt man sich von dem tatsächlichen Sachverhalt, statt ihm näher zu kommen.

Worauf das alles hinausläuft, hängt ein wenig davon ab, wen Sie fragen. Unbestritten ist, daß die Fuzzy-Logik zur Konstruktion besserer Maschinen geführt hat; die eigentliche Frage aber ist, ob man dabei wirklich von einer mathematischen Revolution sprechen kann. Die Vertreter der Fuzzy-Logik rühren natürlich kräftig die eigene Werbetrommel, was manchmal etwas ärgerlich wirkt, vor allem weil sich auch die Fuzzy-Logik nach wie vor auf die gängige Geometrie und Algebra beruft und auch »unscharfe« Maschinen bislang mit Computerchips laufen, die binäre digitale Daten verarbeiten. Aus diesen und anderen Gründen betrachten die meisten westlichen Mathematiker und Ingenieure *fuzzy* vor allem als ein Modewort der Neunziger: alter Wein in neuen Schläuchen. Aber vielleicht überlegen sie sich's ja noch mal, wenn die japanische Wirtschaft endgültig den Sieg davonträgt.

Vom Urknall zum großen Durcheinander: Entropie, Chaos und weitere Gründe, warum im Universum die Hölle los ist

Die Entropie

> Ich schlage vor, die Größe S [die für Arbeit nicht zur Verfügung stehende Energie] die *Entropie* des Körpers zu nennen, von dem griechischen Begriff [*trope*], Transformation ... Die Energie des Universums ist konstant – die Entropie des Universums tendiert gegen ein Maximum.
> Rudolph J. E. Clausius (1865)

Mag sein, daß das Universum mit einem Knall begonnen hat, aber enden wird es mit einem Wimmern. Das ist es, worum es bei der Entropie geht – zumindest im Verständnis der meisten Menschen. Und wirklich haben frühe Verfechter der Begriffs wie William Thomson (Lord Kelvin) und Hermann Ludwig Ferdinand von Helmholtz davor gewarnt, daß das Universum einem »Hitzetod« entgegengehe; alles werde dann dieselbe Temperatur haben und überhaupt nichts Interessantes mehr passieren.

Der Begriff der Entropie reicht zurück ins 19. Jahrhundert und beruht auf den Fortschritten, die damals im Bereich der Thermodynamik, dem Studium des Verhältnisses zwischen Hitze (daher *Thermo*) und Arbeit bzw. Bewegung (daher *Dynamik*), gemacht wurden. Die Pioniere auf diesem Gebiet – der Franzose Nicolas Léonard Sadi Carnot, der Deutsche Julius Robert von Mayer und der Engländer James Prescott Joule – hatten ein gemeinsames Ziel: Sie wollten eine bessere Dampfmaschine bauen. Carnot entdeckte während der zwanziger Jahre des 19. Jahrhunderts, daß jedesmal, wenn Wärme verlorengeht, aus diesem Vorgang Arbeit gewonnen werden kann. Zwanzig Jahre später entdeckte Joule, daß auch das Gegenteil richtig ist: keine Arbeit ohne zusätzliche Wärme.

Joule und von Mayer leiteten unabhängig voneinander das sogenannte »Erste Gesetz der Thermodynamik« ab: Energie kann weder erzeugt noch zerstört werden; sie kann höchstens ihre Form verändern und sich zum Beispiel von potentieller Energie in Arbeit, in Hitze und dann wieder zurück verwandeln.

1850 fügte ein weiterer Deutscher, Rudolf Julius Emanuel Clausius (ohne lange Namen lief damals gar nichts), ein zweites Gesetz hinzu: Wärme kann niemals spontan von einem kälteren auf einen wärmeren Körper übergehen. Dieses Gesetz wirkt vielleicht vollkommen selbstverständlich – wenn man Wasser in einen Ofen gießt, wird man nie erleben, daß es sich in Eis verwandelt. Aber aus der Perspektive der Wissenschaftler, die versuchten, Arbeit aus Wärme zu gewinnen, hatte das wichtige Konsequenzen. Die Übertragung von Wärme von einem Körper auf einen anderen ist nicht umkehrbar: Die Hitze, die man zum Braten eines Truthahns verwendet, kann nicht wieder in den Ofen zurückübertragen werden, jedenfalls nicht durch den Truthahn. Dank Carnots Experimenten wußte Clausius, daß Arbeit dann entsteht, wenn Energie (in Form von Wärme) von einem Zustand größerer in einen geringerer Anregung übergeht, das heißt, von einem wärmeren in einen kühleren. Hitze läßt sich also nur einmal für Arbeit nutzbar machen, bevor sie verbraucht wird, das heißt auf einen kühleren Körper übergeht, aus dem sie nicht wiedergewonnen werden kann, ohne daß man dem System weitere Energie zuführt.

Tatsache ist aber, daß man dem System mehr Energie zuführen mußte, als ursprünglich in der Wärme steckte. Wie Lord Kelvin 1851 erklärte, liegt das daran, daß es bei jeder Wärmeübertragung zu einem Verlust kommt. (Reibung ist der wichtigste, aber nicht der einzige Grund für diesen Verlust.) Soviel also zum Thema »Perpetuum mobile«: um eine Maschine am Laufen zu halten, muß man ihr ständig neue Energie hinzufügen, da kein mechanischer Prozeß 100prozentig effizient ist. Jedesmal, wenn

Energie von einer Form (beispielsweise Wärme) in eine andere (beispielsweise Elektrizität) verwandelt wird, geht dabei ein wenig von ihr verloren. Dieses Prinzip ist allgemein als »Energieverlust« bekannt: Obwohl Energie weder erzeugt noch zerstört werden kann, tendiert sie dazu, sich zu verflüchtigen oder von einer nützlicheren Form in eine weniger nützliche überzugehen.

Um sich den Grund dafür vor Augen zu führen, stelle man sich einen isolierten Raum vor, an dessen einem Ende die Temperatur 30°C beträgt und an dessen anderem 10°C. Offensichtlich wird die Wärme dazu tendieren, von der wärmeren Hälfte in die kühlere zu fließen, bis der ganze Raum dieselbe Temperatur besitzt (zum Beispiel 20°C). Was geschieht dabei? Die sehr schnell herumschwirrenden Luftmoleküle am wärmeren Ende treffen nach und nach auf die langsameren Moleküle am kälteren Ende, was unter dem Strich dazu führt, daß die flinkeren Moleküle Energie an die schwerfälligeren abgeben und beide mit mittlerer Geschwindigkeit voneinander abprallen. Nach einiger Zeit wird sich die Geschwindigkeit der Moleküle ausgleichen, so daß schließlich der ganze Raum dieselbe Temperatur besitzen wird.

Wenn man schlau ist, wird man eine Möglichkeit finden, die Energie zu nutzen, die mittels der Wärme vom einen Ende zum anderen fließt. Aber wenn sich erst einmal alle Moleküle mit der gleichen Geschwindigkeit bewegen, sprich die Temperatur ausgeglichen ist, kann man die Sache vergessen. Das liegt daran, daß die Bewegung der Moleküle dann völlig willkürlich geworden sein wird. Solange das eine Ende des Raumes heiß war und das andere kalt, hatte die Sache eine gewisse »Ordnung« (die meisten flinkeren Moleküle hier, die meisten schwerfälligen dort), und außerdem herrschte auch im Hinblick auf die Art und Weise der Energieübertragung eine bestimmte Ordnung (die Energie bewegte sich in eine Richtung). Wenn die Temperatur überall gleich ist, herrscht keine Ordnung mehr (die verbleibenden flinken und schwerfälligen Moleküle sind wild durcheinander gemengt), und es gibt keine geordnete Übertragung von Energie in irgendeiner Richtung. Aber um den Raum wieder in seinen ursprünglichen Zustand zurückzuversetzen, indem man ihn zum Beispiel am einen Ende beheizt und am anderen kühlt, wäre mehr Energie erforderlich, als man aus diesem Prozeß gewinnen könnte.

Im Hinblick auf das Erste Gesetz der Thermodynamik läßt das alles nur einen deprimierenden Schluß zu: Die Menge nützlicher Energie im Universum verwandelt sich langsam, aber sicher in nutzlose Energie. So ist es zwar eine feine Sache, daß die Sonne ihre Energie auf die Erde überträgt, so daß hier Pflanzen wachsen können und das Leben weitergeht, aber früher oder später wird es mit der Sonne eben ein Ende haben. Die Welt, das Sonnensystem und schließlich auch das Universum werden alle dieselbe Temperatur annehmen. Wenn es aber keine Temperaturunterschiede (keine Organisation der Wärme) mehr gibt, dann kann es auch keine Arbeit oder sonst irgend etwas geben, für das Energie nötig wäre.

Entropie ist Carnots Wort für die Menge sinnloser Energie in einem System – die Menge »verstreuter, ungeordneter oder hinsichtlich ihrer Temperatur konstanter Energie, die sich nicht in Arbeit verwandeln läßt«. Wie er ernüchternd feststellte: »Die Entropie des Universums tendiert gegen ein Maximum.«

Doch das ist noch lange kein Grund zu verzweifeln: Vom Hitzetod sind wir noch ein gutes Stück entfernt, wenn er denn je eintreten sollte. Kelvin und Carnot nahmen an, das Universum sei ein geschlossenes System, doch der neuesten Theorie zufolge dehnt es sich aus und kühlt ab. Das sind zwar für sich genommen nicht unbedingt gute Nachrichten, aber immerhin komplizieren sie das Bild des Hitzetodes ein wenig.

Im übrigen hat der österreichische Physiker Ludwig Boltzmann (1844–1906) gezeigt, daß das Zweite Gesetz der Thermodynamik nicht das starre, deterministische physikalische Gesetz ist, für das Carnot es hielt. Wie Boltzmann feststellte, wird der über die Temperatur und das Volumen gemessene Gesamtzustand eines Gases (wie etwa die 30° C warme Luft in unserem Raum) nicht allein von einem bestimmten Muster molekularer Aktivität bestimmt. Das heißt, die Moleküle in unserem Raum könnten auf ganz unterschiedliche Weise herumschwirren, und wir würden trotzdem bei derselben Temperatur landen.

Boltzmann nannte diese Szenarios – Muster herumschwirrender Moleküle – »Mikrozustände« und bezeichnete einen bestimmten »Makrozustand« (Temperatur und Volumen) als um so »wahrscheinlicher«, je mehr Mikrozustände ihn produzieren könnten (je wahrscheinlicher es ist, daß er im Laufe der Zeit in der Natur eintritt). Nach dieser Definition mißt Entropie also die *Wahrscheinlichkeit* eines Makrozustands, und damit bekräftigt das Zweite Gesetz, daß Systeme zu einem Zustand maximaler Wahrscheinlichkeit tendieren.

Damit sind wir nun zwar vielleicht den Hitzetod los, aber natürlich nicht die zunehmende Unordnung, denn ungeordnete Zustände sind wesentlich wahrscheinlicher (leichter herzustellen) als geordnete. Wenn man einen Satz Spielkarten oft genug mischt, werden die Karten irgendwann wieder ihre ursprüngliche Ordnung aufweisen, aber die Wahrscheinlichkeit, daß das vor dem Sankt-Nimmerleins-Tag geschieht, ist nicht besonders hoch. Genauso schwierig ist es, ein Rührei zu »entrühren« und in seinen Originalzustand zurückzuversetzen. Dafür sieht Boltzmanns Theorie jedoch die Möglichkeit eines zufälligen Anwachsens nützlicher Energie vor, ohne daß irgend jemand irgend etwas dafür tun müßte: hin und wieder wird die Natur einfach die Entropie eines Systems *verringern*.

Und außerdem ist es immer möglich, die Entropie an einigen Stellen zu verringern, selbst wenn das Universum als Ganzes auf das Chaos zusteuert. So erzeugen Sie zum Beispiel jedesmal, wenn Sie das Minichaos in Ihrem Büro aufräumen, Ordnung und verringern die Entropie, und das gleiche gilt, wann immer eine Pflanze blüht. Selbstverständlich kann solche Ordnung auf Kosten der Ordnung an irgendeiner anderen Stelle gehen, und natürlich wird dabei nützliche Energie verschwendet. Aber da die Sonne noch eine Weile scheinen wird, können Sie ruhig wieder freundlicher dreinblicken und das Beste daraus machen.

Die Kybernetik

> Es ist die These dieses Buches, daß man die Gesellschaft nur verstehen kann, indem man ihre Botschaften und Kommunikationseinrichtungen untersucht, und daß bei der zukünftigen Entwicklung dieser Botschaften und Kommunikationseinrichtungen, Botschaften zwischen Menschen und Maschinen, zwischen Maschinen und Menschen, und zwischen Maschine und Maschine eine immer größere Rolle spielen werden.
> *Norbert Wiener, Mensch und Menschmaschine* (1950)

»Cyber« ist zur Zeit ein außerordentlich modisches Präfix. Schuld daran ist nicht zuletzt der Science-fiction-Autor William Gibson, der den Begriff »Cyberspace« Mitte der achtziger Jahre geprägt hat. Cyberspace ist nicht bloß eine neue Gegend im regulären Raum, sondern eine von Telekommunikationscomputern erzeugte Quasirealität, in der Menschen und Daten auf eigenartige und neue Weise miteinander interagieren.

Angesichts der Allgegenwärtigkeit von »Cyber-« zur Kennzeichnung dieser neuen Beziehungen zwischen Menschen und Computern, wird es Sie vielleicht überraschen, daß dessen sprachliche Wurzel eigentlich das griechische Wort für »Steuermann«, *kybernētés*, ist. Und tatsächlich wurde der Begriff »Cyber-« zum erstenmal in den vierziger und nicht erst in den achtziger Jahren dieses Jahrhunderts verwendet, als Norbert Wiener (1894–1964), ein amerikanischer Mathematiker am Massachusetts Institute of Technology, den Begriff Kybernetik prägte, um damit eine Wissenschaft zu kennzeichnen, die sich mit der Kontrolle oder »Steuerung« automatischer Waffen und anderer Maschinen beschäftigt.

Wiener interessierte sich besonders für die Ähnlichkeiten zwischen Maschinenanweisungen, menschlicher Sprache und menschlichem Verhalten. Ausgangspunkt seiner Untersuchungen war die Art und Weise, wie die Rückkoppelung (*feedback*) bei Automaten verwendet wird. (Seine begriffliche Neuprägung »Kybernetik« wurde zum Teil von dem ersten wichtigen Aufsatz zu diesem Thema inspiriert, James Clerk Maxwells »On Governors«). Im Prinzip versteht man unter Rückkoppelung das, was geschieht, wenn man die Ergebnisse der von einer Maschine ausgeführten Vorgänge wieder in diese Maschine einspeist. Wenn beispielsweise der Schall, der von einem Mikrophon produziert wird, wieder in dieses Mikrophon zurückgelenkt wird, können wir uns an einer akustischen Rückkoppelung erfreuen.

Doch in den meisten anderen Fällen ist Rückkoppelung etwas Wünschenswertes, da es den Maschinen ermöglicht, ihr Verhalten anzupassen, statt sich auf starre Anweisungen verlassen zu müssen. Die Zentralheizung zum Beispiel funktioniert nach dem Prinzip der Rückkoppelung. Statt stumpfsinnig in vorher festgelegten Intervallen Hitze durchs Haus zu pumpen, sind thermostatgesteuerte Heizungen in der Lage, auf Temperaturveränderungen zu reagieren, und die Heizung dementsprechend herauf- oder herunterzufahren.

Die Rückkoppelung spielt eine wichtige Rolle in Wieners grundlegendem Argument, daß Maschinen und Menschen Botschaften auf ganz ähnliche Weise verarbeiten. So läßt sich zum Beispiel das zentrale Nervensystem am Modell einer Rückkoppelungsmaschine erläutern. Das Gehirn sendet den Muskeln der Hand Impulse oder »Botschaften«, die den Muskeln befehlen, sich so oder so zu bewegen, nachdem sie von den Nerven in der Hand das entsprechende »Feedback« erhalten haben. (Das Gehirn befiehlt der Hand, nach einem Glas zu greifen; die Hand teilt dem Gehirn mit, daß das Glas heiß ist; das Gehirn befiehlt der Hand, das Glas loszulassen, usw.) Dieser kontinuierlich und in Schleifen verlaufende Prozeß bildet die Grundlage der Reflexe und des Lernens.

Die entscheidende Parallele zwischen Mensch und Maschine war für Wiener, daß beide in der Lage sind, Dinge zu organisieren und Informationen zu erzeugen – zumindest wenn die Maschinen »intelligent« sind, daß heißt in der Lage sind, mit Rückkoppelung umzugehen. Er verwendet den Begriff »Information« in einem sehr weiten Sinne; bei ihm bezeichnet er so etwas wie »Ordnung«. Das Zweite Gesetz der Thermodynamik besagt, daß Systeme dazu tendieren, ungeordnet, statisch und vorhersagbar zu werden – sie sind »entropisch« [siehe S. 162]. Wenn Information Ordnung ist, dann ist sie das Gegenteil von Entropie; je unorganisierter oder vorhersagbarer die Botschaft, desto uninformativer ist sie. »Klischees«, führte Wiener als Beispiel an, »sind weniger erhellend als große Gedichte.«

Wiener geht es um eine einheitliche Wissenschaft der Information und der Kontrolle – die Kybernetik –, die sowohl den Bereich der menschlichen Kommunikation als auch den der Maschinen-Kommunikation abdeckt. Damit diese Wissenschaft allgemeinen Regeln folgen kann, ist es jedoch erforderlich, die Unterschiede zwischen Mensch und Maschine herunterspielen. Wiener ist berühmt-berüchtigt dafür, daß er versuchte, Begriffe wie »Leben«, »Seele« und »Vitalität« als reines Wortgeklingel abzutun; ihm zufolge handelt es sich bei diesen Begriffen lediglich um sprachlichen Zierat, der auf falschen Voraussetzungen beruht. Zur Untersuchung von Botschaften, dachte er, sei es am besten, auf solche Begriffe ganz zu verzichten, und »sich in Verbindung mit Maschinen auf die Feststellung zu beschränken, daß es keinen Grund gibt, warum sie nicht Menschen ähneln sollten, da sie Löcher abnehmender Entropie in einem Bezugssystem darstellen, in dem die große Entropie dazu tendiert anzuwachsen«. Wenn Rückkoppelungen zunehmen, ist es für Maschinen sogar möglich zu

»lernen« – ein gutes Beispiel sind Schreib-Computer, die sich nach und nach an die Handschrift ihres Besitzers gewöhnen.

Die Kybernetik liefert die Grundlage für neuere Forschungen im Bereich der Künstlichen Intelligenz (KI). KI ist in dem Maße möglich, in dem das menschliche Denken sich formal darstellen läßt, das heißt als eine Menge klarer Anweisungen zur Informationsverarbeitung. Wenn sich unser Bewußtsein vollständig auf solche Anweisungen reduzieren ließe, dann gäbe es keinen Grund, nicht davon zu sprechen, daß eine vollständig programmierte Maschine ein »Bewußtsein« habe. Viele Menschen stößt diese Vorstellung ab, da sie darauf beharren, daß sich das Denken nicht auf mechanisches Verhalten reduzieren lasse. Aber niemandem ist es bislang gelungen zu beweisen, daß geistige Phänomene, selbst solche wie Liebe und Schmerz, mehr sind als programmierte Nervenimpulse. Manche sehen in Gödels **Unvollständigkeitssatz** [S. 143] einen Ausweg, aber das überzeugt auch nicht jeden.

Der Urknall

Die meisten Wissenschaftler betrachten den biblischen Schöpfungsmythos bestenfalls mit einer gewissen Skepsis. Aber auch die von ihnen bevorzugte Erklärung für den Ursprung von Himmel und Erde ist, zumindest oberflächlich betrachtet, ziemlich unplausibel. Als der Wissenschaftler Fred Hoyle den Begriff des »Big Bang«, des »Großen Knalls« prägte, meinte er das eigentlich als Scherz.

Diese Theorie geht von einem Zeitpunkt vor etwa 15 Milliarden Jahren aus, an dem sämtliche Materie und Energie im Universum – das gesamte »Universum« selbst – in einem einzigen Punkt konzentriert war, dessen Dimension Null und dessen Dichte unendlich war. In einem bestimmten Moment, vor dem Begriffe wie »vorher« oder

»Moment« keine Bedeutung besaßen, explodierte dieser Punkt und verwandelte sich im Bruchteil einer Sekunde in Raum und Zeit, wie wir sie kennen. Im Verlauf der Zeit dehnte sich das Universum dann kontinuierlich aus und kühlte allmählich ab, wobei sich die Elemente und später bestimmte Objekte bildeten. Seitdem hat es nicht aufgehört, sich auszudehnen und abzukühlen.

Die Logik hinter der Theorie des »Urknalls« ähnelt ein wenig derjenigen, die der mittlerweile in Mißkredit geratenen Theorie des **»ersten Bewegers«** zugrunde liegt [siehe S. 19]. Die Geschichte beginnt mit Albert Einstein, dessen allgemeiner Relativitätstheorie (1916) zufolge sich das Universum entweder ausdehnen oder zusammenziehen muß. Zunächst war Einstein von dieser Schlußfolgerung unangenehm berührt, denn wie alle Astronomen seiner Zeit hatte er angenommen, Größe und Gestalt des Universums stünden fest bzw. seien stabil. Einstein verpaßte daraufhin seiner Theorie noch eine kleine Schönheitskorrektur, ein Schritt, den er später bereuen sollte.

Kaum ein Jahr, nachdem Einstein seine allgemeine Relativitätstheorie veröffentlicht hatte, gab der amerikanische Astronom Vesto Slipher seine eigene merkwürdige Entdeckung bekannt, daß praktisch jedes weit entfernte Objekt, das er beobachtet hatte, sich von der Erde weg zu bewegen schien. Den Beweis dafür lieferte die sogenannte »Rotverschiebung« im Spektrum des Lichts, das diese Objekte ausstrahlen. Ihre Farbe, so wie sie hier auf der Erde wahrgenommen wird, erscheint dabei röter als das Licht, das die Objekte tatsächlich ausstrahlen.

Die Rotverschiebung läßt sich mit einer vorbeifahrenden Sirene vergleichen. Jeder weiß, daß das Tatütata eines Krankenwagens heller klingt, solange das Fahrzeug sich nähert, und weniger hell, sobald es vorbeigefahren ist. (Die Tonhöhe wird von der Frequenz der Schallwelle bestimmt, das heißt der Anzahl jener Momente pro Sekunde, in denen sie ihre höchste Intensität erreicht.) Das ist der sogenannte »Dopplereffekt«, der darauf zurückzuführen ist, daß Schallwellen sich ausdehnen, wenn ihre Quelle sich entfernt. Dasselbe gilt für das Licht: Wenn die Lichtquelle sich vom Beobachter entfernt, wirkt es so, als habe das Licht eine niedrigere Frequenz, das heißt, als sei es röter, als wenn die Quelle unbewegt wäre.

Slipher war sich nicht so recht im klaren darüber, was er mit dieser Entdeckung anfangen sollte, aber als 1929 der Astronom Edwin Hubble einen Zusammenhang herstellte zwischen der *Entfernung* eines Objekts von der Erde und der *Geschwindigkeit*, mit der es sich von uns fortbewegt, bekam die Sache langsam einen Sinn. Hubble entdeckte, daß sich die beiden Größen in einem direkten Abhängigkeitsverhältnis voneinander befinden: Wenn Objekt B zweimal soweit entfernt ist wie Objekt A, dann weicht Objekt B mit der doppelten Geschwindigkeit von Objekt A zurück.

Die logische Schlußfolgerung, die sich daraus ergibt, sofern man Relativität für logisch hält, ist die, daß sich das Universum konstant ausdehnt. Um sich den Grund hierfür zu veranschaulichen, stellen Sie sich die Oberfläche eines Ballons vor, der von jemandem aufgeblasen wird. Sowohl die Anschauung als auch die Geometrie zeigen, daß sich die Punkte auf der Oberfläche des Ballons schneller voneinander fort bewegen, wenn sie weiter voneinander entfernt sind. Wenn also etwa Punkt B ursprünglich einen Zentimeter von Punkt A entfernt war und Punkt C zwei Zentimeter von A, dann erscheint es so, als entferne sich C von A doppelt so schnell wie B.

Dasselbe geschieht mit dem Weltall, nur mit dem Unterschied, daß es sich dabei nicht um einen dreidimensionalen Ballon handelt, sondern um ein vierdimensionales Raum-Zeit-Kontinuum. Diese Entdeckung Einsteins wurde 1927 von einem belgischen Priester und Mathematiklehrer namens Georges Lemaître mit den Beobachtungen Sliphers in Verbindung gebracht. Und Lemaître war es auch, der als erster versuchte, die Ausdehnung des Kosmos »historisch« zu erklären. Genauso wie Aristoteles und seine Anhänger den Ursachen zeitlich bis zu einem ursprünglichen »unverursachten Verursacher« nachgegangen waren, verfolgte Lemaître das sich ausdehnende Weltall an seinen Ursprung zurück.

Angesichts der Tatsache, daß sich das Weltall kontinuierlich ausdehnt, während die Gesamtenergie konstant bleibt, muß das Universum um so verdichteter gewesen sein, je weiter wir in der Zeit zurückgehen. Sowohl die Materie als auch die Energie – beide sind Einsteins Theorie zufolge austauschbar – müssen in einem kleineren Raum konzentriert gewesen sein. Je früher der Zustand des Weltalls, desto dichter und heißer muß es gewesen sein, da Hitze die Durchschnittsenergie mißt, die in einem bestimmten Raum enthalten ist. Wenn wir diesen Prozeß bis an seinen logischen Ausgangspunkt zurückverfolgen, finden wir sämtliche Materie und Energie in einem einzigen überhitzten Punkt konzentriert, den Lemaître das »Uratom« nannte.

Es ist natürlich schwierig, wenn nicht gar unmöglich, sich einen solchen Anfang vorzustellen, denn Begriffe wie »unendliche Dichte« und »singulärer Punkt« widersprechen all unseren Erfahrungen. Auch der Versuch, sich eine Zeit vorzustellen, die vor der Zeit existierte, führt nur zu Paradoxien. Aber vielleicht hilft es ja, wenn man an Einsteins Folgerung aus der allgemeinen Theorie denkt, daß die Schwerkraft einfach eine »Krümmung« der Raum-Zeit-Struktur ist. Je dichter ein Objekt ist, desto stärker »biegt« es den ihn umgebenden Raum, ähnlich der Art und Weise wie schwere Objekte, wenn man sie auf eine straff gespannte Gummiplane fallen läßt, diese im stärkeren Maße dehnen als leichtere. Das ursprüngliche, dicht gepackte Universum »enthielt« nicht den ganzen Raum, sondern wickelte ihn vielmehr zu einen Punkt von unendlicher Krümmung um sich herum. (Je kleiner eine Kugel ist, desto größer ist die Krümmung ihrer Oberfläche.)

Nichts von alledem erklärt, warum es zu einem großen Knall kam; es erhärtet lediglich die These, daß es diesen gegeben haben muß. Und was in den Sekunden nach dem Urknall geschah, ist reine kosmologische Spekulation, auch wenn sich die Beweise (die nicht alle im Einklang mit der Theorie stehen) täglich vermehren. Die gängige Beschreibung des Urknalls, die auf der Grundlage des in den späten vierziger Jahren von dem russisch-amerikanischen Wissenschaftler George Gamow entworfenen Bildes weiterentwickelt wurde, lautet etwa folgendermaßen:

Zum Zeitpunkt des Urknalls gab es in einem winzigen Weltall lediglich eine Form von Materie, die sogenannten »Superpartikel«. Diese Partikel kollidierten während der ersten 10^{-43} Sekunden nach dem Knall heftig (das entspricht 0,000000000000000000000000000000000000000000 0000001 Sekunden). Während dieser Zeit dehnte sich das Weltall aus und kühlte bis zu jenem Punkt ab, an dem andere Partikel in Erscheinung treten konnten und stabil genug waren, den nun weniger heftigen Partikelkollisionen zu widerstehen. Diese neuen Partikel waren die effektiv masselosen Elektronen, Photonen und Quarks. Als das Weltall eine Sekunde alt und immer noch ziemlich heiß war – ungefähr 10 000 000 000° Kelvin – bildeten sich noch einige weitere, größere und substantiellere Partikel: Neutrinos, Protonen und Neutronen.

Innerhalb weiterer 90 Sekunden begannen die Protonen und Neutronen Atomkerne zu bilden, aus denen die ersten Elemente entstehen sollten: erst das Deuterium, dann Helium, dann Lithium und Beryllium. Nach und nach bildeten sich auch alle weiteren bekannten Elemente, aber bis dahin sollten ungefähr eine Million Jahre vergehen. Was dieses Modell jedoch nicht erklärt, ist das Schicksal jener Neutrinos – und der sogenannten mit ihnen zusammen aufgetauchten »Antineutrinos« –, die in der allerersten Sekunde der Zeit entstanden. Der Theorie zufolge müßten sie sich noch immer irgendwo im Hintergrund des Weltalls tummeln, obwohl ihre Strahlung mittlerweile auf eine sehr niedrige Temperatur – etwa 2,7° Kelvin – zurückgegangen sein dürfte. Diese von der Theorie vorausgesagte sogenannte kosmische Hintergrundstrahlung wurde 1965 tatsächlich von Arno Penzias und Robert Wilson, zwei Forschern von Bell Telephone, entdeckt.

Diese Entdeckung war die erste allgemeine experimentelle Bestätigung der Theorie des Urknalls, und seitdem wurden viele weitere die Theorie bestätigende Entdeckungen gemacht, die zur Klärung mancher Details beitragen. So zeigte zum Beispiel der amerikanische Wissenschaftler George Smoot 1992 durch Messungen der Strahlung in der Antarktis, daß die »Klumpigkeit« oder Unregelmäßigkeit des Universums im »Keim« bereits während der ersten fünfhunderttausend Jahre nach dem großen Knall vorhanden gewesen sein muß. Die Bedeutung von Smoots Messungen lassen sich nur schwer begreifen und noch viel schwerer erklären, so daß wir uns hier auf die Bemerkung beschränken wollen, daß sie es uns ermöglichen, die endgültige Gestalt unseres Universums mittels der Schwerkraft zu erklären. Sie zeigen, daß die Theorie des Urknalls zumindest in die richtige Richtung weist.

Das Chaos

Chaos, was auf griechisch soviel wie »gähnende Leere« bedeutet, ist nicht unbedingt etwas Schlechtes. Als reiner Unordnung kann man ihm schwerlich viel abgewinnen, aber das, was der Mathematiker James Yorke meinte, als er den Begriff Chaos 1975 neu definierte, war eine Unordnung, die einem bestimmten Muster folgt, einer Struktur, die sich hinter der scheinbaren Willkür verbirgt. Und *dieses* Chaos ist etwas sehr Gutes.

Die »Chaostheorie«, das Studium derart geordneter Unordnung, kam erst in den Achtzigern allgemein in Mode, aber im Keim entstand sie bereits 1960, als der Meteorologe Edward Lorenz am Massachusetts Institute of Technology Computermodelle bestimmter Wetterformationen entwickelte. Wie allgemein bekannt, ist es außerordentlich schwierig, Wetter längerfristig richtig vorherzusagen, auch wenn wir die meisten Faktoren, die es verursachen, isolieren können. Lorenz dachte, wie andere auch, daß alles, was man zum Zwecke einer besseren Vorhersage brauchte, ein umfassenderes Modell sei. Er schrieb ein auf zwölf einfachen Gleichungen beruhendes Programm, das sich an den wichtigsten das Wetter beeinflussenden Faktoren orientierte.

Lorenz entdeckte dabei etwas Überraschendes: Kleine Veränderungen oder Fehler bei einigen Variablen konnten zu extrem großen Abweichungen beim Ergebnis führen. Für die Zeitdauer einiger Tage rief das keinen großen Unterschied hervor; aber auf einen Monat oder einen längeren Zeitraum hochgerechnet, führten die Veränderungen zu vollständig anderen Formationen.

Lorenz nannte seine Entdeckung den »Schmetterlingseffekt«, eine Anspielung auf den Titel eines Aufsatzes, den er 1979 veröffentlichte: »Vorhersagbarkeit: Löst der Flügelschlag eines Schmetterlings in Brasilien in Texas einen Tornado aus?« Mit anderen Worten, können winzige Faktoren mit der Zeit zu nicht vorhersagbaren, weitreichenden und katastrophalen Ergebnissen führen? Lorenz übertrieb ein bißchen, weil er klarmachen wollte, worum es ihm eigentlich ging. Praktisch die gesamte Physik vor den siebziger Jahren konzentrierte sich auf sogenannte »lineare« Prozesse – also Prozesse, bei denen geringfügige Veränderungen zu entsprechend geringfügigem Wandel führen. Doch eine große Anzahl von Phänomenen, nicht nur in der Meteorologie und Physik, sondern auch in der Biologie, Ökologie, Wirtschaft usw., gehorcht nicht-linearen Gesetzen und beruht auf nicht-linearen Formeln. »Nicht-lineare« Prozesse sind solche, deren Gleichungen variable statt feststehende Veränderungsgrade enthalten, in denen Veränderung multipliziert statt addiert wird, und bei denen kleine Abweichungen gewaltige Konsequenzen haben können.

Der nächste Schritt in Richtung einer Chaostheorie erfolgte in den Siebzigern, als Yorke und sein Freund, der Biologe Robert May, damit begannen, die Eigenschaften der sogenannten »logistischen Gleichung« zu untersuchen, die unter anderem ein einfaches Modell für das Bevölkerungswachstum liefert. [Zu den Details, siehe **Gleichungen**, S. 287.] Diese Gleichung funktioniert nach dem Muster, daß sie immer wieder mit den Ergebnissen des vorausgegangenen Durchgangs durchgespielt wird, was zu immer neuen Resultaten führen soll. Interessant daran ist, daß die Resultate, je nachdem, wie man einen bestimmten Faktor gewichtet, immer vorhersagbarer oder immer chaotischer werden.

Aber selbst das Chaos der logistischen Gleichung folgt einer Art Grundmuster. Man kann zwar nie vorhersagen, welches Ergebnis genau dabei herauskommt, wenn man eine bestimmte Gleichung durchrechnet, aber man weiß zumindest, innerhalb welchen Bereichs es liegen wird. (Würde man die Ergebnisse als Graphik darstellen, würde dabei eine stetige Form oder ein stetiges Muster zum Vorschein kommen.) Viele andere Gleichungen verhalten sich ähnlich, das heißt sie produzieren Chaos in einer bestimmten Gestalt, darunter Gleichungen, die Turbulenzen in Flüssigkeiten darstellen oder das Steigen und Fallen der Baumwollpreise.

Derartige Gleichungen bilden das Gegenstück zu den Lorenzschen Wetterformeln: Wie hoch die Baumwollpreise an einem bestimmten Tag sein werden, läßt sich nicht vorhersagen (andernfalls würden wir alle unser Geld mit Termingeschäften verdienen); aber die Geschichte der Baumwollpreise weist eine bestimmte Ordnung auf. Diese Ordnung wird als »fraktale« Ordnung bezeichnet: Wenn Sie ein Diagramm mit den Preisschwankungen anfertigen würden – von Minute zu Minute, Stunde zu Stunde, Tag zu Tag, Woche zu Woche, Monat zu Monat und Jahr zu Jahr –, würde sich die Gestalt des »weitmaschigeren« Diagramms (der Jahresstatistik) in den »feinmaschigeren«

Diagrammen (der Monatsstatistik und den noch kürzere
Zeiträume betreffenden Statistiken) spiegeln. Ein fraktales
Diagramm läßt sich beliebig vergrößern und oder verklei-
nern, die Bilder werden sich verblüffend ähneln, ja manchmal sogar exakt übereinstimmen.

Dieses Verhalten der Baumwollpreiskurve wurde in
den frühen sechziger Jahren von dem in Litauen gebore-
nen und in Frankreich ausgebildeten Mathematiker Be-
noît Mandelbrot entdeckt. Während er für IBM arbeitete,
stellte er fest, daß auch andere Phänomene die fraktalen
Eigenschaften der Baumwollpreise besitzen – etwa die
Verteilung des »Rauschens« bei elektrischen Übertragun-
gen. Nach und nach stieß Mandelbrot auf weitere Beispiele für dasselbe Verhalten; in seinem bahnbrechenden
Aufsatz: »Wie lang ist die britische Küste?« wandte er sich
beispielsweise der Geometrie zu. Die Grundidee dieses
Aufsatzes ist es, daß alle möglichen natürlichen Objekte,
wie etwa die Küste Englands, einen Rauheitsgrad aufweisen, der sie immer gleich erscheinen läßt, ganz egal, wie
nahe man ihnen kommt. Unabhängig davon, ob man eine
Küste von einem weit entfernten Punkt aus oder durch ein
Mikroskop betrachtet, sie wird immer unregelmäßig aussehen, so daß es ohne äußeren Hinweis schwierig, wenn
nicht gar unmöglich wäre zu sagen, aus welcher Entfernung ein Bild dieser Küste aufgenommen wurde.

Um diese rekursive, sich selbst reflektierende Unregelmäßigkeit bzw. »Rauheit« zu beschreiben, erweiterte
Mandelbrot den Begriff der mathematischen Dimension.
Wir sind daran gewöhnt, in integralen Dimensionen zu
denken – eine Linie der Dimension 1, eine Fläche der Dimension 2, ein Würfel der Dimension 3. Aber Mandelbrot
führte gebrochene Dimensionen ein – 1,3; 2,7; 12,2 –, um
die Rekurrenz oder »Rauheit« zu beschreiben, die er in
Küstenlinien und Preiskurven wahrnahm. (Eine gebrochene Dimension stellt man sich am besten als einen Maßstab dafür vor, welchen Anteil einer totalen Dimension
eine Linie oder Form verbraucht. Je rauher eine Form, de-

sto mehr Raum verbraucht sie.) 1975 prägte Mandelbrot den Begriff »Fraktal« zur Kennzeichnung dieser neuen gebrochen-dimensionalen Geometrie.

Fraktale Geometrie und Chaos wären vielleicht Kuriosa geblieben, hätte nicht der Physiker Mitchell Feigenbaum Mitte der siebziger Jahre entdeckt, daß sehr viele scheinbar unzusammenhängende nicht-lineare Systeme sich auf bemerkenswert ähnliche Weise verhalten. Das legt die Vermutung nahe, daß es eine einheitliche Theorie geben könnte, die imstande wäre, das chaotische Verhalten von Systemen und Gleichungen in einer ganzen Reihe von Gebieten zu erklären. Und ab da begannen sich Wissenschaftler endgültig ernsthaft für diese Geschichten zu interessieren.

Das Chaos ist noch eine junge Idee, an der noch viel herumgedoktert wird; neue Anwendungsmöglichkeiten werden entdeckt oder erfunden, immer neue Aufsätze publiziert, und in rascher Folge Einwände und Bestätigungen vorgelegt. Wie dem auch sei, die Chaostheorie hat zum Verständnis des Verhaltens von dynamischen Systemen beigetragen, die in der Lage sind, sehr rasch von einem stabilen zu einem scheinbar chaotischen Verhalten überzugehen. So geht etwa Wasser an einem bestimmten Punkt von einem stetigen in einen kochenden Zustand über, wenn man die Temperatur leicht erhöht. (Bei 99,5°C ist Wasser einfach nur heißes Wasser, bei 100,5°C ist es Wasser, das in einen gasförmigen Zustand übergeht.) Der Jargon der Chaostheoretiker kann leicht einschüchternd wirken, und Begriffe wie »seltsame Attraktoren« lassen sich nur schwer erklären. (Grundsätzlich handelt es sich dabei um Formen, die nicht-repetitive Kurven einschränken – falls Ihnen das etwas sagt.) Und auch solche Vorstellungen wie die der »gebrochenen Dimension« wirken leicht exotisch oder unnötig abstrakt, aber de facto gibt es viele praktische Anwendungsmöglichkeiten für die Chaostheorie. Wie James Gleick in seinem populären Buch über das Chaos zeigt, erfährt man beispielsweise durch das Messen der fraktalen Dimension einer Metalloberfläche etwas über die Festigkeit dieses Metalls. Die Oberfläche der Erde hat eine fraktale Dimension, und das gleiche gilt für die Blutgefäße in unserem Körper. Selbst das menschliche Gehirn und sein Bewußtsein können fraktale Formen besitzen. Und fraktale Geometrie macht man sich sowohl bei General Electrics und Exxon als auch in Hollywood zunutze, die alle drei nicht im Verdacht stehen, ein besonders großes Interesse an der reinen Theorie zu besitzen.

Haben Sie die Augen Ihrer Mutter? Evolution und Genetik

Die Ontogenese rekapituliert die Phylogenese

> Die Ontogenesis oder die Entwickelung der organischen Indivi-
> duen, als die Reihe von Formveränderungen, welche jeder indi-
> viduelle Organismus während der gesammten Zeit seiner indi-
> viduellen Existenz durchläuft, ist unmittelbar bedingt durch die
> Phylogenesis oder die Entwickelung des organischen Stammes
> (Phylon), zu welchem derselbe gehört ... Die Ontogenesis ist
> die kurze und schnelle Recapitulation der Phylogenesis, bedingt
> durch die physiologischen Functionen der Vererbung (Fort-
> pflanzung) und Anpassung (Ernährung).
>
> Ernst Haeckel, *Generelle Morphologie der Organismen* (1866)

Bleiben die Arten im Verlauf der Zeit im wesentlichen die, die sie sind, oder verändern sie sich? Wie wächst ein Organismus vom Embryo zum Erwachsenen heran? Auf diese beiden unterschiedlichen Fragen schien mit der Theorie, daß die Ontogenese die Phylogenese rekapituliert – eine Theorie, die heute nicht mehr hoch im Kurs steht –, eine gemeinsame Erklärung gefunden.

Die Idee, die dahinter steckt, ist einfach die, daß die Entwicklungsgeschichte eines Organismus' (seine »Ontogenese«) die Wiederholung der evolutionären Entwicklung seiner Art (»Phylogenese«) ist. Das heißt: Wenn zu den evolutionären Vorfahren des Menschen der Fisch und der Affe gehören, dann ähnelt ein menschlicher Embryo während verschiedener Stadien seiner Entwicklung einem ausgewachsenen Fisch und einem ausgewachsenen Affen. Diese Idee wurde in den sechziger Jahren des letzten Jahrhunderts von dem deutschen Zoologen Ernst Haeckel (1834–1919) entwickelt, der sie als »biogenetisches Grundgesetz« bezeichnete. (Haeckel prägte nicht nur die Termini »Ontogenie« und »Phylogenie«, sondern auch den heute vertrauten Begriff der »Ökologie«.)

Hinter Haeckels Theorie verbirgt sich die uralte Frage

danach, wie Organismen Gestalt annehmen. Schon Aristoteles, der erste große Zoologe, wies darauf hin, daß Tierembryos zunächst nahezu gestaltlos wirken. Er neigte zu der Annahme, daß Wachstum in drei verschiedenen Phasen stattfindet, während derer dem Embryo jeweils von außen eine neue Form »aufgepreßt« wird.

Gegen diese Theorie, die jahrhundertelang gültige Lehrmeinung war, regte sich im 18. Jahrhundert Widerstand. Die gegen das aristotelische Modell vorgebrachte »Präformationstheorie« besagt, daß Organismen vom Zeitpunkt der Empfängnis an ihre endgültige Gestalt als Erwachsene bereits in sich tragen und diese sich im Laufe der Zeit nur noch »entfaltet«. Dieser Auffassung zufolge besitzt der menschliche Embryo also von Anfang an ein Paar Arme, Beine, Lungen, Augen, Ohren und so weiter, wenn auch noch nicht in voll entwickelter Gestalt. Es bedarf keiner sich von außen aufdrängenden Form, das Lebewesen ist bereits komplett vorhanden und muß lediglich noch wachsen. Ironischerweise war es dieser Prozeß, den die Biologen ursprünglich als »Evolution« (wörtlich: »Herauswickeln«) bezeichneten, auch wenn dies natürlich nicht dem entspricht, was wir heute mit diesem Begriff verbinden.

Die Präformationstheorie verlor an der Schwelle zum 19. Jahrhundert zunehmend an Einfluß, als Philosophen, Wissenschaftler und Dichter begannen, die Welt nicht länger als vorgeformt und statisch zu begreifen, sondern als einen dynamischen Prozeß ständigen Wandels. Zu dieser Zeit faßten auch andere »romantische« Ideen Fuß, unter anderem der Glaube an die wesentliche Einheit von Mensch und Natur. Von derartigen Ideen inspiriert, war es eine Gruppe deutscher Biologen, die sich als Naturphilosophen verstanden und als erste einer Art biologischer Rekapitulation das Wort redeten.

Ihrer Auffassung nach handelt es sich beim Menschen um das großartigste und am weitesten entwickelte Lebewesen der Erde, das Ziel und die Einheit aller Natur. Da die Natur, wie sie annahmen, allgemeinen konstanten Gesetzen gehorcht, mußte der Mensch die fortschrittlichste Stufe einer allen Geschöpfen gemeinsamen organischen Entwicklung sein. Alle niedrigeren Organismen, folgerten die Naturphilosophen, stellten lediglich partielle Annäherungen an den Menschen dar, während es sich bei diesem um die letzte Stufe eines Prozesses der Vervollkommnung handelt. Daher muß der vom Embryo zum Neugeborenen heranwachsende Mensch sämtliche niedrigere Entwicklungsstufen durchlaufen, um auf die höheren zu gelangen, während niedrigere Tiere auf einer früheren Entwicklungsstufe verharren.

Diese Theorie, die nicht gerade ein Renner wurde, ist immer noch ein gutes Stück weit von Haeckels Überlegungen entfernt. Denn alles, was die Naturphilosophen behaupteten, war, daß der menschliche Embryo die Entwicklungsstufen durchläuft, die andere Organismen *in der Gegenwart* durchschreiten. Außerdem würden sich, auch wenn eine »höhere« Art so etwas wie einen evolutionären Fortschritt gegenüber einer »niedrigeren« darstellt, die Arten selbst im Verlauf der Zeit nicht verändern. Haeckels evolutionärere Version dieser Theorie war natürlich von Charles Darwins *Die Entstehung der Arten durch natürliche Zuchtwahl* (1859) inspiriert, das bereits 1860 ins Deutsche übertragen wurde.

Oberflächlich betrachtet, wirkt die These durchaus überzeugend. Menschliche Embryonen weisen in der Tat bestimmte Merkmale wie beispielsweise Kiemen auf, bei denen es sich um evolutionäre Überbleibsel handelt, die verlorengehen oder ersetzt werden, während sich der Fötus weiterentwickelt. Wenn die Natur ökonomisch wäre und es in ihr keine Gesetze und Entwicklungen gäbe, derer sie nicht bedarf, dann wäre es in der Tat sinnvoll, wenn die Entwicklung des Embryos vom Einfachen zum Komplexen die Evolution von einfachen zu komplexeren Organismen nachahmen würde. Haeckel glaubte tatsächlich, daß die Evolution (Phylogenese) den Weg der Ontogenese direkt *verursache.*

Aber bei näherem Hinsehen erwies sich diese Vorstellung als unhaltbar. Das größte Problem stellte dabei Haeckels Theorie der Evolution dar. Aus seiner Sicht entwickelt sich eine Art, indem sie sich an ihre Umgebung anpaßt und dann die hieraus sich ergebenden Veränderungen an die nächste Generation weitergibt. (Diese Auffassung wird als »Lamarckismus« bezeichnet.) Als später der Nachweis gelang, daß die Evolution auf die (im wesentlichen zufällige) Mutation von Genen zurückgeht, die oft schon in den frühesten Entwicklungsstadien erfolgt, wurde der Biogenese der Boden unter den Füßen weggezogen. Denn wenn sich die Evolution sozusagen schon zu Beginn der Ontogenese »ereignet«, das heißt, wenn die Gene schon zu Beginn der Entwicklung eines Embryos mutieren, dann scheitert die Rekapitulation. Denn im Grunde besagt Haeckels Theorie, daß die Phylogenese additiv verläuft, das heißt, es gibt eine Reihe evolutionärer Schritte und am Ende wird noch ein weiterer hinzugefügt.

Wenn überhaupt, dann wiederholt die Phylogenese die Ontogenese. Das heißt, die Evolution der Art wird möglich, wenn die Entwicklung eines Organismus vom normalen Pfad abweicht. Heutzutage wird unter Biologen den Werken Karl Ernst von Baers der Vorzug gegeben, eines deutschen Kritikers der Naturphilosophen (der übrigens später auch Darwin kritisierte). In den zwanziger Jahren des 19. Jahrhunderts fiel von Baer auf, daß die Entwicklung der Embryonen nicht einförmig oder bei allen Tieren parallel verläuft, sondern auf sehr vielfältige Weise. So ähneln sich zum Beispiel am Anfang alle Embryonen von Wirbeltieren, denn ihre Entwicklung beginnt im allgemeinsten, undifferenziertesten Zustand. Und wenn wir die Entwicklung der Embryonen verschiedener Arten miteinander vergleichen, sehen wir, daß sie nicht parallel erfolgt, sondern daß die verschiedenen Embryonen sich beständig vom Allgemeinen zum Besonderen ausdifferenzieren und dabei letztlich das Ziel verfolgen, einen Erwachsenen ihrer Art zu produzieren. Das heißt, jede Art folgt ihrem eigenen, zunehmend selbständigen Pfad vom Ei zum Erwachsenen. *Abweichung* von anderen Arten, nicht deren Wiederholung, ist die Regel.

Aus diesem und aus anderen Gründen lehnen Biologen offiziell die Idee der Rekapitulation ab (obwohl ihr alles in allem doch eine gewisse Wahrheit innezuwohnen scheint). Dennoch finden sich in den Geistes- und Naturwissenschaften überall Spuren von Haeckels Theorie, die sich nie völlig verdrängen ließ. Carl Gustav Jung, dessen Aktien nach wie vor hoch im Kurs stehen, integrierte sie in sein **»kollektives Unbewußtes«** [siehe S. 216], und kein geringerer als Dr. Benjamin Spock bekannte sich in seinen populären Handbüchern zur Kindererziehung zu ihnen. Selbst ein Wissenschaftler vom Range Stephen Jay Goulds schrieb in den siebziger Jahren ein Buch, in dem er die Rekapitulationsthese verteidigte. Sie dürfte ähnlich schwer zu erschüttern sein wie die Idee des Fortschritts selbst.

Die Evolution (»Natürliche Auslese«)

Zwar wird die Gültigkeit der Evolutionstheorie nach wie vor heftig diskutiert, doch nur wenige bezweifeln, daß sie auf die Arbeiten des Engländers Charles Darwin (1809 bis 1882) zurückgeht. Aber obwohl Darwin ihr eine feste wissenschaftliche Grundlage verliehen hat, war er keineswegs der erste, der die ihr zugrundeliegenden Ideen zum Ausdruck brachte.

Schon ein Jahrhundert vor Darwin beschrieb der französische Naturforscher Georges Buffon ausführlich die Ähnlichkeit zwischen verschiedenen Vögeln und Vierfüßlern. Dadurch, daß er solche Ähnlichkeiten beobachtete und das Vorhandensein scheinbar überflüssiger anatomischer Merkmale bemerkte (wie etwa die Zehen des Schweins), meldete Buffon Zweifel daran an, daß jede Art von Gott am fünften und sechsten Schöpfungstag einzeln gestaltet worden sei. Buffon wies vorsichtig darauf hin, daß zumindest eine eingeschränkte Form von Evolution denkbar sei, wodurch sich die Vielfalt ähnlicher Arten sowie natürlicher Anomalien erklären ließe. Aber Buffon brachte seine Thesen gar zu verhalten vor, und darüber hinaus war seine Zeit noch nicht reif, ihm zu glauben.

Eine Generation nach Buffon veröffentlichte Erasmus Darwin, Darwins Großvater, eine waschechte Theorie der natürlichen Auslese. In seinem Buch *Zoonomia* (1794 bis 1796) vertrat er die These, daß alle lebenden Organismen einen gemeinsamen Vorfahren hätten. Der ältere Darwin befand sich damit zwar auf dem richtigen Weg, und er war auch in der Lage, Belege für seine Thesen aus der allgemeinen Erfahrung anzuführen, aber letztlich erwiesen sich seine Überlegungen nicht als besonders schlüssig – seinen Enkel überzeugten sie jedenfalls nicht.

Als einschlägiger erwiesen sich da schon die Theorien des Franzosen Jean-Baptiste de Monet, des Chevalier de Lamarck (1744–1829). Lamarck präsentierte in seinem Buch *Philosophie zoologique* (1809) eine zusammenhängende Theorie, nämlich daß Arten dazu neigen, sich den Anforderungen ihrer Umwelt anzupassen. So habe zum Beispiel die Giraffe einen langen Hals ausgebildet, weil die Bäume in ihrer natürlichen Umgebung sehr hoch waren, und Schlangen hätten ihre Beine verloren, weil sie diese für die natürliche Fortbewegung nicht benötigten. Kurzum, wenn ein lebender Organismus einer Sache zum Überleben bedarf, wird er sie entwickeln, und wenn er einen Teil seiner Anatomie nicht benötigt, wird er ihn abstoßen.

Lamarck übte großen Einfluß auf den jüngeren Darwin aus, allerdings vornehmlich solchen negativer Art. Denn die Theorie, mit der Darwin schließlich an die Öffentlichkeit trat (*Die Entstehung der Arten*, 1859), stand im diametralen Gegensatz zu Lamarcks Auffassung. Nach dem Lamarckschen Schema entwickelt sich eine Art weiter, wenn sich ihre Umwelt verändert, damit sie überleben kann. Nach Darwins Ansicht entwickeln sich die Arten jedoch in jedem Falle weiter, und die Umgebung entscheidet darüber, ob sie überleben oder nicht. Darwin glaubte an die natürliche Auslese, besser bekannt unter dem Schlagwort »survival of the fittest« (Überleben des Stärkeren). Neu entstandene Merkmale bleiben dann erhalten, wenn sie der Anpassung einer bestimmten Spezies an die Natur dienen.

Darwins Theorien gingen ursprünglich auf eine fünf Jahre dauernde kartographische Expedition auf der H. M. S. *Beagle* zurück. Darwin bereiste dabei in den dreißiger Jahren entlegene Winkel der Erde, von den Kap-Verde-Inseln über Brasilien bis nach Neuseeland und sammelte Fossilien und Insekten, studierte die Geologie und fertigte umfangreiche Aufzeichnungen zu alldem an. Dabei reifte allmählich seine Theorie der natürlichen Selektion heran. Aus der Beobachtung verschiedener Finken auf den Galapagosinseln schloß er, daß diese sich alle aus einer einzigen Art entwickelt haben mußten und daß jeweils eine bestimmte Form von Nahrung für jede neue Art am besten geeignet sei. Außerordentlich beeindruckt von dem Nachweis, wie sich die Oberfläche der Erde im Verlauf der Jahrhunderte nach und nach (durch Erosion, Eiszeiten und dergleichen) ausgebildet hatte, überlegte Darwin, daß die zahlreichen auf der Erde lebenden Arten womöglich ebenfalls durch einen Prozeß allmählicher Evolution zu ihrer heutigen Gestalt gelangt waren.

Doch diesen Prozeß stellte er sich alles andere als friedlich vor. Darwin war von den pessimistischen Auffassungen eines Thomas Malthus beeinflußt, der die menschliche Geschichte als einen erbitterten Kampf um Nahrung und andere Güter auffaßte. Daher entwickelte Darwin die Vorstellung, daß auch die Evolution eine Art Kampf sei. Die neuen Arten entwickeln sich stufenweise, aber schon bald stellt sich heraus, daß sie mit den alten Arten um Nahrung, Territorien und den Schutz vor Raubtieren konkurrieren. Weil jedoch die natürlichen Ressourcen begrenzt sind und die Anzahl neuer Arten potentiell unendlich ist, muß die Natur der natürlichen Variation eine Grenze auferlegen. Diejenigen, die für die Herausforderungen und Beschränkungen der Natur am besten gerüstet waren, so Darwins Schluß, überlebten und garantierten die Verbreitung ihrer Art.

Aber Darwin, ein vorsichtiger Mann, der der Aufnahme seiner Theorie mißtrauisch gegenüberstand, verbrachte viele Jahre mit der Aufzucht von Tauben, in der Hoffnung, eines Tages plausible Beweise für seine Thesen vorlegen zu können. In der Zwischenzeit hatte aber ein anderer junger Engländer, Alfred Russel Wallace, eine eigene Theorie entwickelt, die der von Darwin praktisch völlig entsprach. Das spornte Darwin dazu an, nun endlich an die Öffentlichkeit zu treten. 1858 publizierte er eine Zusammenfassung seiner Erkenntnisse und dann, in großer Eile, ein Jahr später das Buch *Die Entstehung der Arten*, das sofort zum Bestseller wurde. Die Kontroverse um die Evolution hatte begonnen.

Darwin bot nicht nur eine bestechende Theorie, sondern lieferte auch empirische Belege für sie. Er argumentierte, daß verkümmerte Organe wie der menschliche Blinddarm und die Flügel des Pinguins auf Vorläufer dieser Arten hindeuteten, welche für diese Organe noch Verwendung hatten. Er stellte außerdem fest, daß die Embryonen von Wirbeltieren – Säugern, Echsen und Vögeln – in den frühesten Wachstumsphasen praktisch kaum voneinander zu unterscheiden sind und daß der menschliche Embryo noch Spuren eines Schwanzes sowie Kiemen besitzt.

Darwin führte noch Unmengen weiterer Argumente an, die für sich allein genommen nebensächlich sein mochten, aber in der Summe ihre Wirkung nicht verfehlten. Doch reiches Beweismaterial und sorgfältige Argumentation garantierten noch lange keine bereitwillige Akzeptanz seiner Theorie. Nur wenige stellten sich öffentlich auf seine Seite, und viele wandten sich offen gegen ihn, insbesondere da es nicht mit der menschlichen Würde (ganz zu schweigen vom christlichen Glauben) vereinbar schien, daß sich der Mensch aus niedrigeren Lebensformen – der Affe erwies sich als beliebtestes Beispiel – entwickelt haben sollte.

Doch die Zeit und weitere archäologische Funde haben die Evolutionstheorie gestützt. Es handelt sich zwar auch weiterhin lediglich um eine »Theorie«, die sich naturgemäß niemals so schlüssig wird beweisen lassen, wie dies etwa bei mechanischen Prinzipien möglich ist, denn ihre Geheimnisse liegen in fernen Zeiten verborgen und die ihr zugrundeliegenden Vorgänge spielen sich mit quälender Langsamkeit ab. Solange der Glaube an eine buchstäblich wahre Heilige Schrift fortbesteht, wird die Evolution niemals von allen anerkannt werden. Man muß auch einräumen, daß die Theorie selbst in wissenschaftlicher Hinsicht noch manches Problem birgt. Wie Freuds Theorie unterlag auch die Darwins im Verlauf der Jahre zahlreichen Schwankungen auf der Akzeptanzskala, aber es ist ziemlich wahrscheinlich, daß diese große Idee durch die Anpassung an neues Datenmaterial auf dem umkämpften Markt der wissenschaftlichen Ideen überleben wird.

Die Mendel-Regeln (Genetik)

Im Rahmen dessen, was sie zu erklären beanspruchte, war Darwins Theorie der natürlichen Auslese ein großer Wurf, doch schon bald stieß sie auf einen ernstzunehmenden Einwand. Darwin und seinen Anhängern zufolge werden typische Merkmale der Eltern zu gleichen Teilen auf ihre Nachkommen übertragen: Eine intelligente Mutter und ein dummer Vater müßten also Kinder durchschnittlicher Intelligenz haben. Das aber stellte die natürliche Selektion vor ein Problem: Denn immer dann, wenn ein »herausragendes« Individuum einer Art auftaucht, müßten die herausragenden Züge ja durch Fortpflanzung nach und nach »verwässert« werden. Auch Darwin wußte hierauf keine

Antwort und modifizierte daher seine Theorie, indem er Lamarcks Annahme aufgriff, daß sowohl die soziale Umwelt als auch die Natur die individuelle Entwicklung beeinflussen.

Darwin allerdings hatte angenommen, daß evolutionäre Veränderungen schrittweise vor sich gehen; diese Hypothese sollte sich jedoch schon bald als falsch erweisen. Sowohl William Bateson in England als auch Hugo de Vries in Holland entdeckten, daß sich die Arten in plötzlichen, diskontinuierlichen Sprüngen entwickeln, die de Vries 1900 als »Mutationen« bezeichnete.

Im selben Jahr stieß de Vries auf einige Aufsätze, die der österreichische Mönch Gregor Mendel (1822–1884) eine Generation zuvor veröffentlicht hatte. Obwohl sein Werk zu Lebzeiten nicht zur Kenntnis genommen wurde, war es Mendel – der bei seinen Experimenten mit schlichten Erbsen arbeitete – gelungen, Gesetze der Vererbungslehre zutage zu fördern, die die Biologie revolutionieren und die Grundlage für die Genetik legen sollten.

Mehr als sieben Jahre lang, von 1856 bis 1863, kreuzte Mendel Pflanzen mit unterschiedlichen Eigenschaften miteinander – große Pflanzen mit kleinen, gelbe Erbsen mit grünen und so weiter. Zu seiner Überraschung stellte er fest, daß diese Merkmale beim Kreuzen nicht zu mittleren Werten führen oder »verwässern«, sondern als eigenständige Merkmale beibehalten werden. Die Kreuzung einer großen Pflanze mit einer kleinen führte zu großem Nachwuchs, nicht zu mittelgroßem. Gelbe Erbsen mit grünen gekreuzt ergaben gelbe Erbsen, nicht gelb-grüne. Noch interessanter aber ist das, was Mendel bei der Kreuzung großer Hybriden herausfand; die folgende Generation behielt dabei nämlich die charakteristischen Merkmale der »großelterlichen« Pflanzengeneration bei: die meisten waren groß, doch ungefähr ein Viertel war klein. Und ebenso fanden sich unter den Pflanzen der dritten Generation der Gelb-/Grün-Kreuzung 75 Prozent gelbe und 25 Prozent grüne Exemplare.

Mendel entdeckte schon bald die diesem Phänomen zugrundeliegende Logik. Pflanzen wie Säugetiere haben zwei »Elternteile« und jedes der beiden trägt offensichtlich typische Merkmale (groß oder klein, gelb oder grün) zur nachfolgenden Generation bei. Wenngleich also das Merkmal »klein« in der zweiten Generation verschwinden mag, wird es in einigen Vertretern der dritten Generation wieder zum Vorschein kommen; die zweite (große hybride) Generation muß also immer noch »Befehle« für die Produktion von kleinem Nachwuchs in sich tragen. De facto müssen solche Befehle paarweise auftreten, einer pro Elternteil, und ein Element dieses Paares wird an jeden Nachkömmling der dritten Generation weitergegeben.

Mendel nannte das die »Spaltungsregel«: Ererbte Merkmale werden von beiden Elternteilen im gleichen Maße weitergegeben, und statt sich zu vermischen, bleiben sie voneinander getrennt. Das heißt, daß jedes Merkmal von einem Befehlspaar erzeugt wird, wobei die »dominanten« Befehle darüber entscheiden, wie der Nachwuchs aussieht und die »rezessiven« Befehle in der Zwischenzeit nicht aktiviert werden. (Rezessive Merkmale kommen nur dann zum Vorschein, wenn beide Faktoren in einem Paar rezessiv sind.)

Darüber hinaus entscheidet, Mendels »Gesetz der freien Kontinuierbarkeit« zufolge, ausschließlich der Zufall darüber, welcher Elternteil welchen Faktor beiträgt – dominante Faktoren werden nicht mit größerer Wahrscheinlichkeit weitergegeben als rezessive. Ererbte Merkmale sind ebenfalls unabhängig voneinander. Die die Größe betreffenden Befehle haben nichts mit den Befehlen für die Farbe zu tun.

Obwohl die Vererbung gemeinhin wesentlich komplizierter ist als beim Kreuzen von Erbsen, war Mendel auf ein grundlegendes genetisches Prinzip gestoßen. Nachdem dann erst einmal seine Entdeckungen mit der Zellbiologie kombiniert worden waren, entwickelte sich die Genetik als selbständiges Gebiet. Dank verbesserter Mikroskope waren Biologen nun auch in der Lage zu beobachten, daß Zellen sich reproduzieren, indem sie sich zweiteilen, und daß jede daraus entstehende Zelle die Hälfte jedes Chromosoms vom Original erbt. In den siebziger Jahren des 19. Jahrhunderts entdeckte man darüber hinaus, daß sich die Chromosomen bei der Befruchtung eines Eis durch ein Spermium miteinander verbinden.

Diese beiden Beobachtungen zusammengenommen, erklärten die Grundmechanismen der Vererbung. Mendels »Faktoren« wurden später in »Gene« umgetauft, und man fand heraus, daß jedes Chromosomenpaar mehrere genetische Informationen enthält. Alles in allem steht die Genetik im Einklang mit einer modifizierten Form des Darwinismus: Die Evolution schreitet durch plötzliche (doch geringfügige und stufenweise) Mutationen voran, wobei neue Eigenschaften auch genetisch weitergegeben werden, größtenteils jedoch durch natürliche genetische Variation, also die Neukombination von Genen. Auf jeden Fall »wählt« die Natur Veränderungen, die dem Überleben zuträglich sind, aus und weist Veränderungen zum Schlechteren (wie es radikale Mutationen im allgemeinen sind) zurück.

Andererseits gab es aber auch einige Biologen (beispielsweise Materialisten in der ehemaligen Sowjetunion), die im stärkeren Maße der Lamarckschen Auffassung zuneigten, daß die Umwelt (Erziehung) die Entwicklung beeinflußt und daß umweltbedingte Veränderungen genetisch weitergegeben werden. Unter Experimentalbedingungen hat sich die Lamarcksche Theorie jedoch nicht bestätigen lassen. Was in mancher Hinsicht bedauerlich ist, denn die Darwinsche Evolution geht ziemlich harsch mit Arten um, die sich genetisch nicht an eine im raschen Wandel begriffene Umwelt anpassen – man denke nur an das Schicksal der Dinosaurier. Die Welt sähe sicherlich interessanter aus, wenn eine größere Zahl von Arten in der Lage gewesen wäre, die Zeitalter dank eines Lamarckschen Anpassungsprozesses zu überleben.

DIE WISSENSCHAFTEN
VOM MENSCHEN

Ödipus, weniger komplex:
Psychologie

Der Pawlowreflex

> Der Bericht scheut sich nicht, Namen zu nennen, was in linken
> Kreisen unweigerlich einen Pawlowreflex auslösen wird: Man
> wird die ganze Angelegenheit als eine Panikmache à la »Überall
> lauert die rote Gefahr« darstellen.
> *The Daily Telegraph* (8. Februar 1974)

Beim Namen Pawlow denkt man unwillkürlich »Hund«,
und genau das ist es, was man als typischen Pawlowreflex
bezeichnen würde. Doch damit ist das, worum es dem Na-
mensgeber dieses Reflexes, dem russischen Physiologen
Iwan Pawlow (1849–1936), ging, nur unzureichend cha-
rakterisiert. Schuld an dieser Verkürzung ist vor allem die
britische Zeitung *The Daily Telegraph*, die mit ihrer Wort-
neuschöpfung »Pawlowreflex« jedoch nichts weiter meinte
als eine »voraussagbare Reaktion«. (Die Ausdrücke »pa-
wlowsche Konditionierung« und »Pawlowsches System«
sind älteren Datums.)

Pawlow selbst war mehr an unerwartetem oder dem
Instinkt zuwiderlaufendem Verhalten interessiert als an
vorhersehbarem. Zum ersten Mal machte er mit einem
grundlegenden, aber unspektakulären Werk über die Se-
kretion von Magensäften von sich reden, für das er 1904
den Nobelpreis erhielt. Pawlow fand heraus, daß die
Bauchspeicheldrüse nicht nur dann in Gang gesetzt wird,
wenn man beispielsweise einen Hamburger verschlingt –
das wäre nicht sonderlich überraschend –, sondern daß
schon der bloße Gedanke an einen Hamburger oder auch
nur der Anblick eines Plastikhamburgers ausreicht, um
diese Reaktion auszulösen. Pawlow bezeichnete dieses ei-
gentümliche Phänomen als »psychisch bedingte Sekre-

tion« und legte damit die Grundlage für seine berühmt gewordenen späteren Theorien.

In einer Versuchsreihe, bei der heutigen Tierversuchsgegnern die Haare zu Berge stehen würden, staffierte Pawlow einige Hunde so aus, daß er messen konnte, wieviel Speichel sie als Reaktion auf verschiedene Reize absonderten. Wie nach Pawlows vorausgegangenen Forschungen nicht anders zu erwarten, lief den Hunden beim Anblick von rohem Hackfleisch das Wasser im Maule zusammen. Pawlow fand heraus, daß man bei den Hunden mit beliebigen Reizen denselben Effekt erzielen konnte, wenn sie diese Reize, etwa ein Geräusch oder einen Tritt, mit einer unmittelbar bevorstehenden Fütterung verbanden. Pawlow bezeichnete derartige willkürliche Reize als »konditionierte« Reize und die Reaktion des Hundes als »konditionierten Reflex«, das heißt einen künstlichen, durch Einübung oder Gewohnheit ausgelösten Reflex.

Da Pawlow leider meinte, Gutes noch besser machen zu müssen, begann er aus diesen und anderen komplizierteren Beobachtungen eine Art psychologische Universaltheorie zu entwickeln, die fast alle Verhaltensweisen, normale wie abweichende, aus dem Zusammenspiel verschiedener erworbener Reflexe zu erklären versuchte. Nachdem Pawlow sich im Westen für kurze Zeit großer Beliebtheit erfreut hatte, verwarf man dort bald die meisten seiner Ansichten, während sie in der ehemaligen Sowjetunion äußerst populär blieben. Obwohl Pawlow selbst kein Marxist war, wirkten seine Theorien wie eine maßgeschneiderte Bestätigung der marxistischen Auffassung, daß das menschliche Verhalten sich aus den materiellen Lebensbedingungen und -gewohnheiten erklärt. Ebensogut wie Menschen durch Unterdrückung an die Sklaverei gewöhnt worden waren, würden sie sich auch nach ihrer Befreiung neu formen lassen. Mit anderen Worten, das Sowjetsystem würde den Sowjetmenschen nach eigenem Gutdünken formen können. Die Spätfolgen dieser Annahmen lassen sich in jeder Tageszeitung nachlesen.

Der Behaviorismus

Man geht ins Kino und verspürt plötzlich einen Heißhunger auf Popcorn. In einem blauen Raum entspannt man sich, in einem roten wird man unruhig. Wenn es einem miserabel geht, nimmt man sich den Rat eines Freundes zu Herzen und versucht, ein Lächeln aufzusetzen, und, siehe da, plötzlich fühlt man sich tatsächlich besser.

Wie läßt sich derartiges erklären? Kann man objektiv über Gefühle sprechen? Oder müssen wir uns auf die »Seele« oder »unbewußte Triebe« beziehen, um sie zu erklären? Oder läßt sich alles auf eine Reihe chemischer Reaktionen im Gehirn zurückführen?

Der Behaviorismus ist, verallgemeinernd gesagt, eine bestimmte Schule innerhalb der Psychologie, die Antworten auf derartige Fragen bereithält. Anders als die Freudianer geht diese Schule nicht von hypothetischen, also nicht beobachtbaren, Vorstellungen, wie etwa das »Unbewußte« oder das »Es« aus, um psychische Ereignisse zu erklären. Behavioristen beschränken sich auf beobachtbare Daten und vertreten damit nach ihrer eigenen Auffassung einen wissenschaftlicheren Ansatz. Und der Teil der menschlichen Psyche, der sich beobachten läßt, ist das menschliche Verhalten (engl. *behavior*) – daher der Name Behavioristen.

Behavioristische Vorstellungen reichen mindestens bis zu Hobbes zurück, der den menschlichen Organismus als eine Art höhere Maschine betrachtete. Nach seiner Auffassung lassen sich Gefühle und Handlungen als Folgen bestimmter körperlicher Ereignisse oder »Bewegungen« innerhalb des Körpers verstehen. Doch als Schule und Denkrichtung ist der Behaviorismus im wesentlichen eine Erfindung des amerikanischen Psychologen John B. Watson, die mit dessen 1914 erschienener Abhandlung *Behavior* das Licht der Welt erblickte.

Watson wandte sich heftig gegen die seit Descartes übliche Vorstellung, daß die Seele und der Körper verschiedenen Gesetzen gehorchen und daß die beste, ja die einzige Möglichkeit, die Seele zu studieren, die Selbstbeobachtung sei. Das, sagte Watson, sei keine Wissenschaft. Zum einen sei die Selbstbeobachtung zwangsläufig subjektiv, da sich ihre Befunde nicht objektivieren lassen. Zum anderen erzeugt die Selbstbeobachtung nichts, was verläßlichen Daten auch nur annähernd ähnele, da sich ihre Befunde nicht messen lassen. Um wissenschaftlichen Ansprüchen zu genügen, so Watson, müsse die Psychologie sich mit zuverlässigen, beobachtbaren und objektiven Daten befassen und von derart vagen – und wie er meinte gar nicht existierenden – Gebilden wie »Bewußtsein« und »Begehren« absehen.

In weitgehender Übereinstimmung mit Pawlow, von dessen Tierexperimenten er erst später las, gingen Watson und seine Anhänger davon aus, daß sich die wissenschaftliche Psychologie im wesentlichen mit der Untersuchung der Beziehungen zwischen äußeren Reizen und individuellen Reaktionen befassen müsse. Wenn man experimentell nachweisen kann, daß ein bestimmtes Ereignis, etwa das Schellen einer Klingel, regelmäßig zu einem bestimmten Verhalten führt, etwa einem nervösen Zucken, dann hat man eine psychologische Aussage getroffen. Nur die Gesamtheit derartiger Beziehungen zwischen Ereignis und Verhalten bildet ein hinreichend zuverlässiges Fundament von Daten, auf deren Grundlage wir zu psychologischen Schlußfolgerungen berechtigt sind.

Ereignisse und Verhaltensweisen werden durch einen Lern- und »Konditionierungs«-Prozeß miteinander verknüpft. Wenn man einen Hund jedesmal mit einem Knochen belohnt, wenn er auf den Befehl »Sitz!« hört, dann wird er lernen, daß Gehorsam etwas Angenehmes ist, und von da an dem Befehl »Sitz!« fast reflexartig Folge leisten. Der Behaviorist B. F. Skinner hat dieses Phänomen »positive Verstärkung« genannt. Und wenn wir als Kinder die Erfahrung machen, daß ein Kinobesuch jedesmal mit Popcorn verbunden ist, dann werden wir so konditioniert, daß wir nach einer Weile automatisch das Ereignis (den Kinobesuch) mit dem Verhalten (dem Popcornverzehr) verbinden.

Die Grundannahme des Behaviorismus besteht also darin, daß Verhalten nicht nur ein Zeichen für einen bestimmten psychischen Zustand ist, sondern das gleiche wie der Zustand selbst. Es führt zu nichts, wenn wir uns irgendwelche Hirngespinste wie etwa Freuds »Es« ausdenken, bei denen es sich lediglich um theoretische Abstraktionen vom menschlichen Verhalten handelt. Wissenschaftlicher ist es, Phänomene wie »neurotisches Verhalten« auf konkurrierende Reflexe bei einander überlappenden Reizen zurückführen. Dabei besteht freilich ein enger Zusammenhang zwischen der Betrachtungsweise der Behavioristen und ihrem eigentlichen Ziel. Es geht ihnen nämlich letztlich nicht darum, theoretische Modelle zu entwerfen, sondern den Menschen und seine Handlungen zu verbessern. Das Credo der Behavioristen lautet: Wenn man das Umfeld des Menschen in den Griff bekommt, bekommt man auch den Menschen selbst in den Griff.

Watson mußte sich natürlich so einiges einfallen lassen, um all jene Phänomene zu erklären, die die meisten von uns als psychische und nicht als physische Angelegenheiten auffassen würden. In einem eher schwachen Augenblick behauptete er sogar, Denken sei nichts anderes als eine Art unhörbares Sprechen. Um diese Behauptung aufstellen zu können, bedurfte es der Grundannahme, daß Sprechen lediglich konditioniertes Verhalten sei und nicht irgendwie geistig bedingt. Auch unsere Gefühle führte Watson auf Reaktionen des Körpers zurück.

Am unplausibelsten aber war, daß für strenggläubige Behavioristen die Frage nach der Bedeutung von Handlungen überhaupt keine Rolle spielte. Daher waren sie außerstande zu erklären, daß derselbe Reiz, etwa ein Schuß, je nach Kontext und zeitlichem Zusammenhang, ganz unterschiedliche »Reaktionen« auslösen kann. Nach dem behavioristischen Modell ist das einzig Relevante die unmittelbare Reaktion auf das Geräusch. Das Bewußtsein spielt dabei keine Rolle. Aber ein Schuß, der auf der Straße abgefeuert wird, ist etwas anderes als ein Schuß zu Beginn eines Wettlaufs, und ohne Berücksichtigung dieses Unterschieds ist es nicht möglich zu erklären, warum wir in dem einen Fall schreckhaft reagieren und in dem anderen freudig.

Noch wichtiger aber ist, daß wir nicht einmal wissen, inwieweit Tiere, von Menschen ganz zu schweigen, durch Konditionierung lernen, wie sie sich in der realen Welt – im Gegensatz zum Laboratorium – zu verhalten haben. Ohne seine grundlegende Reiz-/Reaktions-Hypothese aber ist dem Behaviorismus der Boden entzogen. Die Angriffe auf diese Hypothese in jüngerer Zeit haben zu einem drastischen Rückgang der Zahl dogmatischer Behavioristen geführt. In modifizierter Form besitzen die Grundannahmen des Behaviorismus jedoch nach wie vor eine gewisse Gültigkeit, und man muß den Behavioristen das Verdienst zugestehen, die Psychologie als eine eigenständige Wissenschaft etabliert zu haben, was Freud allein nicht möglich gewesen wäre. So simplistisch der Behaviorismus auf der Ebene psychischer Ereignisse und emotionaler Reaktionen auch sein mag, so hat seine Betonung der Physiologie doch zu einer Reihe neuer Erkenntnisse bei der Erforschung der chemischen Vorgänge im Gehirn und der Gehirnfunktionen beigetragen. Und manchmal fühlt man sich ja wirklich besser, wenn man lächelt.

Das Unbewußte

> Wir waren gewohnt zu denken, daß jeder latente Gedanke dies infolge seiner Schwäche war, und daß er bewußt wurde, sowie er Kraft erhielt. Wir haben nun die Überzeugung gewonnen, daß es gewisse latente Gedanken gibt, die nicht bis ins Bewußtsein eindringen, wie stark sie auch sein mögen. Wir wollen daher die latenten Gedanken der ersten Gruppe vorbewußt nennen, während wir den Ausdruck unbewußt (im eigentlichen Sinne) für die zweite Gruppe reservieren, die wir bei den Neurosen betrachtet haben.
>
> Sigmund Freud, »Einige Bemerkungen über den Begriff des Unbewußten« (1913)

Im Zentrum der von Sigmund Freud (1856–1939) begründeten Psychoanalyse steht das »Unbewußte«. Dieses »Unbewußte«, eine brodelnde psychische Masse gefährlicher Vorstellungen, verursacht all unsere Probleme. Das Unbewußte ist der Teil des Selbst, den unser besseres Selbst lieber vergessen würde. Das Unbewußte ist das, was zum Vorschein kommt, wenn uns ein »Freudscher Versprecher« unterläuft – die Wahrheit, die wir lieber nicht geäußert hätten, eine Wahrheit, derer wir uns nicht bewußt waren. Das Unbewußte beherrscht unsere Träume, lebt unsere verbotenen Wünsche aus und plagt uns mit seinen Schrecknissen. Mit einem Wort: Das Unbewußte ist kein besonders sympathischer Zeitgenosse.

Freud hat das Unbewußte nicht erfunden, sondern ihm nur zu seiner heutigen Bedeutung verholfen. Der Begriff erfreute sich bereits in der Psychologie und Philosophie des 19. Jahrhunderts großer Beliebtheit, auch wenn einige Philosophen ihn als Hirngespinst abtaten. Die Seele, argumentierten sie, sei einfach dasselbe wie das Bewußtsein; so etwas wie einen »unbewußten Gedanken« könne es gar nicht geben, denn wenn etwas nicht bewußt sei, sei es kein Gedanke und existiere im übrigen nicht.

Freud, der sich mit Hypnose, Hysterie und Träumen auseinandergesetzt hatte, plädierte für eine differenziertere Betrachtungsweise. Er führte in diesem Zusammenhang das Beispiel einer Patientin an, der man im hypnotisierten Zustand etwas befohlen hatte. Kurz nach der Erweckung aus der Hypnose hatte sie den ihr erteilten Befehl ausgeführt, freilich ohne zu wissen, warum. Womit läßt sich das erklären, fragte Freud, wenn nicht dadurch, daß das während der Hypnose Suggerierte innerhalb der Psyche, aber außerhalb des Bewußtseins vorhanden ist?

Dies war jedoch keine grundsätzlich neue Erkenntnis. Freuds eigentliche Leistung besteht vielmehr darin, zwei verschiedene Formen unbewußter Gedanken aufgespürt zu haben. Bei der ersten Form handelt es sich um das, was die meisten Psychologen vor ihm als »unbewußt« bezeichnet hatten: jene Art Gedanken, die nur knapp unterhalb der Bewußtseinsschwelle liegen und nur darauf warten, zum Vorschein zu kommen – halb vergessene Telefonnummern etwa oder die Namen von Leuten, die man auf Parties getroffen hat. Die zweite aber, und zu ihr zählen Traumata und tabuisierte Wünsche, liegen tiefer, und die bewußte Psyche widersetzt sich ihnen aktiv. Freud nannte die erste Art von Gedanken »vorbewußt« und reservierte den Begriff »unbewußt« für die zweite.

Da Freud der mechanistischen Tradition der Wissenschaften des 19. Jahrhunderts entstammte, stellte er sich die Seele als eine Art Maschine vor, die mit psychischer Energie gefüllt ist. Vor allem seine Frühschriften sind voll von Begriffen wie »Druck«, »Energie«, »Dynamik« und anderen aus der Physik entlehnten Vorstellungen, so daß der Eindruck entsteht, die Seele sei eine Art hydraulischer Apparat. In Freuds frühestem Modell ist das »Unbewußte« der innerste und dunkelste psychische Bereich, der von energetisch geladenen Vorstellungen erfüllt ist, die versuchen an die Oberfläche zu gelangen. Umgekehrt wendet die bewußte Psyche Energie auf, um die unbewußten Gedanken zu »verdrängen«. Die Psyche wird als ein fester Gegenstand im Raum mit »Regionen« und »Grenzen« aufgefaßt, der sich topographisch darstellen läßt. (Freud hatte eine Schwäche für Diagramme.) Die dynamischen

Beziehungen zwischen den beiden Hauptregionen, dem Unbewußten und dem »Vorbewußt-Bewußten System«, erzeugen psychische Ereignisse. (Freud selbst war der Materialismus seiner Frühzeit später etwas peinlich. Das konnte jedoch nicht verhindern, daß seine Folgen bis heute in der Psychoananalyse spürbar sind.)

Ein Traum beispielsweise entsteht nach diesem Modell fast so wie eine chemische Verbindung, indem in der Tiefe schlummernde unbewußte Wünsche, deren stärkste bis in die Kindheit zurückreichen, sich mit dem vorbewußten »Rest« des Tages vermengen. Doch selbst in Träumen kann das Unbewußte nicht voll in Erscheinung treten, derart effektiv arbeitet der psychische Schutzmechanismus der Verdrängung. Bei der Vermengung mit vorbewußten Resten oder bei der mühevollen Transformation in bewußte Phantasien müssen unbewußte Gedanken eine Verwandlung erfahren, um der Zensur zu entgehen. Laut Freud gibt es zwei verschiedene Transformationsweisen, die er als »Verdichtung« bzw. »Verschiebung« bezeichnet.

Die Verdichtung, bei der es sich um eine Art unbewußte Logik handelt, bündelt eine bestimmte Konstellation verdrängter Gedanken zu einem rätselhaften Thema, das sich für die psychoanalytische Entschlüsselung eignet. Die Verschiebung hingegen lenkt die in unbewußten Gedanken aufgestaute psychische »Energie« über eine Assoziationskette in sicherere und zulässige Gedankenbahnen um. Die Verschiebung ist nach Freuds Auffassung für einen Großteil des neurotischen Verhaltens verantwortlich, das heißt für ein Verhalten, bei dem der überwiegende Teil der Energie auf eine vergleichsweise unbedeutende Sache verwandt wird.

Freud realisierte jedoch rasch, daß dieses topographische Modell der Psyche einen gravierenden logischen Fehler aufweist. Wenn der bewußte Teil der Psyche für die Verdrängung zuständig ist, dann müßte der Akt der Verdrängung selbst ein bewußter Vorgang sein. Aber in Wirklichkeit bemerken wir nicht, daß wir das Unbewußte verdrängen oder uns ihm widersetzen bzw. daß wir es verdichten, verschieben oder auf andere Weise zensieren. Kurzum, es gibt einen Teil des Bewußtseins, der selbst unbewußt ist – den verdrängenden Teil. Er ist selbst nicht verdrängt, andernfalls wäre er ja Teil des Unbewußten. Das heißt, zwar ist alles Verdrängte unbewußt, aber nicht alles Unbewußte ist verdrängt.

Nachdem er zu diesem Schluß gelangt war, wußte Freud, daß er ein besseres Modell des Seelenlebens würde entwerfen müssen. Das Ergebnis dieser Überlegungen wird ab S. 210 im Kapitel **Ich, Es und Über-Ich** zusammengefaßt.

Der Ödipuskomplex

> Wenn [der Knabe] dann den Zweifel nicht mehr festhalten kann, der für seine Eltern eine Ausnahme von den häßlichen Normen der Geschlechtsbetätigung fordert, so sagt er sich mit zynischer Korrektheit, daß der Unterschied zwischen der Mutter und der Hure doch nicht so groß sei, daß sie im Grunde das nämliche tun. Die aufklärenden Mitteilungen [über Sexualität] haben nämlich die Erinnerungsspuren seiner frühinfantilen Eindrücke und Wünsche in ihm geweckt und von diesen aus gewisse seelische Regungen bei ihm wieder zur Aktivität gebracht. Er beginnt die Mutter selbst in dem neugewonnenen Sinne zu begehren und den Vater als Nebenbuhler, der diesem Wunsche im Wege steht, von neuem zu hassen; er gerät, wie wir sagen, unter die Herrschaft des Ödipuskomplexes.
> Sigmund Freud, »Über einen besonderen Typus der Objektwahl beim Manne« (1910)

Freud schrieb erstmals 1897 in einem Brief von der »packenden Macht des Königs Ödipus«. Freud fand Sophokles' Tragödie sogar so packend, daß er die ihr zugrundeliegende Geschichte benutzte, um zu erklären, warum wir alle solche Neurotiker sind.

Wir erinnern uns: Prinz Ödipus von Korinth erfährt durch einen Orakelspruch, daß er seinen Vater ermorden und mit seiner Mutter schlafen wird. Entsetzt flieht er aus der Stadt nach Theben, gerät jedoch unterwegs mit entgegenkommenden Reisenden in Streit. Die Auseinandersetzung nimmt rasch an Schärfe zu, und binnen kurzem hat Ödipus alle getötet.

Wie sich herausstellt, war einer der Reisenden Ödipus' leiblicher Vater, König Laios von Theben, der ihn als Kind im Stich gelassen hatte. Ödipus erfüllt also sein Schicksal, indem er versucht, ihm zu entrinnen. Dies bemerkt er jedoch erst, nachdem er zum neuen König von Theben gekrönt worden ist und Königin Iokaste, seine Mutter, geheiratet hat. Als die Wahrheit ans Licht kommt, blendet sich Ödipus.

Die »griechische Sage«, fuhr Freud in seinem Brief fort, »greift einen Zwang auf, den jeder anerkennt, weil er dessen Existenz in sich verspürt hat«. Das, was Freud hier zu erkennen meinte und was er jedem Mann zuschrieb, war ein sexuelles Verlangen nach der Mutter und eine mörderische Eifersucht auf den Vater. Dabei spielte es für ihn keine Rolle, daß Ödipus in dem Theaterstück nichts dergleichen empfindet, sondern seine Probleme daher rühren, daß er seinem Schicksal zu entrinnen versucht. Freud griff das Motiv auf und bezeichnete den unglückseligen Zwang als »Ödipuskomplex«, ein Ausdruck, den er erstmals 1910 in dem Aufsatz »Über einen besonderen Typus der Objektwahl beim Manne« verwendet.

Freud mißbrauchte die griechische Legende, nachdem er seine »Verführungstheorie«, das heißt seine ursprüngliche Mißbrauchstheorie, aufgegeben hatte. Da er feststellte, daß eine erschreckend hohe Anzahl neurotischer Patienten von unerwünschten sexuellen Erfahrungen berichteten, die sie als Kinder gehabt hätten, glaubte Freud, daß psychologische Erkrankungen auf derartige »Verführungen« zurückgingen. Als er jedoch diese Erzählungen seiner Patienten genauer unter die Lupe nahm, kam er zu dem Schluß, daß einige, wenn nicht gar alle von ihnen, phantasierten oder, genauer gesagt, daß sie sich an ihre Kindheitsphantasien erinnerten, und nicht daran, als Kinder wirklich mißbraucht worden zu sein.

Diese »Entdeckung«, die in letzter Zeit heftig angegriffen worden ist, führte zu einer Krise in Freuds Verständnis der psychischen Entwicklung. Wie nahezu jedermann sonst hatte auch Freud angenommen, daß Kinder keinerlei Begriff von Sexualität haben – von sexuellen Neigungen ganz zu schweigen – und daß für sie jede Konfrontation mit der Sexualität der Erwachsenen unverständlich und furchteinflößend sei. Doch wenn Kinder zu sexuellen Phantasien imstande sind, wie es seiner neuen Auffassung entsprach, dann sind sie nicht wirklich »unschuldig«. Sie haben nicht nur sexuelle Gefühle, sondern diese Gefühle sind überdies außerordentlich stark und selbständig.

Damit glaubte Freud die Erklärung für zahlreiche typische neurotische Symptome gefunden zu haben. Einige seiner Patienten begehrten nur Frauen, die bereits gebunden waren. Andere waren auf der Suche nach Liebhaberinnen, von denen sie annehmen konnten, daß diese sie betrügen würden. Derartige Männer schienen es auf Streit und Eifersucht geradezu anzulegen. Eine andere Kategorie von Männern bestand darauf, daß es sich bei den Objekten ihrer Liebe um einzigartige und unersetzliche Wesen handele; wieder andere litten an der Phantasie, daß sie eine Frau vor dem drohenden Verlust ihrer Unschuld »bewahren« müßten. Für Freud handelte es sich bei all diesen neurotischen Wünschen lediglich um extreme Manifestationen des allgemeinen und »normalen Verhaltens in der Liebe«. In abnormen Fällen sei es den Patienten einfach nicht gelungen, Kindheitsgefühle zu überwinden, mit denen die meisten von uns fertigwerden.

Diese Gefühle sind die Liebe zur eigenen Mutter und die Eifersucht auf den Vater. Die Mutter ist »einzigartig und unersetzlich«, der Vater der tatsächliche oder potentielle sexuelle Gegner. Wenn der kurz vor der Pubertät stehende Junge von seinesgleichen erstmals etwas über Sex hört, erscheint dieser als etwas »Schmutziges«. Dergleichen mit seinen Eltern in Verbindung zu bringen, ist schockierend für ihn, und indem er von neuem von infantilen sexuellen Gefühlen für seine Mutter erfüllt wird, entwickelt der Junge Phantasien, in denen er die Mutter vor dem Vater rettet, indem er dessen Platz einnimmt.

Das, was zu neuem Leben erweckt wurde, und was normalerweise überwunden wird, wenn der Adoleszent seine sexuellen Gefühle Mädchen im eigenen Alter zuwendet, ist der Ödipuskomplex, nach dem Freud suchte. Bei Kleinkindern setzt der Komplex ein, wenn die Gefühle des Jungen für die Mutter dadurch intensiver werden, daß er durch ihre Zärtlichkeiten und Liebkosungen erregt wird. Mit der Zeit zentriert sich seine Erregung auf einen nicht ganz unwichtigen Teil seines Körpers – seinen Penis.

Natürlich sind die Eltern des Jungen nicht sonderlich angetan davon, wenn dieser seinem Penis übertriebene Aufmerksamkeit zu schenken beginnt, und ein Elternteil oder beide zusammen beginnen damit, ihm zu drohen, den Penis »wegzunehmen«, wenn er ihn nicht in Ruhe läßt. Der Junge glaubt dieser Drohung nicht wirklich, bis er eines Tages das Geschlecht eines kleinen Mädchens erblickt und feststellt, daß sie keinen Penis hat. Daraus schließt er, daß man ihn ihr »weggenommen« haben müsse, weil sie sich zu sehr damit vergnügt habe. Die Kastrationsdrohung wird nun plötzlich zu etwas sehr Realem, und damit findet der Ödipuskomplex ein Ende. Wenn der Junge seinen sexuellen Regungen und seiner Lust nicht Herr wird, dann wird es also bald um dieses Organ geschehen sein. Die narzißtische Zuneigung des Jungen zu seinem Penis gewinnt nun die Oberhand über seinen Drang, mit diesem zu spielen.

Eine der Folgen hieraus, so Freud weiter, ist, daß der Junge lernt, seine Libido in weniger gefährliche Bahnen, etwa die Zuneigung zu seinen Eltern, umzulenken, also seine Libido zu »sublimieren«. Die Liebe zur Mutter und die Abneigung gegenüber dem Vater, der ihm die Mutter »weggenommen« hat, werden durch Identifikation mit beiden überwunden, wodurch der kleine Junge zu einem »Über-Ich« gelangt [siehe S. 211]. In der Zwischenzeit, die Freud als »Latenzphase« bezeichnet, werden seine sexuellen Begierden und Phantasien unterdrückt. In der Pubertät erwachen sie dann zu neuem Leben.

Warum aber war bis hierher fast ausschließlich von dem kleinen Jungen und seinem Penis die Rede? Was hat uns Freud über kleine Mädchen zu sagen? Zunächst hatte er angenommen, daß Mädchen dieselben Entwicklungsphasen durchlaufen wie Jungen, mit dem Unterschied, daß ihre sexuellen Phantasien sich auf den Vater konzentrieren. Freud nahm an, daß die kindliche Sexualität zu einem gewissen Grade bisexuell sei, wobei allerdings bei Jungen das Begehren nach der Mutter und bei Mädchen das nach dem Vater etwas stärker ausgeprägt sei. Nachdem Freud jedoch zu dem Schluß gekommen war, daß es die Kastrationsangst ist, die dem Ödipuskomplex bei Jungen ein Ende bereitet, mußte er sein Konzept ändern. Mädchen konnten sich ja schwerlich vor der Kastration fürchten – aber nicht deswegen, weil sie bei ihnen nicht durchgeführt werden kann, sondern weil sie denken, die Kastration sei bereits erfolgt. (Freud ist zu Recht scharf für seine Auffassung kritisiert worden, daß Mädchen ihre Genitalien als »abwesend« empfinden, daß sie »neidisch« auf den Penis der Jungen sind und daß sie sich aufgrund dieses »Mangels« als minderwertig empfinden.)

In seinem nächsten, etwas unpräzisen Modell, vertrat Freud die Auffassung, Mädchen hätten eine wesentlich einfachere Kindheit. Es gehe ihnen nicht darum, ihr sexuelles Begehren an der Mutter als Objekt zu erfüllen, sondern deren Platz im Verhältnis zum Vater einzunehmen. Obwohl Mädchen zunächst starke Liebe für ihre Mütter empfänden, verwandele sich diese Liebe in Abneigung, sobald sie feststellen, daß kleine Jungen etwas haben, was ihnen fehlt. Der Vater nimmt nun im Hinblick auf ihre

Zuneigung den Platz der Mutter ein. Dies um so mehr, als Mädchen, sobald sie akzeptieren, daß sie niemals einen Penis haben werden, einen Ersatz begehren, und zwar ein Kind: Sie möchten den Platz ihrer Mutter einnehmen und ihrem Vater ein Kind schenken.

Die Kastrationsangst vermag diese Phantasie nicht zu bezwingen. Freud nahm an, daß der Ödipuskomplex bei Mädchen auf subtilere Weise überwunden wird, nämlich durch Einflüsse der Erziehung und äußere Einschüchterung mit drohendem Liebesverlust (»Der Untergang des Ödipuskomplexes«, 1924). Dies sowie die Tatsache, daß die »präödipale« Anhänglichkeit des Mädchens an die Mutter zunimmt und nur in der Folge eines komplizierten Prozesses durch etwas anderes ersetzt wird, führte dazu, daß Freud die Ansichten seines Schülers Carl Gustav Jung ablehnte. Jung hielt an der Auffassung fest, daß die Entwicklung von Mädchen ein genaues Spiegelbild derjenigen von Jungen sei. 1913 erfand er für die weibliche Version dieses Phänomens den Ausdruck »Elektrakomplex«.

Auch dieser Name geht auf die griechische Tragödie zurück, insbesondere auf verschiedene Versionen der Geschichte von Elektra. In Aischylos' Tragödie *Die Grabesspenderinnen* bringt Elektra, vom Gott Apollo dazu veranlaßt, zusammen mit ihrem Bruder ihre Mutter Klytämnestra um, die ihrerseits für den Tod des Vaters der beiden verantwortlich ist. Jung scheint sich jedoch, wie Freud, mehr auf Sophokles zu beziehen, in dessen *Elektra* der Heldin die führende Rolle in dem Rachekomplott zukommt. Auch wenn Sophokles' Geschichte Elektras als einer ihrem Vater in Liebe verbundenen und zum Mord an ihrer Mutter getriebenen Tochter nicht ganz so kraß und »packend« ist wie seine Darstellung des Ödipus, paßte Jung die Analogie doch sehr gut in sein Konzept.

Ich, Es und Über-Ich

Zu Beginn seiner Bemühungen, eine möglichst umfassende Darstellung des Seelenlebens zu geben, machte Freud den Vorschlag, die Seele als ein »System« mit drei unterschiedlichen Regionen – Bewußtes, Vorbewußtes und Unbewußtes – aufzufassen. Doch in den frühen zwanziger Jahren ersetzte er dieses Modell durch ein neues.

Da, wo Freud zuvor von dem »Bewußten« gesprochen hatte, war nun vom »Ich« die Rede (lat. ego), ein in der Psychologie des 19. Jahrhunderts gängiger Begriff. Das Ich meint mehr als nur das bewußte Ich, auch wenn dieses ein Teil davon ist; in Freuds neuerem Modell ist das Ich jener Teil oder Bereich der Psyche, der ihre äußere Oberfläche bildet und sich aus unseren Sinneswahrnehmungen und Erfahrungen entwickelt. Das Ich hat bewußte Gedanken, aber – ohne daß unser Bewußtsein davon wüßte – hält es auch unsere unbewußten Gedanken und Triebe mit Drohungen in Schach. Das Ich ist das soziale Selbst, das Selbst, das der »Wirklichkeit« am stärksten ausgesetzt ist und in Gestalt von Empfindungen und sozialen Regeln am intensivsten von ihr beeinflußt wird.

Wenn sich aber das Ich aus der Erfahrung entwickelt, dann kommen wir offenkundig nicht bereits mit ihm zur Welt. Den Kern der Psyche, der später vom Ich ummantelt wird, nannte Freud das »Es«. Freud behauptete, den Begriff von einem zeitgenössischen Arzt, Georg Groddeck, übernommen zu haben, der von Nietzsche beeinflußt war. Dieses »Es« ist das dunkle, unbewußte, libidinöse Zentrum unseres Innenlebens, der Ort der Impulse und Leidenschaften, das wilde Pferd, um Freuds Metapher zu verwenden, das vom Ich geritten und in Zaum gehalten wird. Auch wenn das Ich sich heftig, wenn auch unbewußt, darum bemüht, der asozialen und tabuisierten Triebe des Es Herr zu werden, gelingt es dem Es trotzdem, unser Verhalten zu beeinflussen. Es tut dies, indem es die eigene Energie in bestimmte Handlungen umsetzt; zum einen in solche, denen das Ich zustimmt, gelegentlich jedoch auch in Handlungen, die wir selbst nicht recht begreifen und die Schuldgefühle in uns wecken.

Um die Unterschiede von Ich und Es und ihr dynamisches Wechselverhältnis zu veranschaulichen, wollen wir ihre jeweiligen Merkmale einander paarweise gegenüberstellen: Das Ich ist einheitlich, das Es uneinheitlich; das Ich ist rational, das Es irrational. Während das Ich nach dem Realitätsprinzip funktioniert, das den Anforderungen und Regeln der wirklichen Welt gerecht zu werden versucht, funktioniert das Es nach dem »Lustprinzip«, das heißt, es versucht Schmerzen und Spannungen zu minimieren. Das Ich wirkt an der Oberfläche der Psyche, das Es in dessen Tiefe. Das Ich ist der psychische Repräsentant der äußeren Empfindungen und Erfahrungen, das Es repräsentiert das Triebhafte. Das Ich agiert in Begriffen, also vornehmlich verbal (»Was bewußt ist, läßt sich auch aussprechen«), das Es in Symbolen, also vornehmlich visuell.

Neben dem komplizierten Hin und Her von Ich und Es sieht Freud noch eine dritte Kraft am Werk, die dem Ich entspringt und die er als »Ich-Ideal« bzw. »Über-Ich« bezeichnet. Das Über-Ich repräsentiert das, was das Selbst gerne werden möchte, und ist der Sitz solcher Dinge wie Moral, Pflichtgefühl und Glauben. Nach Freuds Auffassung entsteht das Über-Ich zur selben Zeit, in der der Ödipuskomplex verschwindet. So überwindet etwa der kleine Junge sein verbotenes Begehren nach der Mutter sowie seinen Haß auf den Vater, indem er diese »Objekte« (Mutter und Vater) »internalisiert« oder »introjiziert«. Die Liebe zur Mutter verwandelt sich so in Eigenliebe oder, besser gesagt, in die Liebe zu jenem Potential, das es dem Selbst ermöglicht, ein Vollkommenheitsideal anzustreben; parallel hierzu wird der Haß auf den Vater durch eine intensive Identifizierung mit ihm als dem höheren oder überlegeneren Teil des Selbst überwunden.

Auf diese Weise nisten sich die Ideale, moralischen Vorstellungen, Verbote und Gesetze der Eltern in der Psyche ein und lassen von da an nicht davon ab, das Ich zur Rechenschaft zu ziehen. Das Über-Ich ist letztlich der selbstkritische Teil der Psyche, der den Abstand zwischen Realität und Ideal mißt und der seine Energie aus dem Es abzweigt, um das Ich auf höhere Ziele zu lenken. Freud nennt diesen Prozeß »Sublimierung« und macht ihn für die menschliche Kultur und Kunst, und damit im Grunde auch für alle bedeutenden Ideen verantwortlich.

Das Lustprinzip

> In der psychoanalytischen Theorie nehmen wir unbedenklich an, daß der Ablauf der seelischen Vorgänge automatisch durch das Lustprinzip reguliert wird, daß heißt, wir glauben, daß er jedesmal durch eine unlustvolle Spannung angeregt wird und dann eine solche Richtung einschlägt, daß sein Endergebnis mit einer Herabsetzung dieser Spannung, also mit einer Vermeidung von Unlust oder Erzeugung von Lust zusammenfällt.
> Sigmund Freud, *Jenseits des Lustprinzips* (1920)

Beim Stichwort »Lustprinzip« denkt man vielleicht an unermüdliche Partygänger oder feuchtfröhliche Gelage, doch Freud, der Entdecker dieses Prinzips, verstand etwas anderes darunter. Er war der Meinung, daß es uns dann am besten geht, wenn wir überhaupt nichts empfinden, schon gar nicht irgendein Begehren. Lust ist demnach ein Zustand, in dem ununterbrochen – gar nichts passiert.

Dieses scheinbare Paradox erklärt sich damit, daß Freud Lust nicht als ein positives Gefühl auffaßte, sondern als die Abwesenheit von »Unlust«. Die Seele verabscheut Spannung, die in zahlreichen Formen auftreten kann (Angst, Begehren, Schuld usw.), und möchte sie daher instinktiv abbauen. Wonach wir uns wirklich sehnen und worum es dem Lustprinzip geht, ist ein stabiler Ruhezustand, den Freud »Homöostase« nennt. Das Lustprinzip ist also das psychologische Gegenstück zum Trägheitsprinzip.

Daß wir Anspannung nicht mögen, scheint eigentlich eine Selbstverständlichkeit, aber Freud meint damit nicht nur das dringende Bedürfnis, sich die Schultern massieren zu lassen oder eine Zigarette zu rauchen. Jede Art von Veränderung, selbst solche, die wir für lustvoll halten, ist uns im tiefsten Innersten zuwider. Jede nennenswerte »Erregung«, sexuelle eingeschlossen, ist eigentlich eine unangenehme Anspannung: Lust ist also eigentlich Unlust. Selbst wenn wir die Zunahme der Erregung als angenehm empfinden, dann nur deshalb, weil wir wissen, daß wir ihre Entladung genießen werden. Und je mehr Erregung oder »Spannung« wir entladen, desto stärker ist der Genuß.

Männer werden diese Auffassung eher teilen als Frauen, zumindest was die sexuelle Erregung betrifft, aber daß die weibliche Psyche nicht gerade Freuds Stärke war, hat sich ja mittlerweile herumgesprochen. (Davon zeugt nicht zuletzt seine vielzitierte Frage »Was will das Weib?«, die ihm inzwischen immer wieder vorgehalten wird.) Wie dem auch sei, Freud hielt zwar im Hinblick auf das Lustprinzip zeitlebens an seiner Grundposition fest, doch das Bild, das er sich von diesem Prinzip machte, wurde immer differenzierter. Angesichts der Tatsache, daß wir trotz unserer starken Neigung zur Lusterfüllung (Stasis) unsere Entscheidungen und Handlungen keineswegs immer nach diesem Ziel ausrichten, schloß Freud, daß weitere Faktoren im Spiel sein müssen.

Einer davon ist das »Realitätsprinzip«, die Anpassung an die Realität zum Zweck der Selbsterhaltung. Oft müssen wir die gegenwärtige Lusterfüllung zugunsten einer zukünftigen aufschieben oder ganz opfern. Obwohl uns etwa das Lustprinzip anstachelt, unserem Vorgesetzten gründlich die Meinung zu sagen, halten wir dank der Intervention des Realitätsprinzips lieber den Mund. Der Verlust des Arbeitsplatzes ist realistisch betrachtet vielleicht doch ein zu hoher Preis für einen kleinen Spannungsabbau.

Jenseits des Lustprinzips

Obgleich das Lustprinzip in Freuds sich ständig wandelndem Denken einer der grundlegenden Triebe blieb, war er beim Verfassen von *Jenseits des Lustprinzips* zu dem Schluß gekommen, daß es noch tiefere Triebkräfte geben müsse. Eine von ihnen ist der »Wiederholungszwang«, eine mysteriöse Neigung, selbst unangenehme Erfahrungen, sei es im Leben oder in Träumen, zu wiederholen oder nochmals durchzumachen. Ein Beispiel hierfür ist die unheimliche Tendenz mancher Menschen, sich immer wieder auf gewalttätige Partner einzulassen.

Freud versuchte dieses merkwürdige Verhalten mit unterschiedlichen Hypothesen zu erklären. Zunächst verglich er den Wiederholungszwang mit einer Rückkehr zum Schauplatz eines mißlungenen Verbrechens. Bei den Dingen, zu deren Wiederholung wir neigen, handelt es sich um frühere, uns äußerst verstörende (»traumatische«) Erfahrungen, gegen die wir uns ursprünglich nicht wehren konnten. Wir kehren immer wieder zu ihnen zurück, um aus unseren Fehlern zu lernen und im Rückblick das Trauma zu meistern. Auf diese Weise hofft die Psyche, beim nächstenmal besser vorbereitet zu sein.

Freuds zweite Hypothese lautete schlicht, daß Wiederholung ein fester Bestandteil des Lebens sei. Wie er in seinen Ausführungen zum Lustprinzip festgestellt hat, möchten wir eigentlich, daß alles beim alten bleibt, und hassen im Grunde nichts mehr als Spannungen oder Veränderungen. Unsere Instinkte treiben uns in die Vergangenheit zurück, zu einem früheren Zustand, den wir aufgeben mußten, weil äußere Kräfte uns dazu gezwungen haben. Triebe sind daher ihrer Natur nach konservativ. Sie tendieren nicht zu Wandel oder Entwicklung, sondern eher zu Gleichheit und Wiederholung. Es gibt »einen organischen Wiederholungszwang« wie bei den Zugvögeln, die sich jedes Jahr auf die Wanderschaft begeben, oder bei den Fischen, die stromaufwärts schwimmen, um ihren Laich dort abzulegen, wo sie geschlüpft sind.

Freud ging noch einen Schritt weiter. Wir wollen nicht nur einen friedlichen vergangenen Zustand wiederherstellen, sondern es drängt uns letztlich auch zum ursprünglichsten aller Zustände zurückzukehren, einem trägen bzw. unbelebten Zustand – dem Tod. Dieser »Todestrieb«, wie Freud ihn nennt, ist seiner Auffassung nach der fundamentalste aller Triebe. Sogar der Selbsterhaltungstrieb dient nach Freud vor allem dem Versuch sicherzustellen, daß wir eines natürlichen Todes, das heißt aufgrund eines inneren Prozesses, sterben.

Glücklicherweise stellt der Todestrieb jedoch nur einen Teil des Ichs dar, da wir noch einen weiteren tief verwurzelten Trieb besitzen, den Sexualtrieb. Unsere sexuellen Instinkte zielen nicht auf den Tod, sondern auf Selbsterhaltung und so etwas wie Unsterblichkeit. Doch wie der Todestrieb ist auch der Sexualtrieb konservativ: Er versucht, das Leben zu erhalten, doch er versucht dieses Ziel durch die Rückkehr zu einem primitiveren Zustand, der Kindheit, zu erlangen, das heißt, indem er frühere Zustände des Lebens zurückholt.

Aber selbst wenn er die Existenz derartiger Lebenstriebe einräumt, vermag Freud in keiner Lebensform einen Trieb zu entdecken, der auf eine neue, andersartige oder »höhere« Entwicklungsstufe zielt. Organismen entwickeln sich zwar, doch nur als Reaktion auf äußere Veränderungen oder Zwänge, nicht aus einem individuellen oder kollektiven Willen heraus. Triebe können bestenfalls dazu beitragen, obligatorische, also unfreiwillige, Modifikationen in der Struktur oder dem Verhalten des Individuums oder der Art zu bewahren. Vor allem aber bestreitet

Freud, »daß im Menschen selbst ein Trieb zur Vervoll-kommnung wohnt«, eine Annahme, die er als »wohltuende Illusion« bezeichnet und mit der er sich wenige Freunde ge-macht hat. Freud bestreitet nicht, daß es einige Menschen gibt, die unermüdlich nach Vervollkommnung streben, aber er führt dieses Streben auf »Sublimierung«, also die energische Unterdrückung unbewußter Triebe zurück.

Lebens- und Todestriebe liegen auf den verschiedenen Ebenen der Psyche im ständigen Streit miteinander, doch letzten Endes verfolgen sie ein gemeinsames Ziel, und zwar die Wiederherstellung eines früheren Zustands. Dieses Ziel kann sich gelegentlich im Einklang mit dem Lustprin-zip befinden – muß es aber nicht. Auf längere Sicht gese-hen, scheint es aber, als stehe das Lustprinzip, das bestrebt ist, Reizen zu widerstehen, Spannungen zu beseitigen, das Gleichgewicht wiederherzustellen und Frieden zu finden, dem Todestrieb näher als dem Lebenstrieb. Der Frieden, nach dem wir uns in unserem tiefsten Inneren sehnen, ist also der Frieden des Grabes ...

Das kollektive Unbewußte

> Wir haben nämlich ein persönliches Unbewußtes und ein un- oder überpersönliches Unbewußtes zu unterscheiden. Wir be-zeichnen letzteres auch als das kollektive Unbewußte, eben weil es vom Persönlichen losgelöst und ganz allgemein ist und weil seine Inhalte überall gefunden werden können, was bei den per-sönlichen Inhalten natürlich nicht der Fall ist.
> Carl Gustav Jung, »Über die Psychologie des Unbewußten« (1943)

Wenn man Mythen aus verschiedenen Epochen und Kul-turen studiert, stößt man auf verblüffende Gemeinsamkei-ten zwischen ihnen. Auch dem Schweizer Psychiater Carl Gustav Jung (1875 – 1961) fiel in den Sitzungen mit seinen Patienten auf, daß ein gewisses Grundrepertoire einfacher

Bilder – von Dämonen etwa oder Erdmüttern, Weisen und wilden Männern – ständig wiederkehrte.

Jung schloß daraus, daß diese Bilder, die er »Archetypen«, also Urbilder oder Urmuster nannte, Teil der unbewußten Psyche seien, die jeder individuellen persönlichen Erfahrung vorausgehen. Er nannte diesen Teil das »kollektive Unbewußte«, womit jedoch nicht irgendeine Gruppenpsyche gemeint ist, mit der wir alle in Verbindung stehen, sondern vielmehr jener Teil der individuellen Seele, der die kollektiven Urerfahrungen der Menschheit in sich trägt. (Es verhält sich damit so ähnlich wie mit dem Blinddarm: Auch wenn es sich bei diesem um ein Gattungsmerkmal handelt, das ein entwicklungsgeschichtliches Überbleibsel darstellt, besitzen wir alle einen individuellen Blinddarm, keinen gemeinsamen »Kollektiv-Blinddarm«.)

Jungs Theorie der Archetypen bildete lediglich einen Teilaspekt eines umfassenderen Modells, das auch den grundsätzlichen »Persönlichkeitstyp« des Individuums (extrovertiert oder introvertiert), seine »Person« (das Selbst, das das Individuum der Welt zeigt), seinen »Schatten« (das Selbst, das es verdrängt) und sein »persönliches Unbewußtes« (das vergessene Selbst) einschließt. Doch die Archetypen und das kollektive Unbewußte wurden rasch zu den bekanntesten und umstrittensten Bausteinen seiner Theorie und sind es bis auf den heutigen Tag geblieben.

Besonders berühmt sind vor allem zwei Archetypen: der Mann-als-Solcher (von Jung *animus* genannt) und die Frau-als-Solche (Jungs *anima*). Nachdem Jung zu dem Schluß gekommen war, daß die aus dem bewußten Selbst verbannten Merkmale und Bilder das Unbewußte jeder Person bestimmen, nahm er naturgemäß an, daß die *anima* das mächtigste Bild im Unbewußten des Mannes und der *animus* das mächtigste im Unbewußten der Frau sei.

In psychischer Hinsicht sind wir also Zwitterwesen, und je intensiver wir uns bemühen, unsere verborgene

Hälfte zu verdrängen, desto wahrscheinlicher ist es, daß sie uns in psychische Konflikte stürzt. Nach Jungs Auffassung können wir in psychischer Hinsicht nur dann gesunden und eine Ganzheit bilden, wenn wir die Inhalte unseres persönlichen und unseres kollektiven Unbewußten kennen- und akzeptieren lernen. Diese Auffassung veranlaßte ihn dazu, von der Methode der »freien Assoziation« Gebrauch zu machen, von der er annahm, daß sie in den Patienten jene verdrängten, unbewußten Gefühle und Bilder zum Vorschein bringen würde, die so mächtig und potentiell bedrohlich sind.

Obwohl man seinen Gedanken in psychoanalytischen Kreisen zunächst aufgeschlossen gegenüberstand, wurde Jung bald mit dem Vorwurf konfrontiert, daß sie einen gewissen Mangel an wissenschaftlicher Haltbarkeit aufwiesen und stark zum »Literarischen« tendierten. Jung seinerseits warf der Wissenschaft daraufhin vor, sie entfremde die Menschen von der Natur und ihren primitiven Kräften, indem sie alles rational zu erklären versuche. Mit anderen Worten, es sei der Fehler der Wissenschaft, daß wir die Verbindungen zu unseren Urerfahrungen verloren hätten.

In jüngerer Zeit haben sich Psychiater wieder im stärkeren Maße Jungs Schriften zugewandt, und die Psychologie der Archetypen erlebt eine gewisse Renaissance.

Es wird vermutlich nie gelingen, mittels klinischer Experimente die Richtigkeit von Jungs Modell zu beweisen, aber wie die von ihm ausgelöste Bewegung gezeigt hat, müssen Ideen nicht immer wissenschaftlich tragfähig sein, um Wirkungen zu erzielen.

Objektbeziehungen

Die frühkindliche Entwicklung wird von den Mechanismen der Introjektion und Projektion beherrscht. Von Anfang an introjiziert das Ich »gute« und »böse« Objekte, für die die Mutterbrust den Prototyp darstellt, und zwar den Prototyp von guten Objekten, wenn die Brust es befriedigt, von bösen, wenn sie ihm versagt wird.
Melanie Klein,
»Zur Psychogenese der manisch-depressiven Zustände« (1935)

Freud glaubte, den meisten Problemen auf die Schliche gekommen zu sein, aber er gab nie vor zu wissen, was im Kopf eines Kindes vor sich geht. Er äußerte sich in theoretischer Hinsicht zu bestimmten psychischen Frühphasen, der oralen, analen, genitalen usw., aber hielt es für unergiebig, sich selbst in der Praxis mit diesen Fragen zu befassen. Die Freudsche Psychoanalyse funktioniert nur dann, wenn der Patient gewillt und in der Lage ist, auf der Couch Platz zu nehmen.

Unter Freuds Nachfolgern war jedoch eine britische Analytikerin, Melanie Klein, die es für wichtig und notwendig hielt, sich mit den Erfahrungen der allerfrühesten Kindheit auseinanderzusetzen. Ihre hieraus resultierende Theorie der »Objektbeziehungen« ist von zentraler Bedeutung für die zeitgenössische psychoanalytische Praxis.

Der Name der Theorie geht auf Kleins Verwendung des Begriffs »Objekt« zurück, mit dem sie sich dem Phänomen der zersplitterten, fragmentarischen und außerordentlich komplexen kindlichen Wahrnehmung näherte. Für das Kind besteht die Welt nicht aus Menschen und Dingen, die kommen und gehen und sich von seinem Selbst und seinen Bedürfnissen unterscheiden, sondern vielmehr aus flüchtigen Objekten, die Lust oder Schmerz verursachen. Objekte, die Lust verursachen, sind »gute«, solche, die Unlust verursachen, »schlechte« Objekte.

Das »gute Objekt« schlechthin im Leben eines Kindes ist die Brust der Mutter, die Quelle seiner höchsten Lust.

Und die prägendste Erfahrung ist die der Fütterung, also einerseits die lustvolle Aufnahme der von der Brust gespendeten Milch mit dem Mund und andererseits, nur kurze Zeit später, die als unangenehm empfundene Ausscheidung am anderen Ende. Diese biologischen Erfahrungen konstituieren unsere frühesten psychologischen Mechanismen, die Klein, darin Freud folgend, als »Introjektion«, also Einnahme oder Verzehr externer Objekte, und »Projektion«, also Absonderung oder Ausscheidung innerer Objekte, bezeichnet. Naturgemäß möchte das Kind gute (= lustvolle) Objekte »introjizieren« bzw. konsumieren und schlechte (= unangenehme) Objekte »projizieren« bzw. ausscheiden.

Aber das Leben ist nicht leicht, und bereits unsere ersten Jahre verlaufen keineswegs sorgenfrei. Da es keinen Sinn für Zeit oder größere Zusammenhänge hat, weiß das Kind nicht, daß Mangel- oder Schmerzerfahrungen, wie etwa Hunger oder ein Hautausschlag, von kurzer Dauer sind. Und so ist es natürlich schockiert, wenn die Mutter ihm eines Tages die Brust entzieht und damit seinem paradiesischen Zustand ein Ende bereitet. Die kleinste Veränderung kann den Himmel zur Hölle machen oder umgekehrt, und das beunruhigt und verwirrt das Ich des kleinen Wesens ganz außerordentlich. Das Kind muß feststellen, daß es nur in sehr beschränktem Maße die Kontrolle über gute und schlechte Objekte besitzt, und daß es schwer ist, etwas genau dann zu sich zu nehmen oder von sich zu geben, wenn es selbst dies will.

Eine zweite Komplikation geht auf die Triebe zurück. Klein schließt sich Freuds Auffassung an, daß wir mit zwei grundlegenden, einander entgegengesetzten Trieben geboren werden, nämlich dem Todestrieb, der aggressiv und zerstörerisch ist, und dem Lebenstrieb, der uns erhält und beschützt. Die kindliche Aggression wendet sich vor allem gegen jene »schlechten Objekte«, die ihm Schmerz verursachen. Was das Kind jedoch anfangs noch nicht weiß, ist, daß einige dieser schlechten Objekte identisch sind mit

guten. So brüllt das wuterfüllte Kind zum Beispiel nach
Leibeskräften, wenn ihm die Mutterbrust die Milch ver-
weigert. Die Brust wird plötzlich zu einem »schlechten
Objekt«, das scheinbar überhaupt nichts mit der vollen,
angenehmen Brust zu tun hat.

Das unglückliche Kind möchte daher die »schlechte«
Brust zerstören und verzehrt sich in Gewaltphantasien.
Nach und nach kommt es ihm aber zu Bewußtsein, daß
die schlechte, von ihm gehaßte Brust dieselbe ist wie die
gute, die es liebt, und daß seine aggressiven, zerstörerischen Impulse sich gegen nichts anderes als gegen die
Quelle seiner Lust wenden. Aufgrund der Furcht, mittels
seiner Phantasien die eigenen Objekte und damit das eigene Selbst tatsächlich zu bedrohen, durchleidet das Kind
einen intensiven inneren Kampf zwischen zerstörerischen
und bewahrenden Trieben. Aus diesem Konflikt geht das
Über-Ich hervor, jene psychische Instanz, der es um die
Unterdrückung gefährlicher Triebe zu tun ist.

Dieses Modell kindlicher Phantasien, das Klein aus
theoretischen Überlegungen und aus ihren Beobachtungen
entwickelt hat, dreht eine der problematischsten Hypothesen Freuds völlig um. Nach Freud entwickelt sich das
Über-Ich erst, nachdem der Ödipuskomplex überwunden
worden ist, also etwa im fünften Lebensjahr des Kindes.
Klein und andere hatten jedoch selbst bei Kindern, die
nicht älter als drei Jahre waren, eine psychische Instanz beobachtet, die noch strenger und repressiver war als das
Über-Ich des Erwachsenen. Die Theorie der Objektbeziehungen erklärt nicht nur das frühe Auftreten des Über-
Ichs, sondern auch seine bemerkenswerte Strenge, die auf
die Intensität des Kampfes zwischen den infantilen Trieben und Phantasien zurückzuführen ist, welche die Realität verzerren. Kleins Theorie überwindet überdies die
peinliche Fixierung der Freudschen Theorie auf die Erfahrungen kleiner Jungen. Jungen und Mädchen empfinden
Lust und Schmerz im gleichen Maße und, alles in allem,
haben sie dieselben Phantasien, was den Verzehr oder die

Zerstörung der »Objekte« ihrer noch zusammenhang-
losen Welt betrifft.

»Die Bildung des Über-Ichs setzt dann ein, wenn das
Kind die ersten mündlichen Introjektionen seiner Objekte
vornimmt.« Mit dieser Formulierung Kleins aus »Die
frühe Entwicklung des Gewissens beim Kind« (1933)
schließen wir und verlassen damit den Bereich der psychoanalytischen Literatur.

Die Zeichen der Zeit: Postmoderne Spiele

Strukturalismus und Semiotik

> Man kann sich *eine Wissenschaft* vorstellen, *welche das Leben der Zeichen im Rahmen des sozialen Lebens untersucht*; diese würde einen Teil der Sozialpsychologie bilden und infolgedessen einen Teil der allgemeinen Psychologie; wir werden sie Semeologie (von griechisch *semeîon*, »Zeichen«) nennen. Sie würde uns lehren, worin die Zeichen bestehen und welche Gesetze sie regieren. Da sie noch nicht existiert, kann man nicht sagen, was sie sein wird. Aber sie hat Anspruch darauf zu bestehen; ihre Stellung ist von vornherein bestimmt.
> Ferdinand de Saussure, *Grundfragen der Allgemeinen Sprachwissenschaft* (1916)

Der Strukturalismus, die Untersuchung kultureller Zeichensysteme, und die mit ihm verwandte Disziplin der Semiotik, die Wissenschaft von den Zeichen, gehen beide auf denselben »Urtext« zurück, nämlich den postum veröffentlichten Band *Grundfragen der Allgemeinen Sprachwissenschaft* des Schweizer Linguisten Ferdinand de Saussure (1857–1913).

Obwohl man die beiden Disziplinen in der Praxis häufig nur schwer auseinanderhalten kann, lassen sie sich in etwa folgendermaßen charakterisieren:

• Strukturalismus ist der umfassendere der beiden Begriffe. Er bezeichnet die Suche nach gemeinsamen »Tiefenstrukturen«, die eine Fülle unterschiedlichster kultureller Phänomene miteinander verbinden. Ein typisches Beispiel aus der Anthropologie ist Claude Lévi-Strauss' Untersuchung verschiedener Mythen. Sehr viele, scheinbar ganz unterschiedliche Mythen ›bedeuten‹ im Grunde dasselbe, d. h. sie dienen demselben Zweck, und sie funktionieren auf dieselbe Weise, haben also die gleiche Struktur. Unter den Strukturalisten unterschiedlichster Couleur finden sich nicht nur Linguisten, sondern auch Philosophen, Historiker, Psychologen und Literaturwissenschaftler.

• Die Semiotik hingegen ist ein Zweig des Strukturalismus. Sie gründet sich auf die Annahme, daß alle möglichen Verhaltensweisen mit Kommunikation zu tun haben, weil es in ihnen auf »Bedeutungen« ankommt. Alles – von der Farbe der eigenen Krawatte bis zu kriegerischen Handlungen – läßt sich als »Zeichen« interpretieren, ähnlich wie ein Wort oder ein Satz. Die Semiotik studiert sprachverwandte Systeme, in denen derartige Zeichen bestimmte Bedeutungen annehmen.

Saussure verstand sich selbst weder als Strukturalist (das Wort existierte damals noch nicht) noch als Semiotiker (auch wenn er es war, der diesen Begriff erfand), aber er schuf in den *Grundfragen* für beides die theoretischen Voraussetzungen.

Am Anfang stand Saussures Kritik an der Vorliebe der zeitgenössischen Linguistik für historische und vergleichende Studien. Die Sprachwissenschaftler befaßten sich vor allem mit Einzelheiten der Geschichte und Entwicklung der modernen Sprachen und mit den Querverbindungen zwischen ihnen. Saussure bezeichnete diesen historisch-zeitlichen Aspekt als »Diachronie« und kritisierte die Linguisten dafür, daß sie ›das Pferd vom Schwanz her aufzäumten‹, da sie über keine plausible Theorie verfügten, wie Sprache in struktureller bzw. »synchroner« Hinsicht zu einem bestimmten Zeitpunkt in der Geschichte funktioniert. Um zu begreifen, worum es Saussure bei seiner Kritik ging, stelle man sich einen Naturwissenschaftler vor, der die menschliche Evolution erforschen möchte, ohne etwas von Biologie oder Physiologie zu verstehen.

Saussure versuchte, diese Mängel der Sprachwissenschaft zu beheben. Dazu unterschied er zunächst innerhalb der Sprache zwei Aspekte: die *langue*, die Struktur und Regeln der Sprache, sowie die *parole*, die Sprache, so wie sie von Fall zu Fall konkret gesprochen wird. Die *langue* ist im wesentlichen synchron – ein nach genauen Regeln funktionierendes, abstraktes System, das im Kern zu allen Zeiten dasselbe ist. Die *parole* hingegen ist diachron, das heißt, sie befindet sich in ständigem Fluß. Die *parole* ist ein Aneinanderreihen von Wörtern und Sätzen in der Zeit; sie wird zwar von den Regeln der *langue* geleitet, doch ihrem Wesen nach ist sie flüchtig und verändert sich ständig. Die *langue* hingegen kann man sich als ein gewaltiges immaterielles Wörterbuch mit eingebauter Grammatik vorstellen.

Saussure war der Ansicht, daß wir zum besseren Verständnis der Funktionsweise von Sprache zunächst die *langue* verstehen müssen, da diese im Gegensatz zur *parole* von grundsätzlicher Bedeutung ist. Nach Saussure handelt es sich bei der *langue* um eine Struktur von Zeichen, die für sich oder unabhängig voneinander keine Bedeutung besitzen, sondern nur als Teile eines Systems. Das Wort »Baum« zum Beispiel ist ein sprachliches Zeichen, das für einen deutschsprachigen Menschen eine bestimmte Bedeutung hat. Aber wenn man beispielsweise einen Eskimo mit diesem Zeichen konfrontieren würde, so besäße es keine Bedeutung für ihn. Ein Wort bedeutet nur dann etwas, wenn es einen bestimmten Platz in einem Zeichensystem, etwa der deutschen Sprache, einnimmt. Außerdem trägt es seine Bedeutung nicht einfach deshalb, weil es die Summe der Töne ist, aus denen das Wort ›Baum‹ besteht, sondern weil es sich von allen anderen Zeichen der deutschen Sprache unterscheidet.

Worum es Saussure letztlich geht, ist, daß linguistische Zeichen (Töne, Worte, Ausdrücke, Sätze usw.) keine ihnen notwendig innewohnende Bedeutung besitzen; an und für sich sind sie vielmehr inhaltsleer. Bedeutung verleiht ihnen erst das System von Zeichen – das System von Unterschieden –, das ganz und gar willkürlich ist. Es gibt keinen einsichtigen Grund, warum das Wort »Baum« im Bewußtsein das Bild eines Baumes hervorrufen sollte, warum das Wort »aber« einen Einwand markiert, noch warum »t« am Ende eines Verbs die dritte Person Singular oder ein Partizip anzeigt. Alle diese Bedeutungen kommen durch Übereinkünfte oder Konventionen zustande, die in der *langue* verkörpert sind. Bedeutung ist also etwas kulturell Hergestelltes.

Dies bringt uns zu jenem Punkt, an dem wir die Semiotik vom Strukturalismus abgrenzen können – der Unterscheidung zwischen »Signifikant« (ein Ton, eine Markierung, ein Stichwort – das Bezeichnende) und »Signifikat« (die damit verbundene Vorstellung oder das damit verbundene Bild – das Bezeichnete). So stellen etwa die Töne, die man erzeugt, wenn man das Wort »Baum« ausspricht, oder die Buchstaben auf dem Papier, wenn man es aufschreibt, einen Signifikanten dar, während das geistige Bild bzw. die Vorstellung eines Baums das dazugehörige Signifikat ist. Die Kombination von Signifikant und Signifikat bildet das Zeichen, und die Beliebigkeit des Zeichens rührt von der Tatsache her, daß Signifikant und Signifikat nur aufgrund von Konventionen miteinander verbunden sind.

Aber die Erkenntnis, daß Zeichen beliebig sind, ist nur der erste Schritt der strukturalistischen oder semiotischen Analyse. Der nächste besteht in der Untersuchung des den Zeichen zugrundeliegenden Systems bzw. der ihnen zugrundeliegenden Struktur. Der wichtigste Vertreter des Strukturalismus, Claude Lévi-Strauss (geb. 1908), ist nicht Linguist, sondern Anthropologe. Er glaubt, daß man bestimmte Riten, Glaubensformen, Praktiken, Tauschgewohnheiten oder Mythen nur dann versteht, wenn man die Gesamtstruktur einer Kultur bzw. die ihr zugrundeliegenden, unbewußten Muster kennt. So läßt sich ein Mythos nicht unabhängig von anderen analysieren, indem man ihn etwa psychoanalytisch deutet oder seinen historischen Wurzeln nachgeht. Vielmehr muß man die Gesamtheit der Mythen einer Kultur untersuchen, um die tieferliegende mythologische »Sprache« darunter zu entdecken. Diese Sprache ist im wesentlichen bipolar organisiert, das heißt, sie besteht aus Gegensatzpaaren wie rein/unrein, fruchtbar/unfruchtbar, roh/gekocht usw., die jeder Mythos auf unterschiedliche Weise ins Spiel bringt.

Obgleich die Arbeiten von Saussure und seinem Zeitgenossen, dem Philosophen Charles Sanders Peirce, bereits wichtige Elemente der Semiotik vorweggenommen hatten, wurde diese erst dank der Schriften des Franzosen Roland Barthes (1915–1980) richtig populär. Auch Barthes untersuchte Mythen, er wandte den Begriff jedoch auch auf eine Fülle zeitgenössischer Phänomene und kultureller Codes an. In den *Mythen des Alltags* (1957) etwa setzte er sich mit der Bedeutung der unterschiedlichsten Gegenstände auseinander, von Einsteins Gehirn bis zum professionellen Ringkampf, und untersuchte, wie Objekte und Handlungen in einer Kultur sekundäre oder gar tertiäre Bedeutungen annehmen. So symbolisieren etwa bestimmte Farben und Muster auf einem Stoffstück eine Nationalflagge; die Nationalflagge steht für nationale Identität; nationale Identität steht für Patriotismus; Patriotismus steht für Gehorsam gegenüber dem Staat usw.

Später wandte Barthes seine Einsichten auf die Literatur an, etwa in seinem Meisterwerk *S/Z* (1970), einer Studie zu Honoré de Balzacs Erzählung »Sarrasine«. Barthes wollte darin zeigen, daß die ›Bedeutung‹ eines Werks von einer Vielzahl unterschiedlicher Codes bestimmt wird, die semantischer, ideologischer, ästhetischer oder sonstiger Natur sind. Jeder Text (oder, wenn Sie so wollen, jeder Autor) versucht die Art und Weise, wie diese Codes funktionieren, irgendwie einzuschränken, so daß sich den Lesern diejenigen Empfindungen und Bedeutungen mitteilen, die vom Text/Autor beabsichtigt sind. In dem Maße, in dem dies dem Text gelingt, ist er »lesbar«, zielt er darauf ab, passiv konsumiert zu werden. Aber kein Autor oder Werk vermag alle Codes im Zaum zu halten und die Fülle bzw. das freie Spiel der Bedeutungen zu beschränken, die die beabsichtigte Bedeutung immer weit überschreiten. In dem Maße, in dem die Leser an der Auswahl und der Anordnung dieser »überschüssigen« Bedeutungen beteiligt sind, machen sie den Text zu einem »schreibbaren«, zu einem Gegenstand, den man aktiv wahrnimmt.

Während der fünfziger und sechziger Jahre, also während der Blütezeit des Strukturalismus, hielt er in verschiedenen Bereichen der Geistes- und Sozialwissenschaften Einzug und führte schließlich zur Entstehung mehrerer heute als »poststrukturalistisch« bezeichneter Denkschulen. Unter diesen grob verallgemeinernden Begriff fallen Bewegungen wie die philosophische Dekonstruktion und Jacques Lacans Psychoanalyse, die zwar im wesentlichen auf den Strukturalismus zurückgehen, aber eine Reihe strukturalistischer Grundannahmen in Frage stellen. Dazu gehört etwa der Vorrang der gesprochenen Sprache vor der Schrift oder die Einheit des menschlichen Subjekts. Näheres zu einer dieser ebenso aufregenden wie verwirrenden Richtungen finden sich im Kapitel **Dekonstruktion** auf S. 232.

Die Universalgrammatik

Laut Noam Chomsky (geb. 1928), der heutzutage vor allem für seine politischen Vorträge bekannt sein dürfte, ist das Gehirn im Hinblick auf die Sprache keine *tabula rasa*. Die Unmenge menschlicher Sprachen, lebender wie toter, ist sich strukturell einfach zu ähnlich, als daß es sich dabei um einen reinen Zufall handeln könnte. Das Gehirn muß von Anbeginn an mit einer »Universalgrammatik« ausgestattet sein, die es Kindern ermöglicht, eine Sprache sehr schnell zu erlernen, die aber gleichzeitig der Gestalt einer Sprache auch gewisse Beschränkungen auferlegt.

Chomsky gelangte zu dieser Auffassung aufgrund seines Studiums der Syntax, also der bedeutungstiftenden Anordnung von Worten in einem Satz. »Die Katze sitzt auf der Matte« entspricht den Regeln der deutschen Syntax und hat daher eine Bedeutung, während dies bei »Katze Matte der die auf sitzt« nicht der Fall ist. Zu Beginn von

Chomskys Laufbahn wurde die Syntax in der Sprachwissenschaft eher stiefmütterlich behandelt. Der Strukturalismus beherrschte die Szene, und die Strukturalisten interessierten sich weit mehr für die Natur des linguistischen Zeichens, also die Verkoppelung des Begriffs mit dem Vorstellungsgehalt, als für die Grammatik oder die Struktur zusammenhängender Sätze.

Auch Chomsky interessierte sich für Strukturen, allerdings nicht so sehr für die Oberflächenstruktur der Sprache, also die tatsächliche Verwendung von Zeichen, sondern für das, was er »Tiefenstruktur« nannte. Aus der Beobachtung, daß praktisch alle Kinder, unabhängig von ihrem Intelligenzgrad, leicht und schnell sprachliche Kompetenz erlangen, schloß Chomsky, daß Menschen von Geburt an über eine gemeinsame Befähigung zur Sprache verfügen müssen. Diese Fähigkeit besteht darin, daß wir bereits nachdem wir nur eine kleine Anzahl aller möglichen Sätze gehört haben, in der Lage sind, die Grundlagen der Grammatik und die Regeln zur Transformation und Neubildung von Sätzen zu erlernen.

Chomsky geht davon aus, daß das Gehirn über ein eingebautes grammatisches Vermögen verfügen muß, da keiner von uns erst die Regeln der Grammatik erlernt, bevor er zu sprechen beginnt. Wenn wir einem Kind den Satz »Da läuft ein Hund« beibringen, müssen wir diesen Satz nicht erst in seine grammatikalischen Komponenten zerlegen. Das Kind weiß irgendwie bereits, daß die Klangfolge eine Bedeutung hat, und spürt auch so, daß die Worte zueinander passen und sich so zu einer Bedeutung fügen.

Doch das ist noch längst nicht alles: Eine Untersuchung der Fülle unterschiedlicher Sprachen, die auf der Welt gesprochen werden, zeigt, daß fast alle von ihnen auf einem beschränkten Grundrepertoire gemeinsamer grammatikalischer Strukturen beruhen. Die Subjekt-Verb-Objekt-Beziehung etwa besitzt nahezu universelle Geltung. Selbst komplexere Strukturen – wie etwa Relativsätze – ähneln sich in allen Sprachen. Der deutsche Satz »Das

Buch, das ich las« entspricht dem französischen »Le livre que j'ai lu«, es handelt sich um dieselbe grammatikalische Grundstruktur. Der entsprechende hebräische Satz unterscheidet sich geringfügig, er würde etwa lauten: »Das Buch, das ich las es«, eine auch in anderen Sprachen vorkommende Reihenfolge. Diese beiden Grundformen, »das ich las« und »das ich las es«, bilden praktisch in jeder bekannten Sprache die Grundform des Relativsatzes. Warum aber nur diese beiden, wenn doch auch andere denselben Zweck erfüllen könnten? Warum »das Buch, das ich las« und nicht »Das Buch, durch mein Lesen, Vergangenheit geworden vorbei« oder irgendeine ähnliche Konstruktion?

Chomskys Antwort darauf lautet: Wegen der Universalgrammatik, also einer Grammatik, die es uns einerseits erlaubt, jede Sprache aufgrund von Beispielen zu erlernen und die andererseits die Gesamtzahl der Möglichkeiten, eine sinnvolle Wortverbindung bzw. einen sinnvollen Satz zu bilden, einschränkt. Und obgleich es normalerweise mehrere Möglichkeiten gibt, denselben Sachverhalt auszudrücken, beruht jede dieser Möglichkeiten letztlich vermittels angeborener und feststehender Transformationsregeln auf dem, was Chomsky die »Tiefenstruktur« des Satzes nennt. So ist etwa der Satz »John ist leicht zu erfreuen« eine strengen Regeln folgende Transformation aus dem expliziteren und einfacheren Satz »Es ist leicht, John zu erfreuen« (Man rücke das Objekt John an den Anfang und entferne das Subjekt »es«). Der ähnlich lautende Satz »John bereitet gerne Freude« ist mittels einer anderen Transformationsregel aus einer ganz anderen »Tiefenstruktur« abgeleitet, nämlich »John bereitet anderen gerne Freude«. Die Tatsache, daß wir instinktiv alle diese Regeln begreifen und daß wir zahlreiche verschlungene oder mehrdeutige Sätze verstehen können, stützt die Theorie einer Universalgrammatik.

Wenn sie zutrifft, so trägt Chomskys Theorie ein gutes Stück zur Klärung der Frage bei, wie es möglich ist, daß

Menschen jemals etwas Neues sagen können. Wenn der Spracherwerb rein empirisch wäre, das heißt, wenn wir Sprache ausschließlich dadurch lernen würden, daß wir anderen zuhören, ließe sich nur schwer erklären, daß wir selbst kreativ sprechen können und nicht nur Gehörtes wiederholen. Zumindest die Fähigkeit, neue Worte und Gedanken in erlernten Satzformen auszudrücken, muß angeboren sein.

Chomsky begnügt sich aber nicht mit dieser Erkenntnis. Er geht davon aus, daß zwischen den unter der Sprachoberfläche befindlichen Tiefenstrukturen und der Funktionsweise des Gehirns ein innerer Zusammenhang besteht. Sprache ist daher für ihn ein »Spiegel des Geistes« (*Reflexionen über die Sprache*, 1975). Stark vereinfacht gesagt, steht das, was wir *denken* können, in einem Zusammenhang mit dem, was wir *sagen* können, aber nicht weil Gedanken und Vorstellungen im wesentlichen sprachlicher Natur sind (auch wenn dies manche behaupten), sondern weil das Gehirn darauf angelegt ist, Sprache zu erwerben, und seine Konstruktionsweise bestimmt, wie wir denken.

Chomskys Ideen haben sowohl die Linguistik als auch die Kognitionswissenschaft revolutioniert und spielen in beiden Gebieten nach wie vor eine große Rolle, auch wenn Chomsky seine linguistischen Modelle weiterentwickelt hat und er mittlerweile eine als »Minimalismus« bezeichnete Version seiner Theorie vertritt. Aber natürlich stoßen auch seine Theorien an Grenzen: Das gilt vor allem für das Verständnis von Sprechakten, die ihn wesentlich weniger interessierten als das Sprachvermögen als solches. Die Dynamik von Gesprächen sowie die Feinheiten der praktischen Kommunikation werden von der Universalgrammatik nicht erfaßt, doch manchmal ist die Oberfläche eben wichtiger als das, was sich darunter befindet. Daß wir alle dazu imstande sind, kreativ zu sprechen, bedeutet ja nicht, daß wir es auch alle tun, und die Tatsache, daß wir »Ich liebe dich« und »Red keinen Quatsch!« sagen und verstehen können, heißt noch nicht, daß wir diese Aussagen auch beherzigen.

Die Dekonstruktion

Natürlich kann man nicht auf denselben Begriff der Schrift zurückgreifen und die Dissymmetrie, die man in Frage gestellt hatte, einfach umkehren. Es geht vielmehr darum, einen neuen Schriftbegriff zu schaffen. Man kann ihn *gramma* oder *différance* nennen. Das Spiel der Differenzen setzt in der Tat Synthesen und Verweise voraus, die es verbieten, daß zu irgendeinem Zeitpunkt, in irgendeinem Sinn, ein einfaches Element als solches *präsent* wäre und nur auf sich selbst verwiese. Kein Element kann je die Funktion eines Zeichens haben, ohne auf ein anderes Element, das selbst nicht einfach präsent ist, zu verweisen, sei es auf dem Gebiet der gesprochenen oder auf dem der geschriebenen Sprache. Aus dieser Verkettung folgt, daß sich jedes »Element« – Phonem oder Graphem – aufgrund der in ihm vorhandenen Spur der anderen Elemente der Kette oder des Systems konstituiert. Diese Verkettung, dieses Gewebe ist der *Text*, welcher nur aus der Transformation eines anderen Textes hervorgeht. Es gibt nichts, weder in den Elementen noch im System, das irgendwann oder irgendwo einfach anwesend oder abwesend wäre. Es gibt durch und durch nur Differenzen und Spuren von Spuren.
Jacques Derrida, »Semiologie und Grammatologie« (1968)

Alles klar? Falls nicht, besteht kein ernsthafter Anlaß zur Sorge, denn es ist gar nicht so leicht zu begreifen, worum es den Dekonstruktivisten eigentlich geht, da ihre Schriften häufig so verwirrend sind. Gleichwohl sollte man sich davor hüten, sich leichtfertig an der heute weitverbreiteten Dekonstruktivistenschelte zu beteiligen, denn viele, die den Begriff »Dekonstruktion« ge- oder mißbrauchen, haben in Wirklichkeit keine Ahnung, wovon sie eigentlich sprechen.

Dafür machen diese Leute dann gerne die Dekonstruktivisten selbst, insbesondere den bekanntesten unter ihnen, Jacques Derrida (geb. 1930), verantwortlich. Die

Vertreter der *deconstruction* seien an der Verunglimpfung des Begriffs selbst schuld, da sie auf grausame Weise mit der Sprache umspringen würden und alles, was gut und richtig sei, verleugneten. So bestreite der Dekonstruktivismus die Existenz von Wahrheit, propagiere einen grenzenlosen Relativismus, bezeichne jegliche Ethik als haltlos und behaupte, Sinn sei eine Illusion. Damit wird die Dekonstruktion dann schnell zur Quelle aller Übel der modernen Gesellschaft, von der *political correctness* bis zum moralischen und ästhetischen Werteverfall.

Obwohl auch solche Verzerrungen ein Körnchen Wahrheit enthalten, gibt es doch keinen Grund zur Panik. Denn Derrida und seine Mitstreiter betreiben alles andere als eine nihilistische Kampagne zur Zerstörung der Kultur. Was sie in Frage stellen, ist lediglich die metaphysische Tradition der westlichen Philosophie, die sie für ein bodenloses Luftschloß halten.

Die folgende Kurzfassung dessen, worum es den Dekonstruktivisten geht, ist für diejenigen, die gerne auf die Details verzichten: Schon seit den Vorsokratikern haben die Philosophen bestimmte Ideale wie »Wahrheit«, »Ursprünglichkeit«, »Sein« und »Präsenz« postuliert und auf diesen Kategorien und deren Gegensätzen Systeme errichtet. Die Wunschvorstellung der Philosophen war es, diesen metaphysischen Grundprinzipien auf die Spur zu kommen und Licht in das mit ihnen verbundene Dunkel zu bringen. Doch leider sind diese Prinzipien durch und durch fehlerhaft, und jeder Versuch, sie zu verteidigen, muß unvermeidlicherweise an der Fülle der ihnen innewohnenden Tautologien und Widersprüche scheitern.

Und nun etwas genauer: In Derridas bekanntestem Werk, der *Grammatologie* (1967), nimmt er gleich mehrere Ziele ins Visier, nicht zuletzt die strukturalistischen Schriften Saussures und Lévi-Strauss'. Laut Derrida verfällt Saussure dem uralten Fehler, Sprache als etwas Reineres und Ursprünglicheres aufzufassen als Schrift. Von der Sprache wird demnach angenommen, sie verleihe den Gedanken Präsenz und Gestalt, während es sich bei der Schrift lediglich um einen Parasiten, eine minderwertige Kopie der Sprache handele. Derrida nennt diese Doktrin *Logozentrismus.*

Doch damit nicht genug. Der Logozentrismus von Saussure und seinen Vorgängern sei lediglich ein Symptom für die metaphysische Tendenz, die Wirklichkeit in Gegensatzpaare aufzuteilen, von denen jeweils eines »gut«, das andere »schlecht« sei. Die gesprochene Sprache selbst besteht nach Saussures Auffassung aus zwei in Opposition zueinander stehenden Teilen, den »Signifikaten« (Bedeutungen) und den »Signifikanten« (Lauten bzw. Lautfolgen, die diese Bedeutungen evozieren); die Signifikate gehen den bedeutungslosen und beliebigen Signifikanten voraus und sind wesentlicher als diese. Eine kleine Liste solcher Gegensatzpaare enthielte beispielsweise die folgenden:

Sprache : Schrift
Signifikat : Signifikant
anwesend : abwesend
innen : außen
Präsentation : Repräsentation
zentral : marginal
ernsthaft : rhetorisch
Sein : Nichts
wahr : falsch
Natur : Kultur

Metaphysiker nehmen die Welt mittels solcher Kategorien wahr und betrachten, bewußt oder unbewußt, das erste Glied jedes Paares als ursprünglicher, reiner oder besser als das zweite. Sie hinterfragen nicht, welchen Sinn es hat, solche Unterscheidungen vorzunehmen. Und sie können auch nicht erklären, wie es zu solchen Unterschieden überhaupt kommen konnte, wenn Sprache, Natur usw. so rein, präsent und gut sind, wie sie behaupten.

Den Dekonstruktivisten geht es nicht darum, derartige Gegensätze zu beseitigen – das wäre ein müßiges Unterfangen. Und es geht ihnen auch nicht darum, zu demonstrieren, daß das jeweils zweite Element (Schrift, Signifikant, abwesend usw.) besser ist als das erste (Sprache, Signifikat, anwesend usw.), was ja letztlich auf dasselbe in Grün hinausliefe. Vielmehr soll gezeigt werden, daß sich hinter den Unterschieden der Begriffe ihre wechselseitige Abhängigkeit oder gar Identität verbirgt.

Nehmen wir das Beispiel der Unterscheidung von Sprache und Schrift. Nach der traditionellen philosophischen Auffassung wird Sprache in mehrfacher Hinsicht mit der Präsenz eines Sprechers gleichgesetzt. Der Sprecher ist körperlich anwesend, während er spricht, und das, was er sagt, ist die unmittelbare Präsentation seiner Gedanken und Gefühle. Andererseits zeichnet sich die Schrift durch die potentielle *Abwesenheit* des Schreibenden aus: Man kann Rousseaus Worte lesen, auch wenn Rousseau selbst längst tot ist. Die physische Absenz Rousseaus trägt außerdem dazu bei, daß man sich über seine eigentlichen Absichten kaum noch Gewißheit verschaffen kann. Wenn einer seiner Sätze widersprüchlich oder verwirrend wirkt, kann man ihn nicht einfach anrufen und fragen, wie der Satz gemeint ist. Bei der Entscheidung über die wahre Bedeutung des Geschriebenen bleibt es daher letztlich bei gelehrten Mutmaßungen.

Derrida will zeigen, daß auch das Sprechen keinen sicheren Schutz vor Absenz, Verwirrung und Irrtum bietet. Vielmehr geht es beim Sprechen gerade um Abwesenheit, denn wenn etwas dem Auge oder Geist gegenwärtig und seine Bedeutung bzw. sein Zweck klar wäre, dann bestünde ja kein Bedarf, darüber zu sprechen. Wir sprechen, um auf Dinge hinzuweisen, auf Objekte, Ideen, Einstellungen usw., die nicht da sind oder die wir nicht verstehen. Und da Worte die Dinge, über die wir sprechen, nicht herbeizaubern können, tragen sie dazu bei, ihre Abwesenheit zu unterstreichen.

Obwohl wir uns also unterhalten, um das zu vergegenwärtigen, was abwesend ist, um den Raum zu füllen und der Stille und der Leere zu entgehen, produzieren wir doch letztlich immer nur Signifikanten, keine Signifikate. Das meint Derrida auch mit seiner kryptischen Bemerkung »*Il n'y a pas de hors-text*« – »Es gibt kein Außerhalb-des-Textes«. In dieser Sprachverwendung meint »Text« jedes Ausfindigmachen von Unterschieden, die Verwendung von Markierungen, um *dies* und *das* auseinanderzuhalten oder um das, was abwesend ist, zu benennen.

Die gesprochene Sprache ist nicht weniger textuell als die Schrift, sie führt ebenso leicht zu Verwirrungen und läßt sich genauso leicht mißverstehen. Wir kennen alle jene endlosen Streitereien, bei denen jedes neue Wort nur zu weiteren Differenzen statt zu größerer Einigkeit führt. Und ein gesprochenes Wort scheint notgedrungen das nächste zu provozieren, statt einen Sachverhalt aufzuklären und alle Beteiligten verstummen zu lassen. Wie mache ich das, was ich meine, klar? Indem ich Worte bzw. Zeichen benutze. Doch sind diese Zeichen eindeutig? Wie erkläre ich nun diese Zeichen? Mit noch mehr Worten oder Zeichen. Und so weiter und so fort.

Laut Derrida gibt es nichts, was außerhalb dieser Kette von Absenz und Referenz existiert. Doch wenn man von »innerhalb« und »außerhalb« spricht, heißt dies, daß man auf dieselben alten Kategorien zurückgreift, die davon ausgehen, daß alle guten Dinge wie Präsenz und Sein bereits von den schlechten wie Absenz und Nichts verdorben wurden. Die Vorstellung, daß es jemals eine Zeit oder einen Naturzustand gab, die von Absenzen, Differenzen und Textualität frei gewesen wären, erscheint ihm als ein höchst zweifelhafter metaphysischer Wunschtraum.

Ob gesprochen oder geschrieben, Zeichen pflanzen sich unermüdlich selbst fort. Die Signifikanten strömen dahin wie ein Fluß. Die Rede kennt keine Haltepunkte, kein letztes Wort, keine transzendentale Verankerung, keine ultimative Wahrheit oder Präsenz, die wir herbeizi tieren können, damit sie all dem Gerede und Geschreibe ein Ende bereiten. Wie entscheiden wir, ob etwas wahr, etwas authentisch, etwas präsent ist, anders als durch die Rede?

Sprache und »Schrift« bilden – in Derridas erweitertem Begriffsverständnis – ein geschlossenes System, dessen einziger Kontext es selbst ist. Wenn man in einem Wörterbuch ein Wort nachschlägt, so findet man weitere Worte, und wenn man diese nachschlägt, stößt man wiederum auf Worte usw. usf. Nichts außerhalb der Sprache kann deren Wahrheit, Authentizität, Präsenz oder Bedeutung beglaubigen; Beweise, Veranschaulichungen, Argumente, Vergleiche und Gegenüberstellungen sind allesamt sprachliche (»diskursive«) Gesten. Derrida behauptet also nicht, daß nichts einen Sinn hat, sondern daß wir von viel mehr »Sinn« umgeben sind, als irgend jemand je zu fassen imstande wäre.

Derrida »dekonstruiert« noch einige weitere grundlegende metaphysische Gegensätze wie Mitte/Rand und Präsenz/Absenz. Stets jedoch demonstriert er, daß der erste Begriff nie für sich steht, sondern immer nur im Verhältnis zu dem zweiten zu begreifen ist. Ein Kreis besitzt nur deshalb eine »Mitte«, weil er einen »Rand« besitzt; ein Ding ist präsent nur im Hinblick auf seine eigene potentielle Absenz und die tatsächliche anderer Dinge. Die Ideen, die wir für die »wesentlichen« innerhalb der westlichen Denktradition halten, sind es nicht deshalb, weil sie klar und zweifelsfrei eine transzendentale Wahrheit enthüllen, sondern weil man sie zu den zentralen erklärt hat. Sie sind durch den *historischen* Prozeß zu zentralen Ideen geworden.

Derrida bestreitet also nicht, daß Wahrheit, Schönheit und Güte existieren, denn sie existieren ja in allen Kulturen – als Funktionen. Was er bestreitet, ist vielmehr, daß es sich um transzendentale Realitäten handelt, die außerhalb ihrer selbst existieren und menschliche Vorstellungen, Rede und Geschichte beglaubigen. Kurzum, die Menschen werden in alle Ewigkeit reden, und keine absolute Wahrheit oder absolute Präsenz wird jemals von oben herabsteigen, um dem ein Ende zu bereiten. Und das ist tröstlich / beunruhigend zugleich.

Das »Globale Dorf«

> Die elektronischen Medien des postliterarischen Menschen lassen die Welt auf das Format eines Dorfes oder Stammes zusammenschrumpfen, wo sich alles für alle zur selben Zeit ereignet. Alle wissen von allem, was passiert, in dem Augenblick, in dem es passiert, und nehmen daher auch in diesem Augenblick daran teil. Das Fernsehen verleiht den Ereignissen im globalen Dorf die Eigenschaft der Gleichzeitigkeit.
> Marshall McLuhan, *Explorations in Communication* (1960)

Herbert Marshall McLuhan (1911–1980) war so sehr damit beschäftigt, die gesamte westliche Zivilisation zu erklären, daß ihm dabei eine Menge Einzelheiten entgingen. Und auch sonst wirkt mancher seiner Gedanken etwas eigenartig und erweckt den Eindruck, als läge der Gegenstand jenseits seines Kompetenzbereichs. Dessenungeachtet sind aber seine zentralen Aussagen bestechend klar, und seine Grundeinsichten faszinieren bis heute.

McLuhan prophezeite eine kulturelle Wende, die von den neuen Technologien, insbesondere den elektronischen Medien, herbeigeführt werde. Dieser Wandel würde zu dem von ihm bereits 1960 vorausgesagten »Globalen Dorf« führen. Gemeint ist damit eine Welt, in der dank Radio, Fernsehen und, seit McLuhans Tod, Faxgeräten und Computernetzen, ferne Ereignisse direkt übermittelt und erlebt werden können. Der Raum kollabiert, die Zeit verdichtet sich, und damit zerfließen auch die Grenzen solch traditioneller, beschränkter Welten, wie sie die Gemeinde und die Nation darstellten. Unsere Leben sind nun unauflöslich verwebt mit denen aller anderen Völker.

Dies ist eine Beobachtung von grundlegender Bedeutung, doch McLuhan blieb dabei nicht stehen. Er entwickelte eine umfassendere Theorie in seinem Buch *Die Gutenberg-Galaxis* (1962), die er mit der Einführung des Buchdrucks in Europa beginnen läßt. McLuhan war der Meinung, daß Gutenbergs Erfindung nicht nur dazu führte, daß Bücher große Verbreitung erlangten, sondern daß sie das Bewußtsein selbst revolutionierte. Nachdem die Griechen in der Antike ein phonetisches Alphabet eingeführt hatten, waren sie imstande, Ideen in linearer Reihenfolge aufzuzeichnen und konnten daher auch linear und rational denken. Der Buchdruck verbreitete dieses Denken in der gesamten westlichen Zivilisation. Und dadurch, daß Texte nun leicht zugänglich wurden, entstand ein neues Verhältnis zwischen dem Ich und der Gesellschaft. Denn Buchkulturen begünstigen den Individualismus und das Nachdenken über sich selbst. Der »Gedankenfreiheit« und unvoreingenommenen Analyse kommt in ihnen ein besonderes Gewicht zu.

In vorliterarischen Kulturen ist die Situation eine völlig andere. Die Kultur vor der Erfindung des Buchs, die mündliche Kultur, konzentrierte sich ganz auf das Sprechen und Hören; das Wissen wird von Älteren weitergegeben, und die kulturellen Aktivitäten rühren eher von der Tradition als von individueller Initiative her. Nach McLuhans Einschätzung sind die mündlich vermittelten Erfahrungen nicht nur konkreter und gemeinschaftsbildender, sondern auch unmittelbarer, dramatischer und emotionaler als die primär visuellen Erfahrungen, die durch Texte vermittelt werden. Die Welt des Klangs ist eine von Bewegung und Handlung bestimmte Welt, bei der sich die gesamte Erfahrung auf die Gegenwart konzentriert. Die Welt des Blicks hingegen ist eine kalte, durch Distanz und Abstraktion gekennzeichnete Welt. Das meiste von dem, was wir sehen, im Gegensatz zur Mehrzahl der Dinge, die wir hören, bleibt an einem Ort und verändert sich kaum. Zum Visuellen besitzen wir größere Distanz; wir können es umkreisen, Abstand von ihm nehmen, es analysieren, es in ein bestimmtes Verhältnis zu anderem setzen.

Zu Beginn seiner Laufbahn war McLuhan ein Verfechter der rationalistischen und linearen Werte der Buchkultur, die er durch Radio und Fernsehen bedroht sah. In späteren Werken präzisierte er zwar seine Untersuchungen, verzichtete jedoch auf Werturteile. Neue Technologien überwältigen uns, stellen Perspektiven in Frage, die auf einer gewissen zeitlichen und räumlichen Distanz beruhen. Sie entziehen sich der Analyse und brechen scheinbar Geschlossenes auf: Doch all dies sei nicht notwendig *schlecht*. Dank ihrer Aufhebung von Grenzen bringt uns die verflüssigte, zusammenhangslose, ewige Gegenwart der durch die Massenmedien vermittelten Erfahrung gewissermaßen auch einer ultimativen Realität näher, die nach den Erkenntnissen der modernen Physik eher aus offenen Feldern und Wahrscheinlichkeiten besteht denn aus festen Objekten und Gewißheiten. Nach McLuhans Auffassung ist eine auf das Visuelle fixierte Kultur verarmt, sie verfügt über keinen Zusammenhalt und entbehrt jenen Erfahrungsreichtum, der *sämtliche* Sinne einbezieht.

Die elektronischen Medien führen uns gleich auf mehrere Weise zurück ins »Dorf«. »Heute«, prophezeite McLuhan in der *Gutenberg-Galaxis*, »bewegen wir uns wieder rasch in Richtung einer auditiven Welt der simultanen Ereignisse und der Aufmerksamkeit für alles und jedes.« Neue Technologien sorgen für eine Wiederbelebung der Stammeskultur und versetzen uns in eine Zeit zurück, in der die Realität unmittelbarer und reichhaltiger war, vor dem Sieg der Distanzierung, der Abstraktion und Linearität, die in der mechanistischen Wissenschaft eines Descartes und Newton ebenso vollkommenen Ausdruck gefunden haben wie im Fließband der Fabrik des 20. Jahrhunderts. Die Boulevardpresse, so McLuhan, »bietet keine einzige Vision, keinen Standpunkt, sondern lediglich ein Mosaik der Posen des allgemeinen Bewußtseins«. »Heute streben unsere Wissenschaften und Denkmethoden nicht auf einen Standpunkt zu, sondern sie suchen zu entdecken, wie man einen Standpunkt umgehen kann; nicht die ausschließende und perspektivische, sondern die Methode des offenen ›Feldes‹ und des schwebenden Urteils wird angestrebt. Sie ist heute unter den elektronischen Bedingungen simultaner Informationsbewegung und totaler menschlicher Interdependenz die einzige brauchbare Methode.«

Nicht jeder wird den Enthusiasmus McLuhans teilen können. Auch wenn die gesamte Menschheit dank CNN und Internet zu einem Stamm zusammengewachsen ist, gibt es doch noch immer hinreichend viele einzelne Clans, deren Verhalten äußerst bedenklich ist. Die Tagesereignisse beweisen, daß das globale Dorf noch ein gutes Stück von der Vision der einen großen, glücklichen Familie entfernt ist. Und auch die Tatsache, daß die magischen Stammesrituale heutzutage von Werbepriestern zelebriert werden, ist nicht eben beruhigend, was McLuhan selbst zugibt. »Jedes westliche Kind wächst heutzutage in dieser magischen, durch ständige Wiederholungen gekennzeichneten Welt auf, indem es im Radio und Fernsehen Werbebotschaften aufnimmt.« Das globale Dorf wird nicht nur durch den unaufhörlichen Fluß von Informationen und Bildern geeint, sondern auch durch die Omnipräsenz von McDonald's und *Terminator*-Filmen. Vielleicht hilft es, ab und zu mal wieder ein Buch zu lesen.

»Das Medium ist die Botschaft«

> In einer Kultur wie der unseren, die seit langem daran gewöhnt ist, die Dinge um der besseren Kontrolle willen aufzusplitten und auseinanderzunehmen, ist es manchmal ein wenig schockierend, daran erinnert zu werden, daß in der Praxis das Medium die Botschaft ist. Damit soll aber lediglich gesagt werden, daß die persönlichen und sozialen Folgen jedes Mediums, das heißt jeder Erweiterung unseres Selbst, das Ergebnis des neuen Maßstabs ist, der durch die Erweiterung unseres Selbst oder durch jede neue Technologie eingeführt wird.
> Marshall McLuhan, *Die magischen Kanäle.* (1964)

Wenn man Marshall McLuhans Slogan »Das Medium ist die Botschaft« etwas merkwürdig findet, ist das kein Anlaß zur Besorgnis: Er *ist* etwas merkwürdig. Indem er den Satz bewußt vage formulierte, wollte McLuhan seine Leser zum Nachdenken anregen. Eine mögliche »Übersetzung« des Satzes könnte lauten, »das Kommunikationsmittel (Medium) übt eine stärkere Wirkung (Botschaft) aus als die jeweilige Information, die es vermittelt«.

McLuhan betrachtete die Kommunikationstechnologien als Erweiterungen unserer Körper und Sinne: Die Kamera ist eine Erweiterung des Auges, das Radio eine Erweiterung des Ohrs und so weiter. Seine entscheidende Einsicht war, daß Technologien nie neutral sind, daß sie keine durchsichtigen Vehikel zur Übermittlung von Botschaften sind. Vielmehr verwandeln sie unsere Sinne, indem sie sie erweitern, und verändern unser Verhältnis zu Raum und Zeit und beeinflussen so unser Verhalten in der Welt.

So führte beispielsweise die Erfindung der Schrift nicht nur zur Erweiterung unseres Vermögens, über Raum- und Zeitgrenzen hinweg miteinander zu kommunizieren, sondern ermöglichte erst die Entwicklung des rationalen und analytischen Denkens, das das Verhältnis des Menschen zur Natur und zueinander nachhaltig verändert hat. Und die Erfindung der Druckerpresse und des Buches war von entscheidender Bedeutung für die Entfaltung des Indiviualismus bis zum 17. Jahrhundert, indem sie das zurückgezogene Lesen und Nachdenken förderte. Die »Botschaft« (bzw. das Ergebnis, die Wirkung) des Schreibens war das analytische Denken, die »Botschaft« des gedruckten Buches der Individualismus.

Obwohl er von Hause aus eigentlich Anglist war, ist McLuhan am bekanntesten für seine Schriften über elektronische Medien, insbesondere das Fernsehen. Das Fernsehen bezeichnete er als »kaltes« Medium, das sich durch intime Bilder mit niedriger Auflösung sowie durch Inhalte auszeichnet, die einen hohen Grad an Zuschauerbeteiligung erforderlich machen. Den Gegensatz hierzu bilden die »heißen« Medien, etwa der Film und die Printmedien, die sich durch Bilder mit sehr hoher Auflösung auszeichnen und zum passiven Konsum einladen.

Obwohl McLuhan den Kritikern zustimmte, die die Auffassung vertraten, das Fernsehen werde die Gesellschaft radikal verändern, hielt er überhaupt nichts von Moralaposteln, die versuchen, bestimmte Programme zu zensieren. Er behauptete, nicht der Inhalt des Fernsehens, also die Programmgestaltung, sei das Entscheidende, sondern was die Gesellschaft verändere, sei der durch dieses Medium stimulierte neue Blick auf eine Welt, in der »Informationen« weniger wichtig seien als bestimmte emotionale Verhaltensmuster. McLuhan vertrat die etwas romantisch anmutende Auffassung, daß das Fernsehen jungen Menschen das »mythische Denken« wieder näherbringen würde – »die unmittelbare Einsicht in einen komplexen Prozeß, der sich normalerweise über einen längeren Zeitraum erstreckt«.

Das Fernsehen negiert also Raum und Zeit, indem es Abend für Abend eine viele Jahrhunderte alte Historie aus sämtlichen Winkeln der Erde in unsere Wohnzimmer überträgt und damit zur Schaffung des »globalen Dorfes« maßgeblich beiträgt. Bei diesem Vorgang läßt das Fernsehen aber das, was es zeigt, auch »erkalten«, es entschärft

Konflikte, verwandelt Menschen in zweidimensionale Wesen und erlaubt uns so, nach Gutdünken zwischen Berichten von Kriegsschauplätzen und Bierwerbung hin- und herzuzappen. Die niedrig auflösende, zur Teilnahme einladende, prozeßorientierte »Botschaft« des Fernsehens wird vielleicht am deutlichsten in Sendungen wie »Wie würden Sie entscheiden?« oder »Wetten daß« und findet ihre konsequente Fortsetzung in all den rasant vorbeirauschenden »New Wave«-Werbespots à la MTV, jenem unermüdlichen, aus mythischen Grundmustern zusammengewürfelten Hochglanzgeflackere.

McLuhan prophezeite, daß die Transformation der Gesellschaft durch das Fernsehen die Druckerzeugnisse letztlich überflüssig machen würde, und vielleicht bewahrheitet sich seine Prophezeiung ja eines Tages noch. Viele Zeitungen richten sich mittlerweile in ihrer Aufmachung nach dem Fernsehbildschirm. Aber McLuhan hat auch gesagt, daß das Fernsehbild, wenn es erst einmal die Schärfe und den Auflösungsgrad des Films erreicht habe, kein Fernsehen mehr sei, weil es dann nicht mehr »kalt« ist. Hätte er HDTV noch erlebt – McLuhan starb 1980 –, würde er heute vielleicht das Ende des Fernsehens in seiner jetzigen Gestalt voraussagen.

Virtuelle Realität

Den Ausdruck »Virtuelle Realität« hört man heute allerorts, aber ob es sie wirklich irgendwo gibt, darf zumindest bezweifelt werden. In die Wörterbücher hat sie bislang jedenfalls keinen Einzug gehalten, so daß sie zumindest in sprachlicher Hinsicht eher virtuell bleibt. In der Praxis gewinnt man heute noch am ehesten eine Vorstellung von der virtuellen Realität, wenn man sich in einer Spielhölle an einen dieser hochgerüsteten Videospielapparate setzt.

244

Warum nun aber der ganze Wirbel um die virtuelle Realität? Die Antwort ist einfach: Weil sie schon bald Einzug in unsere Wohnzimmer halten wird. Da Computer von Tag zu Tag schneller, besser und billiger werden, erweitern sich auch die Möglichkeiten für immer überzeugendere Simulationen realer Geschehnisse. Die computererzeugte Realität der Zukunft wird nicht nur aus hochauflösenden Bildern bestehen, sondern auch aus solchen, die man, nach Aussage von Experten, selbst wird betreten können.

Der Begriff Virtuelle Realität (VR) stammt ursprünglich aus der Computersprache; die Informatiker meinten mit »virtuell« eigentlich etwas, das zwar in der Realität nicht existiert, aber dank bestimmter Software dennoch so wirkt, als existiere es. 1959 wurde erstmals der noch heute gängige Ausdruck »Virtual Memory« verwendet, mit dem ein Festplattenspeicher gemeint ist, der von einer Systemsoftware so behandelt wird, als handle es sich um RAM [Random Access Memory]. Die VR ist also eine von Computersoftware erzeugte sensorische Erfahrung, eine dreidimensionale Simulation, die, wenn alles optimal funktioniert, völlig realistisch aussieht, klingt, riecht und sich auch so anfühlt.

Wie so viele neue Technologien ist auch die VR aus den Forschungen der amerikanischen Rüstungsindustrie hervorgegangen, wo sie auch erstmals zum Einsatz kam. Am Anfang standen dabei Flugsimulatoren, die in den späten vierziger Jahren für die Ausbildung von Kampfpiloten entwickelt wurden. Die Simulatoren erlaubten es den Piloten, verschiedene schwierige Situationen ohne Gefahr für ihr Leben und die teuren Kampfflugzeuge zu üben. Howard Rheingold berichtet in seinem Buch *Virtuelle Realität* (1991), daß ein Jahrzehnt später Morton Helig, der als Kameramann in Hollywood arbeitete, seinen »Sensorama-Simulator« entwickelt habe, mit dem man unter anderem die virtuelle Erfahrung einer Fahrt auf dem Motorrad durch Brooklyn machen konnte.

Aber Heligs Konstruktion, die sich nicht auf den Seh-
sinn beschränkte, sondern alle Sinne ansprechen wollte,
gelangte nie über das Entwicklungsstadium hinaus. Erst
in den achtziger Jahren, als das amerikanische Verteidi-
gungsministerium und die NASA das Potential der VR
(die mittlerweile am Massachusetts Institute of Technology und an anderen Orten beträchtlich weiterentwickelt
worden war) erkannte, wurde dieser Technologie ernst-
hafte Aufmerksamkeit und die entsprechende finanzielle
Zuwendung zuteil. Die VR geht insoweit über die reine Simulation hinaus, als in ihr nicht nur eine bestimmte Erfahrung imitiert oder simuliert wird, sondern auch die
Umgebung und die Bedingungen, die es erlauben, tatsächlich neue Erfahrungen zu machen. Es handelt sich um eine
Realität, die sich in einer virtuellen Umgebung ereignet –
und mit jedem Tag scheint diese Realität ein Stück näher
zu rücken. Bislang ist die technische Grundausstattung
der Virtuellen Realität – Helme, »Power Gloves«, VR-Bril-
len und vergleichbare mit dem Computer verbundene Ap-
paraturen – noch relativ unausgegoren, insbesondere was
die kommerziellen Anwendungen betrifft. Doch die für
die Zukunft geplanten Projekte sind zweifelsohne impo-
sant: virtuelle Gebäude, die man begehen kann, bevor mit
dem Bau begonnen wird; virtuelle Ferngespräche, bei denen man jemanden, der Tausende von Kilometern entfernt
ist, berühren oder ihm die Hand schütteln kann; virtuelle
Manipulation von Molekülen mit Power-Glove-Händen;
virtuelle Reisen durch den Körper eines Patienten; virtuelle Konferenzen für Geschäftsleute. Nicht zuletzt die Vorstellung, bald virtuellen Sex haben zu können, scheint für
viele Menschen verlockend zu sein. Doch man sollte vielleicht nicht allzu große Hoffnungen hegen, was den technischen Fortschritt in diesem Bereich angeht.

Auf der Suche nach der unsichtbaren Hand: Die Wirtschaft

Greshams Gesetz

Greshams Gesetz – »Schlechtes Geld verdrängt gutes« – klingt einleuchtend, aber was bedeutet es? Der Satz wird unterschiedlich interpretiert, aber meistens meint man heute damit, daß sich durch kluge Investitionen einzelner Menschen früher oder später Scharen von schlechten oder unfähigen Investoren angelockt fühlen, es ihnen gleichzutun. Clever investiertes Geld einzelner verleitet die Massen zur trügerischen Hoffnung auf die schnelle Mark.

Doch das war nicht die ursprüngliche Bedeutung des »Gesetzes« zur Zeit von Sir Thomas Gresham (ca. 1519 bis 1579), der im 16. Jahrhundert Englands bedeutendster Geschäftsmann war. Um Greshams unternehmerisches Genie und seine Qualitäten als hoher Regierungsbeamter rankten sich schon zu seinen Lebzeiten Legenden. Unter anderem repräsentierte er die englische Krone in Antwerpen, das damals Europas Handelsmetropole war. Zu seinen Pflichten gehörte die Verwaltung der königlichen Schulden und das Aushandeln der Tauschsätze für Fremdwährungen, so daß Gresham auf diesem Gebiet sowie in Fragen des Geldumlaufs rasch zum Experten avancierte.

Die Legende besagt, daß Gresham schon bald nach der Thronbesteigung Elizabeths I. (1558) nachdrücklich von sich reden machte, indem er ihr schrieb, Englands Währung – und damit auch Englands Waren – hätten auf dem ausländischen Markt einen schweren Stand. Gresham machte taktvollerweise Elizabeths Vorgängerin Maria Stuart (»Bloody Mary«) für diese Situation verantwortlich, da diese der Wertminderung des Münzgeldes zugestimmt habe.

Da niemand die minderwertigen Münzen haben wollte, die aus schlechterem Metall waren als diejenigen, welche sich bereits im Umlauf befanden, versuchte jeder, das »schlechte« Geld loszuwerden und das »gute« zu horten. So verschwanden die besseren Münzen allmählich aus dem Verkehr, und mit den schlechteren legte man den Tauschwert fest. In Greshams Worten: »Schlechtes Geld verdrängt gutes.« (Gresham zitierte damit eigentlich nur ein Sprichwort, aber das hinderte den Wirtschaftswissenschaftler Henry Macleod nicht daran, den Satz 1858 erstmals als »Greshams Gesetz« zu bezeichnen.)

1568 gründete Gresham nach dem Vorbild Antwerpens in London die Königliche Börse als einen Ort, an dem sich Kaufleute treffen, kennenlernen und miteinander Handel treiben konnten. Das Gebäude war mit zahlreichen steinernen Heuschrecken verziert, dem Tier, das Greshams Familienwappen schmückte, und so entstand die Tradition, daß englische Bankiers, Goldschmiede, Juweliere und Angehörige ähnlicher Berufssparten Heuschrecken in ihren Firmenzeichen führen.

Einer weiteren Legende zufolge verdanken wir Gresham außerdem ein eindrucksvolles Beispiel für die Freude seines Zeitalters am offen zur Schau gestellten Konsum. Als Königin Elizabeth I. das erste Mal die neue Börse besuchte, soll Gresham ihr zu Ehren einen Weinpokal erhoben haben, in dem er einen pulverisierten Edelstein im Wert von £ 15 000 aufgelöst hatte. Das bemerkenswerteste daran: Er soll das Zeug tatsächlich getrunken haben.

Laissez-faire
und das Gesetz des abnehmenden Ertrags

Unter »Laissez-faire«, was wörtlich »laßt machen« bzw. »laßt gehen« heißt, versteht man ursprünglich eine in der Mitte des 18. Jahrhunderts in Frankreich entstandene

Wirtschaftslehre. Sie vertrat eine Politik der Nichteinmischung, sozusagen das ökonomische Gegenstück zu Henri David Thoreaus Aphorismus »Diejenige Regierung ist die beste, die am wenigsten regiert«. Heute benutzt man den Ausdruck »Laissez-faire« allgemein für eine Haltung des Gewährenlassens.

Die ursprüngliche Doktrin wurde von einer Gruppe französischer Wirtschaftswissenschaftler propagiert, die man als Physiokraten bezeichnet (nach dem griechischen Begriff »Physiokratie«, »die Herrschaft der Natur«). Diese von François Quesnay (1694–1774) angeführte Gruppe war der Auffassung, daß die Natur klug und gut sei und schon wisse, was sie tue, während Regierungen fehlbar, leicht verführbar und überdies häufig dumm sind. Doch die vorherrschende Praxis der Regierungen im Europa jener Zeit war es, möglichst jeden Aspekt der Produktion und Distribution von Gütern im einzelnen zu regulieren. Die Regierung, so das Argument der Physiokraten, sollte »laissez faire«, also den Dingen freien Lauf lassen, dann würde die Wirtschaft wie von selbst zu ihrem glücklichen und idealen Naturzustand finden.

Auf wen der Begriff »Laissez-faire« zurückgeht, ist umstritten. Einige schreiben ihn Quesnay zu, andere Vincent de Gournay, dem Handelsminister der Regierung von Ludwig XVI., der sich zur physiokratischen Lehre hatte bekehren lassen. Wie dem auch sei, die Physiokraten waren im Erfinden neuer Begriffe besser als bei deren Umsetzung in Politik. Kurzzeitig war das »Laissez-faire« am Hofe Ludwigs in Mode, doch dies währte nicht lange, und so wurde es erst nach der Französischen Revolution in zurechtgestutzter Form wieder eingeführt. In England, wo das »Laissez-faire« einen zentralen Platz in Adam Smiths' bahnbrechendem Buch *Der Wohlstand der Nationen* (1776), dem grundlegenden Werk der klassischen Volkswirtschaftslehre, einnahm, erwies es sich dagegen als wesentlich erfolgreicher.

Von einem anderen Physiokraten, Robert-Jacques Turgot, heißt es, er habe das »Gesetz des abnehmenden Ertrags« entdeckt: Ab einem gewissen Zeitpunkt führen fortgesetzte Anstrengungen oder Ausgaben zu geringeren Ergebnissen.

Man stelle sich etwa vor, man entdecke bei sich zu Hause unter der Garage eine Goldader. Solange man nicht sehr viel Geld investiert, um zunächst die Garage zu entfernen und dann das Gold zutage zu fördern, profitiert man nicht von dieser Entdeckung. Danach aber ist der Gewinn für jede investierte Mark beträchtlich, allerdings nur so lange, bis sich die Mine allmählich erschöpft. Dann wird der Ertrag geförderten Goldes von Mark zu Mark geringer: die Miene ist zum Opfer des Gesetzes des abnehmenden Ertrags geworden.

Turgot formulierte diese Einsicht um 1767 herum am Beispiel einer besonders harten Feder, die man mit Gewichten belastet. Insgesamt bedarf es eines erheblichen Gewichts, um den anfänglichen Widerstand der Feder zu überwinden, aber wenn dieser Punkt überwunden ist, reicht bereits geringer Druck aus, um sie in einem gewissen Umfang zusammenzupressen. Doch, so Turgot, »nachdem sie etwas nachgegeben hat, wird sie sich der zusätzlichen Kraft, die man ihr aufgebürdet hat, wieder entgegenstemmen und Gewichte, die vormals dazu führten, daß sie mindestens ein Zoll weit zusammengedrückt wurde, bewegen sie jetzt kaum um Haaresbreite. Und so verringert sich die Wirkung der zusätzlichen Gewichte nach und nach immer mehr« (*Observations sur un Mémoire de M. de Saint-Péravy*).

Die »unsichtbare Hand«

Jeder einzelne bemüht sich ganz zwangsläufig, daß das Volkseinkommen im Jahr so groß wie möglich werden wird. Tatsächlich fördert er in der Regel nicht bewußt das Allgemeinwohl, noch weiß er, wie hoch der eigene Betrag ist. Wenn er es vorzieht, die nationale Wirtschaft anstatt die ausländische zu unterstützen, denkt er eigentlich nur an die eigene Sicherheit, und wenn er dadurch die Erwerbstätigkeit so fördert, daß ihr Ertrag den höchsten Wert erzielen kann, strebt er lediglich nach eigenem Gewinn. Und er wird in diesem wie auch in vielen anderen Fällen von einer unsichtbaren Hand geleitet, um einen Zweck zu fördern, den zu erfüllen er in keiner Weise beabsichtigt hat. Auch für das Land selbst ist es keineswegs immer das schlechteste, daß der einzelne ein solches Ziel nicht bewußt anstrebt, ja, gerade dadurch, daß er das eigene Interesse verfolgt, fördert er häufig das der Gesellschaft nachhaltiger, als wenn er wirklich beabsichtigt, es zu tun.
Adam Smith, *Der Wohlstand der Nationen* (1776)

1776, im Jahr des größten Steuerprotests in der Geschichte, der zur amerikanischen »Unabhängigkeitserklärung« führte, publizierte der Schotte Adam Smith (1723–1790) das Werk, mit dem die Lehre vom »Laissez-faire« propagiert und popularisiert wurde. Kein Wunder, daß sich Smith in den letzten zwei Jahrhunderten zum Schutzpatron konservativer Verfechter des freien Wettbewerbs entwickelt hat, die kein Wort so sehr hassen wie »Steuern«.

Smiths *Untersuchung über die Natur und die Ursachen des Wohlstands der Nationen* ist vermutlich *die* berühmteste ökonomische Abhandlung überhaupt, was jedoch mehr an ihrer Klarheit und rhetorischen Kraft liegt als an ihrer Originalität. Unter Berufung auf die Vorstellungen der französischen Physiokraten und englischer Vorläufer wie Sir William Petty und Sir Dudley North führte Smith eine Fülle von Argumenten an, mit denen er der Planwirtschaft den Todesstoß versetzen wollte.

Wie viele andere zeitgenössische Philosophen vertrat auch Smith die Ansicht, daß die Natur der beste Führer des Menschen sei. Gott bzw. die »Vorhersehung« habe alles so eingerichtet, daß Männer und Frauen dann zum Besten der Gesellschaft wirken, wenn sie möglichst ungehindert ihre eigenen Interessen verfolgen. Ob sie es beabsichtigen oder nicht (meistens beabsichtigen sie es nicht), helfen Menschen einander, indem sie sich selbst helfen. Selbst Handlungen, die durch reine Geldgier motiviert sind, haben für die Gemeinschaft oft sehr positive Folgen. Dies ist das Werk der »unsichtbaren Hand« der Vorhersehung.

Smith stellte seine Auffassung erstmals in seiner *Theorie der ethischen Gefühle* (1759) vor, führte sie jedoch erst in *Der Wohlstand der Nationen*, wo er die Idee von der Harmonie der Eigeninteressen vertritt, ganz aus. Wenn jeder sich um seine eigenen Belange kümmert, wird das Ergebnis nicht Hobbes' »Kriegszustand« sein, sondern eine günstige Entwicklung, die allen zugute kommt. Indem sie sich selbst bereichern, bereichern die Menschen das ganze Volk, und daher sollte die Gesellschaft den Menschen dabei so wenig wie möglich im Wege stehen. So werden alle genau das tun, was sie am besten können, um den größtmöglichen Profit zu erzielen, und Güter erzeugen, die die anderen kaufen, weil das für sie billiger ist, als wenn sie sie selbst herstellen würden. Und wenn jemand zu raffgierig wird und auf Kosten der Gesellschaft die Preise in die Höhe treibt, dann wird die unsichtbare Hand andere dazu veranlassen, ebenfalls ins Rennen einzusteigen und am Wettbewerb teilzunehmen. Auf diese Weise werden die Preise kontrolliert und unprofitable Unternehmungen aus dem Verkehr gezogen.

Da die unsichtbare Hand alles so schön regelt, so Smiths Schlußfolgerung, wäre es widersinnig, wenn die Regierungen versuchen würden, sich in die Produktion und den Handel einzumischen. Im übrigen seien »Könige und Minister selbst immer und ausnahmslos die größten Verschwender der Gesellschaft«. Daher die Losung: »Laissez-faire.«

Diese Lehre funktionierte in einer relativ freien, gesunden und expandierenden Wirtschaft wie der englischen zur Zeit von Smith relativ gut. Aber wie die Erfahrung zeigt, halten sich die Erfolge des »Laissez-faire« in einer schrumpfenden Wirtschaft oder in Entwicklungsländern oder bei hoher Arbeitslosigkeit in engen Grenzen. Ich bezweifle jedenfalls, daß Smith in der Lage wäre zu erklären, warum die unsichtbare Hand die Konjunktur bremst oder warum sie auf Wachstumsphasen des freien Marktes unweigerlich Rezessionen folgen läßt.

Die Arbeitsteilung

> Die Arbeitsteilung dürfte die produktiven Kräfte der Arbeit mehr als alles andere fördern und verbessern. Das gleiche gilt wohl für die Geschicklichkeit, Sachkenntnis und Erfahrung, mit der sie überall eingesetzt oder verrichtet wird.
> Adam Smith, *Der Wohlstand der Nationen* (1776)

Die Arbeitsteilung selbst, bei der es sich einfach um die Verteilung einzelner Arbeitsschritte an verschiedene Personen oder Gruppen handelt, hat keinen bestimmten Erfinder oder Entdecker. Die Aufteilung komplexer Aufgaben geht zurück bis auf die Anfänge der menschlichen Gesellschaft und wurde spätestens seit der Errichtung der Pyramiden in Ägypten im großen Stile betrieben. Doch vor der industriellen Revolution war Arbeitsteilung in der Produktion keinesfalls üblich, und erst dank der technischen Neuerungen im 19. Jahrhundert kam es zur modernen Massenproduktion.

Einen wichtigen Beitrag zur allmählichen Etablierung der Arbeitsteilung lieferte Adam Smith, der das Thema für so bedeutsam hielt, daß er es an den Anfang seines Buches *Der Wohlstand der Nationen* stellte. Als Beispiel führt er die Herstellung von Nadeln an, eine scheinbar einfache Aufgabe, die aber für einen einzelnen Menschen nur schwer durchführbar und überdies langweilig ist. Doch wenn man die Handarbeit auf zehn bis zwölf Arbeiter aufteilt, von denen jeder auf einen Arbeitsschritt innerhalb des Gesamtprozesses spezialisiert ist, wird es möglich, ungefähr zwölf Pfund, etwa 48 000 Nadeln, täglich zu produzieren. Smith war ganz begeistert von dieser Vorstellung.

Der erste Punkt, um den es ihm geht, ist der, daß es die Arbeitsteilung jedem Arbeiter ermöglicht, sich ausschließlich auf eine Aufgabe zu konzentrieren, für die er dann naturgemäß ein großes Geschick entwickelt. Zweitens wird auf diese Weise Zeit gespart, weil der einzelne Arbeiter nicht zwischen unterschiedlichen Aufgaben hinundherwechseln muß. Und drittens, und dieser Aspekt ist im Rückblick der wichtigste, läßt sich die Arbeit, wenn man sie in eine Reihe begrenzter und genau definierter Aufgaben zerlegt, zumindest teilweise mechanisieren, so daß »ein Mann die Arbeit von vielen tun kann«.

Natürlich hat die Arbeitsteilung ihren Preis, und Smith war sich darüber zumindest teilweise im klaren. Da die Arbeitslosigkeit zu seiner Zeit noch kein ernsthaftes Problem war, konnte er kaum voraussehen, daß die Mechanisierung eines Tages zu einem massiven Verlust von Arbeitsplätzen führen würde. Aber was ihm Sorgen bereitete, war die Vorstellung, daß der Geisteszustand von Arbeitern, die tagaus tagein zur Ausübung derselben stumpfsinnigen Tätigkeiten gezwungen werden, sich nicht gerade verbessert. Wenn jemand in seiner Arbeit nicht mit Herausforderungen konfrontiert wird, bei denen er »sich seines Verstandes oder seiner Erfindungsgabe bedienen muß«, wird er »in der Regel so dumm und unwissend, wie ein menschliches Geschöpf überhaupt nur werden kann«. Smiths Lösungsvorschlag für dieses Problem war die kostenlose, möglichst obligatorische Schulausbildung.

Die Paradoxie des Wertes

Mit Sicherheit haben Sie sich beim Anblick gewisser Waren schon gefragt: »Wie kommt es, daß dieser Schrott DM 89,90 kostet?« Ähnlich fragte sich auch Adam Smith, wie es kommt, daß Diamanten trotz ihres äußerst beschränkten Nutzens so teuer sind, während etwas völlig Unverzichtbares wie Wasser so billig ist. Natürlich ist das eine äußerst rar, während es das andere im Überfluß gibt, doch Smith fiel auf, daß sich mit Angebot und Nachfrage zwar der *Preis* erklären läßt, nicht aber der *Wert*, also die Frage, warum es überhaupt eine Nachfrage für etwas gibt.

Das versteht man unter Smiths' »Paradoxie des Wertes«. Seine Erklärung lautet, daß Diamanten wertvoll sind, weil es so aufwendig ist, sie zutage zu fördern, zu schneiden und zu polieren, während Wasser mit einem einfachen Bottich zu haben ist. Wert wird also durch menschliche Arbeit produziert, und daher ist eine handgeschnitzte Kommode »wertvoller« als eine vom Band.

Natürlich besitzt Wasser in einem gewissen Sinne einen höheren »Wert« als Diamanten, weil es nützlicher ist: sein »Gebrauchswert« ist größer, sein »Tauschwert« aber geringer. Das, was Smith mit seiner Theorie des durch Arbeit geschöpften Wertes deutlich machen wollte, ist der Unterschied zwischen Gebrauchswert und Tauschwert, wobei letzterer in Verbindung mit der Nachfrage auf dem Markt dazu dient, den Preis einer Ware zu bestimmen.

Smiths Theorie führte zur Festigung seines Glaubens an einen freien und offenen Markt als ökonomisch sinnvollste Grundstruktur, da dieser die Produzenten durch den Wettbewerb dazu zwingt, die Arbeit und somit die Kosten zu minimieren. Übrigens bildete Smiths Theorie des Wertes auch die Grundlage für die marxistische Ökonomie. Marx teilte zwar die Auffassung, daß menschliche Arbeit zu Wertschöpfung führt, meinte aber, daß geldgierige Kapitalisten, wenn man ihnen keine Schranken auferlegt, ihren Arbeitern zwangsläufig weniger bezahlen, als deren Arbeit wert ist, und den Überschuß in die eigene Tasche stecken. Der Unterschied zwischen den Herstellungskosten eines Produkts und seinem Marktpreis bezeichnet man als »Mehrwert«. Die logische Konsequenz aus dieser Erkenntnis ist wohl die, daß man zur Lösung von Smiths Paradoxie des Wertes einfach noch ein paar zusätzliche Wertarten erfinden muß...

Dialektischer Materialismus und Klassenkampf

Dem besonders aufmerksamen Leser wird nicht entgangen sein, daß es sich beim dialektischen Materialismus um eine Kreuzung des Materialismus mit der Hegelschen **Dialektik** [siehe S. 70] handelt. Diese Kombination verdanken wir Karl Marx (1818–1883), der als junger Mann stark von Hegel beeinflußt war, sich in der Folgezeit jedoch von dessen Idealismus abwandte.

Die meisten Menschen haben eine falsche Vorstellung von Marx. Wie wir sehen werden, war er keinesfalls der Auffassung, der Kapitalismus sei etwas, auf das ein Land getrost verzichten könne. In der materialistischen Dialektik geht es vielmehr um den schrittweisen, aber konsequenten Übergang von der Unterdrückung zur Freiheit, vom Feudalismus zum Kommunismus, und der Kapitalismus ist nach dieser Lehre ein notwendiges Stadium auf diesem Weg.

Unter »Materialismus« verstand Marx jedoch nicht reines Besitzstreben, sondern den Umstand, daß menschliche Einstellungen, Ziele und Aktivitäten von materiellen Bedingungen wie etwa der Geographie und der Wirtschaft geprägt werden. Darum meinte er: »Das Sein bestimmt das Bewußtsein.« Was den »dialektischen« Teil der Theorie betrifft, hatte Hegel die Geschichte als ein fortwährendes und ständig voranschreitendes Ringen dargestellt, bei dem Thesen und Antithesen aufeinanderprallen, um zu besseren Synthesen zu führen. Marx übernahm dieses Modell im Kern, lehnte jedoch Hegels Grundannahme ab, daß die historische Dialektik von »Ideen« oder vom »Geist« (also von Gott) gelenkt sei.

Der Fortschritt in der Geschichte verdankt sich nach Marx' Auffassung buchstäblich einer Abfolge von Kämpfen und Aufständen. Doch diese werden von den materiellen Lebensumständen ausgelöst, deren »Basis« die jeweilige wirtschaftliche Ordnung ist. Wirtschaftliche Fragen bestimmen jede Form kulturellen Ausdrucks und Wandels, sei es in der Politik, der Kunst oder der Religion. Marx nannte sie den »Überbau« einer Gesellschaft.

Die Dialektik ergibt sich aus den Konflikten, die jedem Wirtschaftssystem innewohnen. Im kapitalistischen System, um das bekannteste Beispiel anzuführen, gibt es einen unvermeidlichen Konflikt zwischen denjenigen, die die Produktionsmittel kontrollieren – der Bourgeoisie – und den eigentlichen Produzenten – dem Proletariat. Doch der Kapitalismus ist eine notwendige Stufe der wirtschaftlichen Entwicklung. Aus den Ruinen des Feudalismus hervorgegangen (der seine Antithese in der Entwicklung des Bürgertums fand), begünstigte das kapitalistische System die fortschreitende Industrialisierung und Rationalisierung der Produktion. Aber der interne Konflikt zwischen Kapitalisten und Arbeiterschaft führt zwangsläufig zum Klassenkampf, aus dem die Arbeiter siegreich hervorgehen werden. Dialektisch gesprochen, die »These« des Kapitalismus findet im organisierten Proletariat ihre »Antithese«, und aus dem hieraus entstehenden Kampf geht die »Synthese« des Sozialismus hervor.

Marx dachte, daß in Europa, das zu Beginn des 19. Jahrhunderts von Revolutionen zerrüttet war, diese Synthese nicht mehr lange auf sich warten lassen würde. Seiner Ansicht nach stand rückständigen Gesellschaften wie Rußland oder China jedoch noch ein langer Weg bevor, da sie die Phase des Kapitalismus noch nicht durchlaufen hat-

ten. In dieser Hinsicht waren seine Prophezeiungen alles
andere als zutreffend, aber andererseits machte er sich
keinerlei Illusionen hinsichtlich der Herrschaftsform, die
den Sozialismus zunächst kennzeichnen würde. Er sah
eine »Diktatur des Proletariats« voraus, die er zwar für unvermeidlich, aber keineswegs für ideal hielt. Mit der Zeit,
nach der vollständigen Abschaffung des Privatbesitzes
und dem Verschwinden der Klassenunterschiede, wenn
die Gesellschaft als solche materialistischen Prinzipien folgen würde und eine gerechte geworden sei, würde es zu
einer neuen Synthese kommen, nämlich derjenigen der
klassenlosen demokratischen Gesellschaft.

Mit anderen Worten, Marx hätte die meisten politischen Systeme, die wir als »marxistisch« bezeichnen, als
vorübergehendes, aber notwendiges Übel angesehen.
Jahrzehntelange Unterdrückung und Korruption waren
nicht Teil seines Modells. In der Praxis gehen Gesell-
schaftstheorien häufig schief, aber als ein fruchtbarer Ansatz der historischen Analyse überlebt der Marxismus
nach wie vor in vielfältiger Gestalt. Anthropologen, Historiker, Politik- und Literaturwissenschaftler verwenden
noch heute ein marxistisches Instrumentarium, um die
von ihnen erforschten Kulturen von sentimentalen Schichten und Idealisierungen zu befreien, die sie überlagern. Tatsächlich lassen sich eigentlich alle analytischen Methoden,
die einen Schwerpunkt auf die materiellen Bedingungen
legen, als »marxistisch« bezeichnen; es gibt also viele Formen des Marxismus, doch nicht alle von ihnen sind miteinander kompatibel. Wenn die Dialektik also irgendwo
überlebt, dann im Marxismus selbst.

»Religion ist das Opium des Volkes«

> Das *religiöse* Elend ist in einem der *Ausdruck* des wirklichen
> Elends und in einem die *Protestation* gegen das wirkliche
> Elend. Die Religion ist der Seufzer der bedrängten Kreatur, das
> Gemüt einer herzlosen Welt, wie sie der Geist geistloser Zu-
> stände ist. Sie ist das *Opium* des Volkes.
> Karl Marx, »Zur Kritik der Hegelschen Rechtsphilosophie«
> (1844)

Zwei Dinge springen sofort ins Auge. Erstens sagt Marx,
Religion sei das *Opium* des Volkes und nicht für das Volk
– ein kleiner, aber bedeutsamer Unterschied. Und zweitens: Marx ist ein großer Freund kursiver Hervorhebun-
gen.

So irritierend Marx' Charakterisierung der Religion
als einer schmerzlindernden Droge für viele Menschen
noch heute ist – zu seiner Zeit wirkte sie noch wesentlich
radikaler. Doch Marx ging es weniger um eine Verurtei-
lung der Religion an sich als um eine Kritik an dem Zustand einer Gesellschaft, die ihrer bedurfte. Das änderte
aber nichts daran, daß seitdem immer wieder von »gottlo-
sen Kommunisten« die Rede war, womit auch suggeriert
werden sollte, daß der Marxismus keine Werte und keine
Moral kenne.

Das stimmt natürlich nicht. Worauf Marx hinauswollte, ist die Tatsache, daß die Religion dazu dient, die
Unterdrückten zu beschwichtigen und sich mit der moralisch verwerflichen Unterdrückung abzufinden. Die Religion, sagte er, reflektiert das, woran es der Gesellschaft
mangelt. Sie ist eine Idealisierung dessen, wonach die
Menschen streben, gegenwärtig aber nicht erreichen können. Die sozialen Bedingungen in Europa zur Jahrhun-
dertmitte hatten die Arbeiter versklavt; dieselben Bedingungen produzierten eine Religion, die eine bessere Welt
im Jenseits versprach.

Religion ist nicht einfach nur ein Aberglaube oder eine
Illusion. Vielmehr erfüllt sie die gesellschaftliche Funk-

tion, die Unterdrückten von der Tatsache, daß sie unterdrückt werden, abzulenken. Solange die Ausgebeuteten daran glauben, daß sie sich mit ihrem Leid Freiheit und Glück im Jenseits verdienen, werden sie denken, daß die Unterdrückung ein Teil der natürlichen Ordnung sei – eine notwendige Bürde und nicht etwas, was ihnen von anderen Menschen zugefügt wird. Das ist es, was Marx mit »*Opium* des Volkes« meinte. Sie betäubt zwar die Schmerzen und macht sie so erträglicher, gleichzeitig macht sie die Menschen jedoch träge, trübt ihre Wahrnehmung der Realität und beraubt sie des Willens zur Veränderung.

Was wollte Marx? Er wollte dem »Volk« die Augen öffnen für das wahre Gesicht des bürgerlichen Kapitalismus' des 19. Jahrhunderts. Die Kapitalisten preßten immer höhere Gewinne aus der Arbeit des Proletariats und »entfremdeten« damit die Arbeiter gleichzeitig, das heißt, sie hinderten sie daran, sich selbst zu verwirklichen. Was die Arbeiter verdienten und was sie erreichen konnten, wenn sie aus ihrem Dämmerzustand erwachen würden, das war die Kontrolle über ihre eigene Arbeit, das Eigentum an den durch ihre Arbeit geschaffenen Werten und damit Selbstachtung, Freiheit und Macht.

Daher forderte Marx die »Aufhebung der Religion als des *illusorischen* Glücks des Volkes«. Er wollte, daß das Volk statt dessen die »Forderung seines *wirklichen* Glücks« stellte, was in Marx' materialistischer Philosophie Freiheit und Erfüllung in *dieser* Welt bedeutet. Da die Reichen und Mächtigen diese Rechte jedoch nicht von sich aus gewähren würden, müßten die Massen für sie kämpfen. Daher also Klassenkampf und Revolution. Schön, wenn damit alle Probleme gelöst wären.

Augenfälliger Konsum

Der Müßiggänger kann sich heutzutage in weit genug entwickelten Gesellschaften nicht mehr einfach mit der Rolle des
erfolgreichen, aggressiven Mannes begnügen, der sich durch
Stärke, Erfindungsreichtum und Unerschrockenheit auszeichnet. Um sich keine Blöße zu geben, muß er vielmehr auch seinen
Geschmack kultivieren, denn jetzt obliegt es ihm, mit einigem
Taktgefühl bei der Wahl der zu konsumierenden Güter zwischen feineren und weniger feinen zu unterscheiden. ... In en-
gem Zusammenhang damit, daß der Herr nach Gutdünken
konsumieren und dabei die richtigen Waren auswählen können
muß, steht die Erfordernis, daß er diese in angemessener Weise
zu konsumieren versteht. Seine Mußestunden muß er in ge-
bührender Form verbringen. Dies ist der Urspung guter Manie-
ren. ... Vornehmes Betragen und vornehme Lebensweise zeigen, daß man sich im Einklang mit der Norm augenfälliger
Muße und augenfälligen Konsums befindet.
Thorstein Veblen, *Die Theorie der feinen Leute* (1899)

Der augenfällige Konsum ist heutzutage so allgegenwär-
tig, daß man sich darüber wundert, daß jemand die *Idee*
haben mußte, ihn auf den Begriff zu bringen. Tatsächlich
handelt es sich um ein Phänomen, das so alt ist wie die
Vorstellung, mit den lieben Nachbarn mithalten oder
ihnen gegenüber ein wenig protzen zu müssen. Aber kein
Theoretiker vor dem amerikanischen Nationalökonomen
und Soziologen Thorstein Veblen (1857–1929) hat sie jemals so deutlich auf den Punkt gebracht und ihr einen Namen gegeben (»Conspicuous Consumption«).

Veblen, dessen Verachtung für die Konsumgesellschaft
nicht zu übersehen ist, ersann zunächst den Begriff der
»Freizeitklasse« in seinem ersten und berühmtesten Buch,
Die Theorie der feinen Leute (1899). Nach Veblen kommt
es zu grundlegenden Klassenunterschieden, sobald eine
Gesellschaft ihre erste primitive Stufe überwunden hat
und ihr mehr Güter zur Verfügung stehen, als zum Überleben erforderlich sind. Auf der einen Seite stehen diejenigen, die ihre Tage mit manueller Arbeit zubringen; auf der
anderen diejenigen, die »ehrenwerteren« Beschäftigungen

nachgehen – zu früheren Zeiten vor allem der Jagd und Kriegführung. Die eine Klasse produziert, während die andere sich der »Ausbeutung« widmet – mit anderen Worten, der eine macht's, der andere hat's.

Im Verlauf der weiteren Entwicklung der Gesellschaft enthält sich die gehobene Klasse immer mehr jeglicher Form produktiver Arbeit. Durch sozialen und politischen Druck übernimmt diese Klasse die Kontrolle über die Ressourcen und den Wohlstand der Gemeinschaft. Indem sie die Arbeit mehr und mehr den anderen überläßt, gewinnt sie ständig mehr Zeit für sich selbst. Die »Klasse der Müßiggänger« widmet diese freie Zeit der Befriedigung eines menschlichen Grundbedürfnisses, dem Bedürfnis, von anderen anerkannt zu werden.

»Um bei den Menschen an Ansehen zu gewinnen und sich dieses zu erhalten«, schreibt Veblen, »genügt es nicht, über Wohlstand oder Macht zu verfügen. Wohlstand und Macht müssen auch nachgewiesen werden, denn Ansehen gewinnt man nur gegen Nachweis.« In barbarischen Gesellschaften besteht der Nachweis in Trophäen und Beutestücken, den konkreten Symbolen erfolgreicher Ausbeutung. In entwickelteren Gesellschaften besteht er in der Fülle der Zeit und des Geldes, die man verschwenden kann.

Daher der ganze Wirbel um so »nutzlose« Beschäftigungen wie Malerei, Musik, Mode, das Studium toter Sprachen, die Aufzucht von Rennpferden und so weiter. Sie alle erfordern sehr viel Zeit und daher sehr viel Freiheit von niedriger Arbeit. Und daher auch das offene Zurschaustellen von luxuriösen Gegenständen, Kleidungsstücken, Autos, Teppichen und Porzellan. Je weniger solche Gegenstände etwas mit dem Broterwerb oder irgendeiner Art von Produktion zu tun haben, desto besser.

Das Zurschaustellen des eigenen Wohlstands und der eigenen Macht allein reicht aber nicht aus. Da der »augenfällige Konsum« dazu dient, die eigene Überlegenheit über andere zu demonstrieren, löst er bei diesen Neid aus. Und so entsteht ein Wettbewerb: Man will mit seinen Nachbarn nicht nur gleichziehen, sondern möchte sie übertreffen. Das Zurschaustellen von Wohlstand und Geschmack gleicht also den Einsätzen in einem Pokerspiel: entweder schließt man sich den Mitspielern an und erhöht den Einsatz immer weiter oder man erfährt die Erniedrigung, nicht mehr mithalten zu können und die Karten auf den Tisch legen zu müssen.

Das alles wäre nicht weiter schlimm, wenn sich das Spiel auf die Geldaristokratie beschränken würde. Unglücklicherweise wird aber auch die Mittelklasse, sobald sich eine solche gebildet hat, in das Spiel mit einbezogen, womit sie nicht nur sich selbst, sondern auch der Wirtschaft schadet. Überschüssige Gewinne werden nicht für produktive Investitionen verwendet, sondern für die Präsentation der eigenen Ambitionen. Da die Menschen stärker von ihrem Ego beherrscht werden als von ihrer Vernunft (dies ist einer Gründe dafür, daß die klassische Volkswirtschaftslehre gelegentlich nicht greift), kaufen sie, wenn sie sich vor die Wahl gestellt sehen, häufig eher ein neues High-Tech-Spielzeug als eine Sparanleihe oder gar etwas wirklich Nützliches.

Abgesehen von seinen sarkastischen Bemerkungen über die menschliche Eitelkeit verdanken wir Veblen zahlreiche gesellschaftstheoretische Einsichten. Hinter der Schärfe seiner Formulierungen in der *Theorie der feinen Leute* verbirgt sich ein tiefes Mitgefühl für das Schicksal der Arbeiterklasse, der es dank der Doktrin des »Laissezfaire« um die Jahrhundertwende außerordentlich schlechtging. Seine zahlreichen anderen, weniger berühmten Schriften wiesen den Architekten von Roosevelts »New Deal« den Weg zum Einsatz der Sozialpolitik zur allmählichen Behebung der Folgen der Weltwirtschaftskrise, die Veblen vorausgesagt hatte. Selbst wenn sein erstes Buch sein einziges geblieben wäre, müßten wir ihm noch heute für die unterhaltsame Lektüre danken, mit der wir unsere zahlreichen Mußestunden verbringen können.

»Deficit Spending«

Der Ruhm des englischen Wirtschaftswissenschaftlers und Intellektuellen John Maynard Keynes (1883–1946) gründet auf seiner mit den Jahren etwas in Verruf geratenen Theorie des »Deficit spending«. Es stimmt, daß Keynes ein starker Befürworter staatlicher Investitionen war, selbst da, wo sie unproduktiv sind. Aber Tatsache ist auch, daß sich der Ausdruck »deficit spending« oder »deficit financing« oder etwa eine detaillierte Verteidigung des Wohlfahrtsstaates in keinem seiner zahlreichen Werke findet.

Was man dort jedoch sehr wohl finden kann – und zwar insbesondere in dem Buch *Allgemeine Theorie der Beschäftigung, des Zinses und des Geldes* (1936), dem Keynes seinen Ruhm verdankt –, ist der ehrgeizige und zu seiner Zeit neue Versuch, das komplexe Zusammenspiel der wichtigsten volkswirtschaftlichen Faktoren im großen Zusammenhang zu untersuchen. Dieser Ansatz ist heute als »Makroökonomie« oder »New Economics« bekannt. Zu einer Zeit, als die meisten Ökonomen einzelne Bäume untersuchten, entwarf Keynes sozusagen ein Modell des ganzen Waldes.

Keynes' Schlüsselgedanke ist der, daß wir die Nationalökonomie verstehen und beeinflussen können, wenn wir uns an ein einfaches Axiom halten: Das Volkseinkommen entspricht der Summe des Verbrauchs und der Investitionen. Überdies ist das Niveau der Beschäftigung direkt proportional zum Volkseinkommen. Wenn also der Verbrauch und die Investitionen wachsen, wird auch die Beschäftigung steigen.

Das mag nicht besonders aufregend klingen, hat aber gravierende Folgen. So wie Keynes es in seinen Formeln darstellte, produziert jeder Investitionszuwachs einen höheren Einkommenszuwachs. Mit anderen Worten, jede in die Wirtschaft investierte Mark erzeugt mehr als eine Mark an Volkseinkommen, und das ergibt wiederum

einen Gegenwert von mehr als einer Mark an neuer Beschäftigung.

Keynes zieht daraus den Schluß, daß bei einem normalen Verlauf der Ereignisse öffentliche Investitionen, also
Regierungsausgaben, stets im Interesse der Gesellschaft
liegen. Das gilt selbst dann, wenn die Ausgaben durch die
Einkommenssteuer nicht wieder ausgeglichen werden, so
daß die Regierung sich verschuldet – daher der Begriff des
»Deficit spending«, der Ausgaben auf Pump.

Warum war das vorher niemandem aufgefallen? Immerhin ist Keynes' Mathematik nicht besonders komplex. Zum einen war es unter den Wirtschaftswissen-
schaftlern nicht üblich, sich mit »Makroökonomie«
zu befassen. Zum anderen vertrat Keynes eine neue Auffassung hinsichtlich des ökonomischen Verhaltens. Er
glaubte, daß den Menschen ein »Hang zum Konsum« innewohnt, der in einem relativ festen Verhältnis zum persönlichen Einkommen steht. Doch das Verhältnis von
Einkommen und Ausgaben ist nicht direkt proportional.
Jemand, der DM 30 000 von DM 50 000 Einkommen
ausgibt, gibt nicht DM 60 000 aus, wenn er doppelt soviel verdient. Je reicher jemand ist, desto geringer ist der
Prozentsatz des eigenen Einkommens, den er für den
Konsum aufwendet: Reiche essen nicht derart viel mehr
Eis als Arme.

Und da dem so ist, wird das Konsumniveau eines Lan-
des immer hinter dem Anstieg des Volkseinkommens
zurückbleiben. Diese Einsicht bildet die mathematische
Grundlage dafür, daß Keynes staatliche Investitionen be-
fürwortet. Denn wenn das Einkommen der Summe von
Verbrauch und Investitionen entspricht, und der Verbrauch langsamer wächst als das Einkommen, dann muß
das Verhältnis zwischen jedem Einkommenszuwachs und
den ihn verursachenden veränderten Investitionen größer
sein als Eins. Die öffentlichen Investitionen lohnen sich
deswegen, weil unser Konsumverhalten sich langsamer
ändert als unser Einkommen.

Es ist zwar bedauerlich, daß dies auch zur Staatsver-
schuldung führt, aber Keynes zog Schulden allemal einem
Sparkurs vor, wenn dieser unsinnig schien. Im übrigen
hielt Keynes überhaupt nichts von der klassischen Auffassung der Ökonomen, daß kapitalistische Wirtschaftssy-
steme automatisch zur Vollbeschäftigung und optimalen
Nutzung der vorhandenen Ressourcen neigen, wenn man
sie nur sich selbst überläßt. Er war vielmehr der Ansicht,
daß ein uneingeschränkter Kapitalismus dadurch, daß er
diejenigen begünstigt, die bereits wohlhabend, raffgierig,
verschlagen und skrupellos sind, zu einer immer weiter
anwachsenden Konzentration des Wohlstands und zu bedenklich hohen Arbeitslosenzahlen führen könnte. Es ist
bezeichnend, daß Keynes und seine Lehre unmittelbar
nach der Weltwirtschaftskrise am einflußreichsten waren,
als nicht nur eine optimale Situation für die Realisierung
seiner Vorstellungen gegeben, sondern auch der Ruf des
»Laissez-faire« schwer beschädigt war.

Gerade in Zeiten der Wirtschaftskrise und niedriger
Beschäftigung tendieren die privaten Investitionen dazu zu
sinken, da zukünftige Gewinne zweifelhaft erscheinen;
auch der Verbrauch nimmt ab und mit beidem gemeinsam
das Volkseinkommen. Daher rührt das Bedürfnis nach öffentlichen Investitionen und anderen Formen der Wirt-
schaftsankurbelung durch die Regierung. Andererseits
war Keynes jedoch pessimistisch, was die Überwindung
der Arbeitslosigkeit in Großbritannien und andernorts
anging. Er vertrat die Auffassung, daß die Stimulierung
der Wirtschaft durch neue Technologien im Westen ihren
Höhepunkt bereits überschritten hätte.

Was den technologischen Fortschritt betrifft, war
Keynes also offenbar nicht ganz auf der Höhe der Zeit.
Und viele Wirtschaftswissenschaftler hegen gewisse Zweifel, ob das Verhältnis des Verbrauchs zum Volkseinkommen tatsächlich stabil ist und ob ersteres wirklich nie
schneller wächst als letzteres. Kurzfristig gesehen vielleicht nicht, doch auf lange Sicht haben sich die Konsum-

gewohnheiten überall nachweisbar verändert. Andererseits gilt zweifellos Keynes' berühmte lakonische Einsicht: »Langfristig sind wir alle tot.«

Monetarismus

Keynes' makroökonomische Theorie erfreute sich insbesondere bei Politikern lange Zeit großer Beliebtheit, aber es gibt auch einige, die sich mit ihr nicht anfreunden können. Ihrer Meinung nach liegt das Problem von Keynes' Vorstellungen, zumindest in der Praxis, darin, daß sie zu einer bedenklichen Abhängigkeit von der staatlichen Finanzpolitik, also von den Steuern und öffentlichen Ausgaben führen.

Der einflußreichste Kritiker der Fiskalpolitik seit den sechziger Jahren war Milton Friedman, Professor an der Universität von Chicago und der Star der sogenannten »Chicagoer Schule« der Wirtschaftswissenschaften. Zunächt wies Friedman darauf hin, daß das Ziel der Keynesschen Besteuerungs- und Ausgabenpolitik, für Vollbeschäftigung zu sorgen und gleichzeitig einen Anstieg der Inflation zu vermeiden, kläglich gescheitert sei. Aber das hätte einem jeder Amerikaner, der die siebziger Jahre erlebt hat, sagen können.

Zweitens sei es völlig idiotisch anzunehmen, daß bürokratische Regierungsbeamte und Politiker klüger seien als der Markt, dessen kollektive Weisheit und autonome Handlungen letztlich die Wirtschaftsentwicklung vorantreiben. Märkte seien so undurchschaubar und ihr Verhalten so wenig vorhersagbar, daß einfache Sterbliche die Dinge in der Regel nur schlimmer machen, wenn sie versuchen, deren Verhalten zu manipulieren.

Damit kommt Friedman auf die alten Argumente des »Laissez-faire« zurück, und auch sonst stellen seine politischen Vorstellungen vor allem ein Rückgriff auf das späte

18. Jahrhundert dar. Seine unter der Bezeichnung »Monetarismus« bekannte Wirtschaftstheorie ist zwar auch nicht gänzlich neu, doch zumindest etwas innovativer. Im Gegensatz zu dem von ihm abgelehnten Keynesianismus mit seinen Formeln zum Verhältnis von Investitionen und Konsum meint Friedman, daß Einkommen, Beschäftigung und Preise wesentlich abhängiger von der Geldmenge und vom Geldumlauf seien als von öffentlichen Investitionen. Seiner Ansicht nach ruht die wahre Stärke einer Volkswirtschaft nicht in den geldgierigen und verschwenderischen Händen der Volksvertreter, sondern in den verläßlichen und erfahrenen Händen der Zentralbankräte, die die Geldmenge und die Zinssätze festlegen.

Doch getreu seiner politischen Ablehnung staatlicher Kontrollen und Einflußnahmen war Friedman nie dafür, die Geldmenge zu manipulieren, um aktuelle Wirtschaftsprobleme in den Griff zu bekommen. Die Zentralbank sollte sich, unabhängig vom Tagesgeschehen darauf beschränken, einen konsequenten, den Geldwert stabilisierenden Kurs zu fahren und die Geldmenge im Verlauf der Zeit allmählich zu erhöhen. Alles übrige wollte Friedman lieber ganz dem Markt überlassen.

Friedman verdammte jedoch nicht so sehr Keynes' Theorien als die Art und Weise, wie sie angewandt wurden. Keynes selbst, der kein finanzpolitischer Purist war, hielt die Rolle der Banken für ebenso bedeutsam wie die der Regierung. Alle modernen Wirtschaftslehren, einschließlich des Monetarismus, stehen in der Schuld von Keynes, weil er die Grundlagen der makroökonomischen Theoriebildung schuf. Im übrigen ist kein Wirtschaftswissenschaftler im tiefsten Inneren restlos vom »Laissez-faire« überzeugt – denn wenn er es wäre, hätte er ja keinen Grund, Wirtschaftswissenschaften zu treiben. Man fragt sich gelegentlich, was Milton Friedman eigentlich den ganzen Tag macht.

Parkinsons Gesetz

»Die Arbeit wächst stets in dem Maße, daß sie die zu ihrer Verrichtung zur Verfügung stehende Zeit ausfüllt.«
C. Northcote Parkinson, *Parkinsons Gesetz und andere Untersuchungen über die Verwaltung* (1957)

Jeder hat wahrscheinlich schon die Erfahrung gemacht, daß man, wenn man zehn Minuten zur Verfügung hat, um einen Brief zu schreiben, zehn Minuten dafür braucht. Wenn einem jedoch vier Stunden zur Verfügung stehen, wird man auch vier Stunden dafür benötigen. Das ist der Kern von »Parkinsons Gesetz«, das erstmals 1955 von dem Historiker Cyril Northcote Parkinson in der Zeitschrift *The Economist* formuliert wurde. In seiner Parodie einer typischen sozioökonomischen Abhandlung ›bewies‹ er seine These, indem er das Wachstum der Verwaltung der britischen Marine nachzeichnete zu einer Zeit, als deren Aufgaben immer geringer wurden. Man brauchte immer mehr Menschen, um immer weniger zu erledigen.

»Derjenige, der am meisten zu tun hat, ist auch der, welcher Zeit übrig hat«, schreibt Parkinson. Die Menschen tendieren dazu, sich selbst Arbeit zu machen; das, was sie voneinander unterscheidet, ist nicht die freie Zeit, sondern ihre Effizienz. Parkinson, der sich vor allem dafür interessierte, wie sein Gesetz auf die Arbeitswelt zutraf, stellte trocken fest: »Jeder Beamte und Angestellte wünscht die Anzahl seiner Untergebenen, nicht aber die Zahl seiner Rivalen zu vergrößern«, sowie »Beamte und Angestellte schaffen sich gegenseitig Arbeit.« Unabhängig von der Menge der zu erledigenden Arbeit stellen Manager immer mehr Untergebene ein, um den Eindruck größerer Verantwortung und Macht zu erwecken. Damit lösen sie eine Kettenreaktion aus, die weitere Befehlsempfänger und zusätzliche Überwachungsmaßnahmen erforderlich macht, ohne daß dies die Produktivität spürbar steigern würde.

Trotz Parkinsons ironischem Unterton scheint sein Gesetz sowohl im Privaten als auch im Berufsleben zu gelten.

Je beschäftigter man ist, desto effizienter muß man sein. Und je unausgefüllter der Tag, desto aufwendiger werden die einfachsten Aufgaben bearbeitet. In Anbetracht der menschlichen Natur sind prinzipiell unabschließbare Aufgaben wie etwa der Frühjahrsputz nachgerade ein Geschenk Gottes.

Kurz vor Schluß:
Ein paar Ideen zum Abschied

Maschinenstürmerei

Das, was man heute unter »Maschinenstürmerei« versteht – »Technikangst und Fortschrittsfeindlichkeit« –, klingt nicht gerade nach einer großartigen Idee. Die Geschichte der historischen Maschinenstürmer ist jedoch vielschichtiger und interessanter, und auch wenn dieser Protestbewegung das Schicksal nicht lange hold war (1811–1816), sind ihre Anliegen doch von unverminderter Aktualität, besonders in den Entwicklungsländern.

Der englische Begriff für das Phänomen der Maschinenstürmerei (»Luddism«) geht angeblich auf Ned Ludd, einen unzufriedenen Arbeiter aus Leicestershire zurück, von dem das *Oxford English Dictionary* zu berichten weiß, es habe sich um einen »Verrückten« gehandelt, »der um 1779 lebte«. Niemand weiß genau, was Ludd eigentlich verbrochen hat. Einer Legende zufolge soll er in der Fabrik, in der er beschäftigt war, eine Strumpfwirkmaschine zerstört haben, weil sein Vorgesetzter ihn zusammengestaucht hatte. Wie dem auch sei, Ludd wurde eine Art ländlicher Volksheld, worauf sich einige anti-industrielle Rebellen nach ihm »König Ludd« oder »General Ludd« nannten.

Anders als Ludd selbst waren die »Ludditen« des frühen 19. Jahrhunderts ursprünglich keine Fabrikarbeiter. Vielmehr handelte es sich zum Großteil um hochqualifizierte dörfliche Handwerker, vor allem aus Yorkshire, die in verschiedenen Bereichen der Wollindustrie arbeiteten. Als Besserverdienende, die über starke Familienbande verfügten, auf Heimarbeit schworen und die Tradition pflegten, bekleideten sie außerdem führende Ämter in ihren jeweiligen Gemeinden.

Doch die Verhältnisse änderten sich rasch. Die englische Wirtschaft war durch die amerikanische Revolution und die napoleonischen Kriege in Mitleidenschaft gezogen worden und schrumpfte. Gleichzeitig schritt die Industrialisierung mit Riesenschritten voran, und in den ländlichen Gegenden schossen Fabriken mit automatisierten Maschinen wie Pilze aus dem Boden. Männer, Frauen und Kinder sahen sich gezwungen, in diesen Fabriken zu arbeiten, und traditionelle Gepflogenheiten mußten der Disziplin des industriellen Arbeitsplatzes weichen. Für die Handwerker bedeutete dies sowohl das Ende ihrer kleinen Betriebe als auch die Zerstörung ihres vertrauten Lebensumfeldes daheim und im Dorf.

Die amerikanische Revolution lag noch nicht lange zurück und sollte ihre inspirierende Wirkung auf die Bevölkerung von Yorkshire nicht verfehlen, die sich von den Politikern im Stich gelassen fühlte. So feierten die gut organisierten und systematisch vorgehenden Handwerker und ihre Verbündeten – die »Maschinenstürmer« – eine Art »Boston Tea Party« mit Hämmern, indem sie nachts in die Mühlen eindrangen und die Webstühle in Stücke schlugen.

Handelte es sich um einen gerechtfertigten Aufstand oder um anti-industriellen Terror? Wie dem auch sei, die Geschichte wird von den Siegern geschrieben, und die Verlierer sollten ihre Niederlage bitter bezahlen. Viele von ihnen wurden gehenkt oder erschossen, und heutzutage ist das Wort »Maschinenstürmer« fast zum Synonym für »Spinner« geworden. Die verständliche Wut der Handwerker von Yorkshire, die im Grunde den Kapitalisten und nicht den Maschinen galt, wird heute mit der prinzipiellen Weigerung gleichgestellt, sich einen Anrufbeantworter zu kaufen. Natürlich glaubt gegenwärtig kaum jemand mehr, daß sich der Siegeszug der Technik noch aufhalten lassen wird, aber damals stand dieses Resultat noch keineswegs eindeutig fest. Und es gibt immer noch Länder wie beispielsweise Indien, in denen die Tradition des dörflichen

Handwerks weiter besteht, aber nun ebenfalls durch den Fortschritt bedroht ist. Hier ist der wahre Geist der Maschinenstürmerei noch lebendig, doch die Geschichte bietet wenig Anlaß zur Hoffnung.

Der pathetische Trugschluß

> Es gibt einen Trugschluß, der verursacht wird durch einen Erregungszustand aller Gefühle, der uns, solange er dauert, mehr oder weniger vernunftwidrig empfinden läßt. ... Alle heftigen Gefühle rufen dieselbe Wirkung hervor. Sie erzeugen in uns eine Unwahrheit all jener Eindrücke, die wir von den Außendingen empfangen, die ich im allgemeinen als »pathetischen Trugschluß« bezeichnen möchte.
>
> John Ruskin, *Moderne Maler* (1856)

Beklagt sich Ihr Magen über Peperonipizza? Juckt Ihnen das Geld in der Tasche? Steht Ihre neueste Liebesbeziehung unter einem günstigen Stern? Wenn dem so ist, sind Sie das Opfer eines pathetischen Trugschlusses. Das sollten Sie sich allerdings nicht zu sehr zu Herzen nehmen, denn: Es geht uns allen so.

Wie dem auch sei, *pathetisch* bedeutet in diesem Zusammenhang jedenfalls nicht das, was Sie vermutlich meinen. Der englische Kunstkritiker John Ruskin (1819 bis 1900), von dem die Formulierung stammt, bezog sich damit auf die griechische Wurzel des Begriffs *Pathos* (»Gefühl«). Der Irrtum, von dem er sprach, ist ein Denkfehler, den vor allem kreative Menschen machen, indem sie Gefühle, Absichten und andere typisch menschliche Phänomene leblosen Dingen unterstellen, die zu diesen gar nicht imstande sind. Kurzum, der »pathetische Trugschluß« ist eine Art Anthropomorphismus.

Diese Art Fehler ist eigentlich nicht intellektueller Natur. Wir glauben nicht wirklich, daß sich ein Magen beklagen kann oder daß das Meer wütet oder daß uns der

Computer ärgern wollte. Aber manchmal, wenn uns die Leidenschaft, Ruskins »heftiges Gefühl«, dazu veranlaßt, sehen wir die Dinge auf diese Weise. Sind wir erst einmal in Ekstase oder Wut geraten, verändert sich unsere Wahrnehmung, und unsere Phantasie gewinnt die Oberhand über unsere Vernunft.

Das muß nicht schlecht sein. Dichter und Maler leben davon. In seiner Schilderung eines mühsamen Versuchs, die Küste zu erreichen, heißt es bei dem Dichter Alton Locke: »Hinüber ans Ufer durch rollenden Schaum / Durch grausamen, kriechenden Schaum.« Natürlich, merkt Ruskin hierzu an, »ist Schaum weder grausam noch pflegt er zu kriechen«. In einem anderen Fall schrieb Oliver Wendell Holmes: »Üppiger Krokus, Kelch aus Gold und Licht / Nackend und fröstelnd durch die Schollen bricht.« Ruskins trockener Kommentar hierzu lautet: »Sehr schön, aber auch sehr unwahr. Der Krokus ist keine üppige, sondern eine harte, unbiegsame Pflanze; sein Gelb ist nicht golden, sondern safranfarben.« Die Behauptungen dieser Dichter sind also falsch, aber zum Teil erfreuen wir uns genau aus diesem Grund an ihren Gedichten.

Aber Gefühlsregungen und Anthropomorphismen allein machen natürlich noch keine gute Dichtung. Und sie sind auch keineswegs unerläßlich, denn, wie Ruskin betont, in den Werken Shakespeares, Homers oder Dantes findet sich kaum ein »pathetischer Trugschluß«. Im übrigen ist es nicht eigentlich die »Unwahrheit« selbst, die uns erfreut, sondern, um es paradox zu formulieren, das *Wahrhaftige* der Unwahrheit. Wenn ein Dichter sich einen »pathetischen Trugschluß« zuschulden kommen läßt, muß er wenigstens dafür sorgen, daß die Verwirrung oder Unwahrheit mit dem Gefühl vereinbar ist, dem sie sich angeblich verdanken. Es ist zum Beispiel unangemessen, ja peinlich, wenn man einen Mann darstellt, der in den Fängen der Verzweiflung sich am Lachen der Sonne erfreut.

Kurzum, die Wirkungen des Gefühls sollten der Stärke und der Natur des Gefühls entsprechen. Bei den größten

Dichtern, wie zum Beispiel Shakespeare, entspricht die Stärke des Fühlens derjenigen des Denkens, so daß der Trugschluß vermieden wird: Man kann zwar mit einer Schlüsselblume gewisse Gefühle *verbinden*, aber die Schlüsselblume bleibt dennoch immer eine Schlüsselblume. Und ebenso werden diejenigen, die wenig oder nichts fühlen, nicht zu Opfern des Fehlschlusses, denn sie sehen die Dinge einfach so, wie sie »wirklich« sind. Der Trugschluß kommt entweder dann zustande, wenn ein halbwegs talentierter, aber nicht sonderlich geistvoller Dichter vom Gefühl übermannt wird – eine der Folgen davon ist kitschige Lyrik –, oder wenn ein genialer, nachdenklicher Poet eine ungewöhnlich intensive Erfahrung macht, bei der er einen flüchtigen Blick auf eine transzendente, ihn überwältigende Wahrheit erhascht. Dies ist der inspirierte Trugschluß und gleichzeitig der bestmögliche.

Am anderen Ende der Skala finden sich abgegriffene Metaphern, unechte Gefühle und Möchtegernpoesie – all das abgekupferte und gefühlsduselige Zeug, das man am Ende einer gescheiterten Liebesbeziehung zu Papier bringt und das einfach nur unverzeihlich schlecht ist. In dem Maße, in dem der pathetische Irrtum zusammenphantasiert und nicht wirklich »gefühlt« worden ist, handelt es sich einfach um einen Fehler. In dem Ausmaße aber, in dem er wahren Gefühlen entspricht, ist er pathetisch. Und daher, so Ruskins Schlußfolgerung, »ist der pathetische Trugschluß nur insoweit kraftvoll, als er pathetisch ist, und hinfällig, insoweit als er trügerisch ist«.

Ruskins Grundidee trat später in der Terminologie der Psychoanalyse erneut auf. Was Ruskin den »pathetischen Trugschluß« genannt hatte, bezeichnete Freud als »Projektion« – die Übertragung subjektiver Empfindungen und Gefühle auf Objekte der Außenwelt. »Die Projektion innerer Wahrnehmungen nach außen«, schrieb Freud, »ist ein primitiver Mechanismus, dem z. B. auch unsere Sinneswahrnehmungen unterliegen, der also [unter den psychischen Abwehrmechanismen] an der Gestaltung unserer

Außenwelt normalerweise den größten Anteil hat.« Und so können wir immer dann von Projektion sprechen, wenn unser Inneres und Subjektives mit dem Äußeren und Objektiven durcheinandergerät. Nicht nur Poeten und Künstler projizieren, sondern wir alle.

»Form follows function«

> Alle Dinge in der Natur haben eine Gestalt, das heißt eine Form, eine äußere Erscheinung, die uns mitteilt, was sie sind, die sie von uns selbst und von einander unterscheidet...
> Sei es der majestätisch seine Bahnen ziehende Adler oder die offene Apfelblüte, der sich abrackernde Ackergaul, der geschmeidige Schwan, die Eiche mit ihrem reichen Astwerk, der sich windende Fluß, die dahintreibenden Wolken und über all dem die ihrem Lauf folgende Sonne – die Form richtet sich immer nach der Funktion, so lautet das Gesetz. Wo sich die Funktion nicht ändert, da ändert sich auch die Form nicht. Die Granitfelsen, die ewig vor sich hinbrütenden Hügel haben über die Zeitalter hinweg Bestand; der Blitz lebt, gewinnt Gestalt und stirbt in einem Augenblick.
> Louis Sullivan,
> »Das große Bürogebäude aus künstlerischer Sicht« (1896)

Louis Sullivan (1856–1924) hielt den Zustand der amerikanischen Architektur am Ende des letzten Jahrhunderts für erbärmlich. Das dynamische Amerika – eine aufstrebende Wirtschaftsmacht und die Heimat der ersten Wolkenkratzer – errichtete Gebäude im Stil der Vergangenheit, Gebäude, die an Griechenland, Rom, die Gotik und den Barock, die Renaissance und die Aufklärung denken ließen – an alles, nur nicht an das zeitgenössische Amerika.

Die professionellen Architekten hatten sich weitgehend dem Historismus verschrieben. Ihre Bauten waren unnatürlich, klammerten sich an die Tradition und besaßen eine starke Neigung zum willkürlichen Ornament.

Alles betonte die Erfindungsgabe und die Gelehrsamkeit des jeweiligen Architekten. Sullivan aber beharrte darauf, daß Architekten bei der Konstruktion von Gebäuden *natürlichen* statt künstlichen Prinzipien folgen sollten. Und das wichtigste Kriterium für natürliche Architektur sei, welchem Zweck ein Gebäude diene, was sein Wesen ausmache, welchen *Daseinsgrund* es habe. Sullivan nannte dies die »Funktion« des Gebäudes und formulierte 1896 seinen berühmten Satz »Form ever follows function« (»Die Form richtet sich immer nach der Funktion«), der mittlerweile bekannter ist als sein Autor. (Das »ever« wird immer weggelassen, weil es die Alliteration des dreifachen »F«s stört.)

Sullivan formulierte die Sentenz in einem Essay über »große Bürogebäude«, also das, was wir heute »Wolkenkratzer« nennen. Das erste derartige Gebäude, das Home Insurance Building in Chicago, war dreizehn Jahre vor Sullivans Aufsatz entstanden. Was ist das Charakteristische eines solchen Gebäudes? fragte Sullivan. Was ist seine *Funktion*? Dem Menschen auf der Straße sollte das Gebäude Erhabenheit, Zuversicht und Ehrgeiz vermitteln. Das natürliche architektonische Prinzip, das sich daraus ergibt, lautet: Man muß das Gebäude so gestalten, daß seine Größe und sein Zug nach oben betont und nicht unterbrochen werden. Aber bei den meisten Wolkenkratzern, die damals erichtet wurden, störten Schnörkel und schrullige Verzierungen den Blick nach oben und unterbrachen so die Bewegung des Auges vom Sockel zur Spitze des Gebäudes.

Eine der Funktionen eines Gebäudes wird also bereits an seiner Form sichtbar. Es gibt jedoch noch weitere Funktionen, die weniger mit der ästhetischen Wirkung als mit der Bestimmung des Gebäudes zu tun haben. Erdgeschoß und erster Stock sollen bestimmten Zwecken dienen: Sie sollen Geschäfte und Banken beherbergen, Besuchern und den dort Arbeitenden ein offenes, attraktives Umfeld bieten, und außerdem hell sowie leicht zugänglich sein. Solchen Zwecken dienen naturgemäß bestimmte architektonische Formen – »großzügige, reich bemessene, [und] üppige«, »genau an den praktischen Notwendigkeiten ausgerichtet, und dennoch ein Gefühl für Größe und Freiheit vermittelnd«.

Doch wie sieht es mit dem Rest des Gebäudes aus? Jedes Stockwerk zwischen dem ersten und dem alleroberersten sollte in funktionaler Hinsicht identisch sein: jeder »Stock wie alle anderen und jedes Büro genauso wie alle anderen auch«. So lautet das praktische Erfordernis effizienter Raumnutzung. Sullivan weist darauf hin, daß in der Natur Dinge, die dieselbe Funktion erfüllen (z. B. zu fliegen), dieselbe Form (z. B. Flügel) besitzen. Solange ein natürliches Objekt dieselbe Funktion erfüllt, behält es dieselbe Form bei. Mit »Funktion« meint Sullivan so etwas wie das »natürliche Wesen«: Die Form des Vogels bringt die Tatsache und das Wesen des Vogel-und-nicht-irgendetwas-anderes-Seins zum Ausdruck; es gibt keinen Vogel, der wie ein Affe, und keinen Fels, der wie ein Baum aussieht. (Dies ist gewissermaßen eine Tautologie.) Eine Bank sollte also nicht wie ein griechischer Tempel oder eine gotische Kathedrale aussehen, und aus demselben Grund sollten alle Stockwerke eines Gebäudes, die dieselbe Funktion erfüllen, auch dieselbe Form besitzen.

Das mag heute selbstverständlich klingen, da praktisch alle Wolkenkratzer, die wir kennen, Sullivans Kriterien genügen. Aber zu seiner Zeit war das keineswegs der Fall. Sullivan verurteilte das sechzehnstöckige Gebäude, das aus »sechzehn separaten, verschiedenartigen und unzusammenhängenden Gebäuden besteht, die man einfach so lange übereinandergestapelt hat, bis man oben angekommen war«. Solche Monstrositäten wurden nicht etwa von unkundigen oder naiven, sondern von erfahrenen Architekten entworfen, die befürchteten, für unkultiviert oder einfallslos gehalten zu werden.

Sullivan trug allerdings ein bißchen dick auf. Und mit der Zeit nahm seine Verbitterung noch zu, zumal es mit seinem Geschäft, – bedingt durch die Radikalität der von ihm bezogenen sozialen Positionen – bergab ging. Doch er behielt seine Praxis bei, und allmählich begannen sich die Gewohnheiten seiner Zeit zu ändern. Auf der Grundlage einer Philosophie der natürlichen Demokratie und des organischen Wachstums versuchte Sullivan, der amerikanischen Unternehmensarchitektur den Geist der Natur einzuhauchen. (Das vielleicht überzeugendste noch existierende Beispiel hierfür ist Sullivans Wainwright Building in St. Louis, das in den Jahren 1890/1891 entstand.) Sullivans Ideen waren nicht vollkommen neu, aber sie erwiesen sich als sehr einflußreich, vor allem da, wo sie von seinem Schützling Frank Lloyd Wright, einem Befürworter der »organischen Architektur«, in die Tat umgesetzt wurden.

Diese beiden, Sullivan und Wright, begründeten mit ihrer Betonung des Raums, der klaren Struktur und der Funktionalität die moderne Architektur in Amerika. Auf die Spitze reiner Zweckmäßigkeit getrieben, führten diese Prinzipien zu häßlichen, den Menschen entfremdenden Gebäuden, wie bei einigen schrecklichen Beispielen des »Internationalen Stils«. Aber dafür sollte man nicht Sullivan oder seine häufig mißverstandene Parole »Form ever follows function« die Schuld geben. Er war weder ein Gegner ästhetischer Werte noch hatte er prinzipiell etwas gegen Dekor und Ornamente; er wollte lediglich, daß sie organisch und nicht »aufgesetzt« wirken. Ihm ging es um eine Architektur, die sowohl geistigen als auch praktischen Bedürfnissen genügt und den Geist des Zeitalters zum Ausdruck bringt.

»Und wenn erst einmal«, erklärt er am Schluß seines Essays, »unser angeborenes Gespür und unser Empfinden die Ausübung unserer geliebten Kunst bestimmen werden, wenn das bekannte und allgemein anerkannte Gesetz lauten wird, daß sich die Form immer nach der Funktion richtet«, dann »wird man sagen dürfen, daß wir uns auf dem richtigen Weg zu einer natürlichen und erfreulichen Kunst befinden, einer Architektur, die schon bald eine schöne Kunst im wahren, im besten Sinne des Wortes werden wird, eine Kunst, die leben wird, weil sie Kunst des Volkes, Kunst für das Volk und vom Volk ausgehende Kunst sein wird.« – Wenn auch keine allzu originelle.

»Weniger ist mehr«

Man muß zugeben, daß die großen Paradoxien des westlichen Denkens selten große praktische Auswirkungen gehabt haben. Die Chancen, daß Sie, wenn Sie in Ihr Auto steigen, um damit zum Einkaufen zu fahren, früher oder später an Ihrem Ziel ankommen, stehen ziemlich gut, ganz unabhängig davon, was **Zenon** gesagt hat [siehe S. 37]. Und auch wenn **Russells Paradoxie** [siehe S. 138] die Mengenlehre kräftig durcheinandergerüttelt hat, ist das Leben danach doch ziemlich normal weitergegangen.

Die Ausnahme, die diese Regel bestätigt, heißt »Weniger ist mehr« – ein Lieblingsausspruch des deutschen Architekten Ludwig Mies van der Rohe (1886–1969). Natürlich stammt dieser Satz in Wirklichkeit genausowenig von ihm wie das Statement »Gott steckt in den Details«, das ihm ebenfalls zugeschrieben wird. »Weniger ist mehr« findet sich bereits in Robert Brownings berühmtem Gedicht »Andrea del Sarto« (1855) und kursierte zuvor auch schon in der deutschen Kunstszene in unterschiedlicher Gestalt. (Der unmittelbare Bezugspunkt des Architekten war sein Lehrer Peter Behrens.) Doch Mies van der Rohe war es, der diese Paradoxie in die Tat umsetzte – zur Freude der einen und (zumindest in unseren Tagen) zum Ärger der anderen.

Mies van der Rohe wollte mit diesem Satz zum Ausdruck bringen, daß es bei der Konstruktion eines Gebäudes auf dessen wesentliche Elemente ankommt. Dekorative Extras und andere Zusätze lenken nur von seiner Klarheit, Zweckmäßigkeit und Wirkung ab. (Und in diesem Sinne verwenden wir ja auch heute den Satz: »Mehr von etwas Gutem ist nicht unbedingt besser.«) Das, worum es Mies van der Rohe geht, ist nicht ein »Weniger« um seiner selbst willen (ein Gebäude auf sein Gerüst zu reduzieren), sondern Angemessenheit im Hinblick auf das Material, den Ort und das gewünschte Design.

Oberflächlich betrachtet ähnelt dieses Ziel dem Louis Sullivans, der mit seinem Satz »Form ever follows function« eine organische Einheit propagierte. Doch im Gegensatz zu dem metaphysischen Sullivan ging es Mies van der Rohe mehr um Rationalität und Präzision. Die unmittelbare »Funktion« eines Gebäudes interessierte ihn nicht sonderlich. Im Gegensatz zu Sullivan sah er voraus, daß sich in Zukunft jede Struktur auf vielfältige Weise verwenden lassen würde und daß sie unterschiedliche Funktionen würde erfüllen können. Dies ist einer der Gründe für sein Bemühen um Einfachheit: Je offener und klarer ein Gebäude, desto anpassungsfähiger ist es.

In der Praxis führte Mies van der Rohes Diktum »Weniger ist mehr« zu Gebäuden von geometrischer Strenge, die die Materialien, aus denen sie errichtet sind, ausstellen, statt sie zu verbergen. Das berühmteste Gebäude des Architekten, zumindest in Amerika, ist das Seagram Building auf der Park Avenue in New York, das Mies van der Rohe in den späten fünfziger Jahren zusammen mit Philip Johnson entwarf. Das extrem regelmäßig konstruierte Seagram Building wirkt in struktureller Hinsicht nahezu nackt – ein starrer Turm aus Glas und Bronze. Obwohl nicht der erste, ist es *der* protoptypische »Glaskasten«, der in den folgenden Jahrzehnten zum Vorbild für unzählige schlechtere Nachahmungen werden sollte. Weniger von diesen wäre tatsächlich mehr.

»Wer sich nicht an die Vergangenheit erinnern kann, der ist dazu verdammt, sie zu wiederholen«

> Fortschritt besteht keineswegs im Wandel, sondern ist abhängig von einem guten Erinnerungsvermögen. Wenn der Wandel absolut ist, dann bleibt niemand übrig, den man verbessern könnte, und niemand weist einem die Richtung, in der Verbesserung noch möglich wäre; und wenn die Erfahrung nicht im Gedächtnis behalten wird, wie bei den Wilden, dann herrscht ewige Kindheit. Wer sich nicht an die Vergangenheit erinnern kann, der ist dazu verdammt, sie zu wiederholen.
>
> George Santayana, *The Life of Reason* (1905)

Indem sie zum Klischee wurde, hat diese Beobachtung des spanisch-amerikanischen Philosophen George Santayana (1863–1952) viel von ihrer Tiefe verloren. In der Form, in der sie normalerweise zitiert wird, »Wer sich nicht an die Vergangenheit *erinnert*...«, gleicht sie eher der banalen Aufforderung, einen vernünftigen Lehrplan zu erstellen. »Paßt gut im Geschichtsunterricht auf, liebe Schüler, sonst wißt Ihr beim nächsten Mal, wenn [hier beliebige Greueltaten einfügen] droht, nicht mehr, wie es beim ersten Mal geschehen konnte.«

Nicht daß das völlig falsch wäre, aber es ist einfach nicht das, was Santayana meinte. Das Wort *kann* verwendete er nämlich bewußt, um auszudrücken, daß jemand »buchstäblich außerstande ist«, sich an etwas zu erinnern. Das ist das Schicksal der Kinder und »Wilden«, die jeden neuen Tag staunend begrüßen, als sei er der erste, weil sie die Erfahrungen und Lehren des Vortages vergessen haben. Es ist nicht so, als ob diese Menschen (ob der Begriff »Wilde« besonders glücklich ist, sei dahingestellt) freiwillig unwissend wären, sondern sie sind einfach nicht in der Lage, historisch zu denken.

Als derart vergeßliches Wesen ist ein solcher Mensch außerstande, irgendwelche begründeten Entscheidungen zu treffen oder im Leben voranzukommen. Er wird auch zukünftig einfach seinen Instinkten und Reflexen folgen, die sich naturgemäß ständig wiederholen. Für ihn sind alle Tage mehr oder weniger gleich – das ist es, was Santayana mit der Wiederholung der Vergangenheit meint.

Grundsätzlich geht es ihm darum, daß der Fortschritt eine gewisse Stabilität und das »Erinnerungsvermögen« von Individuen und Gesellschaften verlangt. Dies bildet die Grundlage der menschlichen Evolution, die Darwins Evolution der Arten nachgebildet ist: Verhalten, das auf Bildung und Erfahrung beruht, hat gute Aussichten, unter sich wandelnden Bedingungen erfolgreich zu sein. Das heißt, wir werden mit der sich ständig wandelnden Welt immer besser zu Rande kommen, wenn wir sowohl »zur Erinnerung fähig« als auch »flexibel« sind, das heißt, wenn wir uns der Vergangenheit bewußt sind und dennoch anpassungsfähig bleiben.

Den größeren Rahmen von Santayanas Spekulationen bildet sein »Naturalismus«, den man auch als »Materialismus« bezeichnen kann: Aus Santayanas Sicht ist der Mensch durch und durch ein Produkt der Natur, und das Bewußtsein ist daher nichts anderes als die natürliche Aktivität des Gehirns. Da sich die Natur im ständigen Fluß befindet, wandelt sich auch das, was wir das Wesen des Menschen nennen. Die Glaubensinhalte, Werte, Denkweisen, Antriebe und Wünsche der alten Griechen sind sehr verschieden von denen der Europäer im Mittelalter oder denjenigen zeitgenössischer Afrikaner.

So etwas wie ein »universelles Gesetz« gibt es also nicht, wenn wir darunter Regeln verstehen, die über Zeit und Raum hinweg Gültigkeit beanspruchen könnten. Und doch teilen zu *bestimmten* Zeiten und an *bestimmten* Orten Männer und Frauen gemeinsame Überzeugungen, Werte, Denkweisen und dergleichen. Andernfalls wäre Verständigung zwischen ihnen gar nicht möglich. Und solch eine *spezifische* menschliche Natur kennt auch einen potentiellen »Idealzustand«. In ihm ist der Mensch alles, was er sein kann: Im Rahmen seiner Möglichkeiten ideal

an seine Zeit und deren Bedingungen angepaßt. Jedes Individuum hat sein oder ihr eigenes Ideal, das unabhängig
ist von dem, was die Mehrheit der Menschen denkt, fühlt
oder tut.

Santayana war zutiefst davon überzeugt, daß die Menschen in sehr unterschiedlichem Maße mit Vernunft und
Talenten gesegnet sind. So mag es das Ideal der einen sein,
am Fließband zu arbeiten, während die anderen danach
streben, an der Spitze des Staates zu stehen. Santayana
war daher kein leidenschaftlicher Demokrat. Denn aus seiner Sicht ist auch die Natur undemokratisch; einige Arten
sterben aus, während andere blühen und gedeihen, einfach deshalb, weil bestimmte Arten anderen überlegen
sind. Für Männer und Frauen sind Schärfe des Verstandes
und Erinnerung an die Vergangenheit die besten Voraussetzungen für Fortschritt und Selbstverwirklichung und
damit für das Erreichen des eigenen Ideals. Und daher
nichts wie ran an die Geschichtsbücher!

ANHANG

Gleichungen

Einsteins Gleichung von Energie und Masse
(Seite 127)

Die Grundidee ist folgende: Ein Objekt der Masse m (die sich von seinem Gewicht unterscheidet, welches von der Schwerkraft abhängt), das sich mit einer konstanten Geschwindigkeit v bewegt, hat einen Impuls, der sich als das Produkt mv ausdrücken läßt. Die Trägheit des Objekts, die seiner Masse m proportional ist, sorgt dafür, daß es sich mit derselben Geschwindigkeit weiter in dieselbe Richtung bewegt, wenn keine Kraft auf es einwirkt, die eine Beschleunigung (eine Veränderung von v) verursacht. Diese zusätzliche Kraft fügt dem Objekt Energie hinzu, was sich unter normalen Umständen in einer Erhöhung der Geschwindigkeit ausdrückt (zusätzlicher Impuls). Die gesamte Energie, die in der Bewegung des Objekts zum Ausdruck kommt, wird als »kinetische Energie« bezeichnet und entspricht seinem Impuls mal seiner Geschwindigkeit geteilt durch zwei:

$$E = m\,\frac{v^2}{2}$$

Mit dieser Formel läßt sich die Energiemenge berechnen, derer es bedarf, um einen im Ruhezustand befindlichen Körper der Masse m in eine Bewegung der Geschwindigkeit v zu versetzen.

Diese Gleichung gilt aber nur unter den Bedingungen der Newtonschen Relativität. Wenn wir die Lorentzgleichungen der speziellen Relativitätstheorie berücksichtigen, die die Zusammenziehung (Kontraktion) des Raums und die Ausweitung (Dilation) der Zeit in Richtung der relativen Bewegung beschreiben, ergibt sich folgende Formel:

$$E = \frac{mc^2}{\sqrt{1 - \dfrac{v^2}{c^2}}}$$

wobei c die Lichtgeschwindigkeit in einem Vakuum darstellt. Wenn die Geschwindigkeit des Objekts v sich der Lichtgeschwindigkeit nähert, nähert sich v^2/c^2 1 und der Nenner verschwindet. In diesem Fall ist E unendlich, da wir durch Null dividieren. Mit anderen Worten, es bedürfte einer unendlichen Energiemenge, um einen Gegenstand auf Lichtgeschwindigkeit zu beschleunigen. Das aber heißt, kein Gegenstand, der irgendeine Masse hat, kann sich jemals mit Lichtgeschwindigkeit bewegen, da es einfach nicht genügend Energie gibt, um ihn derart zu beschleunigen. (Licht selbst hat übrigens keine Masse.)

Betrachten wir nun den entgegengesetzten Fall: Energie wird einem Objekt der Masse m hinzugefügt, das sich mit der Geschwindigkeit v bewegt, aber irgendwie hindern wir das Objekt daran, sich schneller als v zu bewegen.

Der Einfachheit halber wollen wir annehmen, daß sich das Objekt anfangs im Ruhezustand befand – es besitzt überhaupt keine kinetische Energie – und daß v trotz der Hinzufügung von Energie (E) o bleibt. Wenn v = o, dann gilt dies auch für v^2/c^2, und der Nenner unserer Gleichung reduziert sich auf 1.

Womit gilt: $E = mc^2$

Mit anderen Worten, die zusätzliche Energie muß sich vollständig in Masse verwandelt haben, da Masse hier die einzige Variable ist, die sich verändern kann. Wenn wir nun eine einfache Teilung vornehmen, kommen wir hinsichtlich der zusätzlichen Masse auf das Ergebnis E/c^2.

Aber Masse bleibt Masse, ob sie durch zusätzliche Energie produziert wird oder nicht. Daher gilt Einsteins Formel in jedem Fall; wenn wir wissen wollen, wieviel Energie in einem Körper der Masse 10 Gramm steckt, multiplizieren wir diese 10 Gramm einfach mit der zum Quadrat erhobenen Lichtgeschwindigkeit und verwandeln das Ergebnis in die gewünschten Einheiten. Na, dann mal raus mit den Taschenrechnern!

Chaos und die »Logistische Gleichung«
(Seite 175)

Die logistische Gleichung, die bei der Entwicklung der Chaostheorie eine entscheidende Rolle gespielt hat, ist eine Variante einer einfachen linearen Gleichung. Nehmen wir an, wir wollen die Wachstumsrate einer bestimmten Tierpopulation untersuchen, beispielsweise der grauen Eichhörnchen im New Yorker Central Park. Zunächst gehen wir davon aus, daß die Population der Eichhörnchen Jahr für Jahr stetig mit einer Rate von 0,1 bzw. 10 % zunimmt. In diesem Fall wird die Anzahl der Eichhönchen im Jahr $n+1$ das 1,1fache (100 % + 10 %) der Anzahl der Eichhörnchen im Jahr n betragen, oder, mathematisch ausgedrückt, x_{n+1} = 1,1(x_n), wobei x_n für die Anzahl der Eichhörnchen im Jahr n steht. Die Veränderungsrate (1,1) ist konstant.

Aber je länger wir unsere Beobachtungen fortsetzen, desto klarer wird uns, daß das Wachstum der Population überhaupt nicht stetig ist, sondern daß sich die Veränderungsrate mit der Größe der Population verändert. Statt von Jahr zu Jahr einen festen Multiplikator zu verwenden, müssen wir also einen nichtlinearen Faktor einführen. Zu genaueren Voraussagen der Anzahl der Eichhörnchen im Central Park führt die folgende nichtlineare logistische Gleichung:

$$x_{n+1} = rx_n(1 - x_n)$$

bei der x_n für die Population im Jahr n steht, ausgedrückt als ein Prozent der maximalen Gesamtpopulation, und bei der r einen konstanten Veränderungsfaktor repräsentiert. (Wenn die maximale Anzahl der Eichhörnchen im Central Park 1500 beträgt und in einem bestimmten Jahr n die tatsächliche Anzahl 1000 ist, dann ist $x_n = 1000/1500 = 0{,}666$.)

Die logistische Gleichung ähnelt unserer ursprünglichen linearen mit Ausnahme des zusätzlichen (nichtlinearen) Faktors $1-x_n$, der kleiner wird, wenn die Population wächst und größer, wenn die Population abnimmt. (Da x_n ein Prozentteil ist, das heißt eine Zahl zwischen 0 und 1, ist $1-x_n$ immer positiv; die Population sinkt also nie unter Null.) Die Gleichung wird außerdem »iterativ« genannt, weil die Ergebnisse des einen Jahres zur Ermittlung der Ergebnisse des nächsten Jahres wieder eingespeist werden; das heißt, die Gleichung entspricht einer »Rückkoppelungsschleife«.

Wie sich herausstellt, hat die logistische Gleichung, die nichtlinear ist (ihre Veränderungsrate ist variabel), eine Reihe sehr interessanter Eigenschaften. Bei bestimmten Werten von r (nämlich Werten unter 3) pendelt sich die Population nach und nach auf eine bestimmte, gleichbleibende Menge ein. Es ist gleichgültig, welche Zahl man zuerst einspeist, solange sie klein, aber ungleich Null ist. Dieses Ergebnis, dem sich der Wert x_n nähert, wenn man die Gleichung ständig wiederholt, wird als »Attraktor« bezeichnet. Noch interessanter ist, daß sich die Population, wenn r größer als 3 ist, allmählich abwechselnd auf zwei verschiedene Werte einpendelt, wobei sie sich in einem bestimmten Jahr dem einen Wert annähert und im nächsten dem anderen. Der Attraktor hat sich gespalten und wird jetzt als »Attraktor der Periode 2« bezeichnet. Wenn wir nun r auf ungefähr 3,45 erhöhen, spaltet sich der Attraktor zunächst in vier, dann in acht, später in sechzehn und so weiter und so fort. Aber er verdoppelt sich nicht in alle Ewigkeit; an einem bestimmten Punkt, wenn r ungefähr 3,57 beträgt, wird der Attraktor unvorhersagbar, führt zu den wildesten Varianten und verhält sich scheinbar völlig chaotisch. (An diesem Punkt spricht man von einem »seltsamen Attraktor«.) Doch wie sich herausstellt, folgt auch dieses Chaos einem Muster.

Die logistische Gleichung ist nicht die einzige, die gespaltene Attraktoren und ein bestimmten Mustern gehorchendes Chaos produziert. Wie Mitchell Feigenbaum in den siebziger Jahren entdeckt hat, gibt es alle möglichen Gleichungen, von denen viele in der wissenschaftlichen Praxis ständig gebraucht werden, die ihren Ergebnissen nach genauso wie die logistische Gleichung aussehen, wenn man sie mit einer Rückkoppelungsschleife kombiniert (beispielsweise $r\sin\pi x$). Die Mathematiker erkannten, daß es sich dabei nicht bloß um einen seltsamen Zufall handeln kann, und so brachte Feigenbaum mit seiner Entdeckung richtig Bewegung in das Chaos.

Quellen

Aristoteles. *Hauptwerke*. Stuttgart 1977.

Augustinus, Aurelius. *Vom Gottesstaat*. München 1985.

Bacon, Francis. *Essays*. Frankfurt/Main 1993.

Derrida, Jacques. *Grammatologie*. Frankfurt/Main 1982.

Derrida, Jacques. *Positionen*. Wien 1986.

Descartes, René. *Von der Methode des richtigen Vernunftgebrauchs*. Tübingen 1978.

Einstein, Albert. *Über die spezielle und die allgemeine Relativitätstheorie*. Wiesbaden 1988.

Einstein, Albert. *Grundzüge der Relativitätstheorie*. Wiesbaden 1990.

Freud, Sigmund. *Das Ich und das Es*. Frankfurt/Main 1992.

Freud, Sigmund. *Abriß der Psychoanalyse*. Frankfurt/Main 1994.

Freud, Sigmund. *Schriften über Liebe und Sexualität*. Frankfurt/Main 1994.

Freud, Sigmund. *Neue Folge der Vorlesungen zur Einführung in die Psychoanalyse*. Frankfurt/Main 1991.

Freud, Sigmund. *Jenseits des Lustprinzips. Massenpsychologie und Ich-Analyse*. Frankfurt/Main 1987.

Haeckel, Ernst. *Generelle Morphologie der Organismen*. Berlin 1988.

Hegel, Georg Wilhelm Friedrich. *Phänomenologie des Geistes*. Frankfurt/Main 1986.

Heraklit. *Fragmente*. München 1989.

Hobbes, Thomas. *Leviathan*. Frankfurt/Main 1984.

Husserl, Edmund. *Ideen zu einer reinen Phänomenologie und phänomenologischen Philosophie*. Tübingen 1993.

James, William. *Der Pragmatismus*. Tübingen 1994.

Jung, Carl Gustav. *Die Beziehungen zwischen dem Ich und dem Unbewußten*. München 1990.

Kant, Immanuel. *Kritik der reinen Vernunft*. Frankfurt/Main 1984.

Kant, Immanuel. *Die Metaphysik der Sitten*. Frankfurt/Main 1984.

Klein, Melanie. *Das Seelenleben des Kleinkindes und andere Beiträge zur Psychoanalyse*. Stuttgart 1994.

Kuhn, Thomas. *Die Struktur wissenschaftlicher Revolutionen*. Frankfurt/Main 1973.

Locke, John. *Versuch über den menschlichen Verstand*. Tübingen 1981.

Marx, Karl. *Die Frühschriften*. Stuttgart 1971.

McLuhan, Marshall. *Die magischen Kanäle. Understanding Media*. Düsseldorf 1992.

McLuhan, Marshall. *Die Gutenberg-Galaxis. Das Ende des Buchzeitalters*. Bonn 1985.

Newton, Isaac. *Mathematische Prinzipien der Naturlehre*. Berlin 1992.

Nietzsche, Friedrich. *Also sprach Zarathustra*. Frankfurt/Main 1994.

Nietzsche, Friedrich. *Die fröhliche Wissenschaft*. Frankfurt/Main 1992.

Nietzsche, Friedrich. *Jenseits von Gut und Böse*. Frankfurt/Main 1984.

Parkinson, Northcote C. *Mr. Parkinsons Gesetz und andere Untersuchungen auf dem Gebiet der Hauswissenschaft.* München 1971.

Pascal, Blaise. *Über die Religion und andere Gegenstände. Pensées.* Heidelberg 1994.

Platon. *Die großen Dialoge.* München 1991.

Platon. *Der Staat.* Tübingen 1989.

Plutarch. *Moralia.* Leipzig 1971.

Popper, Karl. *Logik der Forschung.* Tübingen 1994.

Rousseau, Jean-Jacques. *Vom Gesellschaftsvertrag.* Stuttgart 1992.

Ruskin, John. *Moderne Maler.* Jena 1906.

Santayana, George. *The Life of Reason or The Phases of Human Progress.* New York 1962.

Sartre, Jean-Paul. *Das Sein und das Nichts. Versuch einer phänomenologischen Ontologie* Reinbek 1993.

Saussure, Ferdinand de. *Grundfragen der allgemeinen Sprachwissenschaft.* Berlin 1986.

Smith, Adam. *Der Wohlstand der Nationen. Eine Untersuchung seiner Natur und seiner Ursachen.* München 1993.

Sullivan, Louis. *The Public Papers.* Hg. von Robert Twombly. Chicago 1988.

Veblen, Thorstein. *Die Theorie der feinen Leute. Eine ökonomische Untersuchung der Institutionen.* Frankfurt/Main 1993.

Die Vorsokratiker. Hg. von W. Capelle. Stuttgart 1973.

Wiener, Norbert. *Kybernetik.* Düsseldorf 1992.

Wiener, Norbert. *Mensch und Menschmaschine.* Frankfurt/Main 1972.

Wittgenstein, Ludwig. *Tractatus logico-philosophicus.* Frankfurt/Main 1989.

Literaturverzeichnis

Adler, Mortimer J. *The Great Ideas. A Lexicon of Western Thought*. New York 1992.

Bindoff, S. T. *Tudor England*. Harmondsworth 1950.

Blaser, Werner. *Mies van der Rohe*. Basel 1993.

Bochenski, J. M. *Europäische Philosophie der Gegenwart*. Tübingen 1994.

Brown, J. A. C. *Freud and the Post-Freudians*. Harmondsworth 1961.

Bush, Douglas. *English Literature in the Earlier Seventeenth Century. 1600–1660*. New York 1944.

Campbell, Jeremy. *Grammatical Man. Information, Entropy, Language, and Life*. New York 1982.

DeGeorge, Richard und Fernande. Hg. *The Structuralists: From Marx to Lévi-Strauss*. Garden City, N. Y. 1972.

Ferris, Timothy. *Das Weltall und ich. Eine unterhaltsame Einführung in die neuen Wissenschaften von Mensch, Erde und Kosmos*. Frankfurt/Main 1995.

Gleick, James. *Chaos – Die Ordnung des Universums. Vorstoß in Grenzbereiche der modernen Physik*. München 1990.

Gould, Stephen Jay. *Zufall Mensch. Das Wunder des Lebens als Spiel der Natur*. München 1994.

Hawking, Stephen. *Eine kurze Geschichte der Zeit. Die Suche nach der Urkraft des Universums*. Reinbek 1991.

Hofstadter, Douglas R. *Matamagikum. Fragen nach der Essenz von Geist und Struktur*. München 1994.

Jones, Judy und William Wilson. *An Incomplete Education*. New York 1987.

Knapp, Steven und Walter Benn Michaels. »Against Theory« *Critical Inquiry* 8 (Summer 1982).

Kockelmans, Joseph J. *Edmund Husserl's Phenomenology*. West Lafajette, Indiana 1994.

Kosko, Bart. *Fuzzy Logisch. Eine Neue Art des Denkens*. Düsseldorf 1995.

Laplanche, J. und J.-B. Pontalis. *Das Vokabular der Psychoanalyse*. Frankfurt/Main 1973.

Lentricchia, Frank. *After the New Criticism*. London 1983.

March, Robert. H. *Physics for Poets*. Chicago 1978.

Marks, Robert W. Hg. *Space, Time, and the New Mathematics*. New York 1964.

McKenzie, A. E. E. *The Major Achievements of Science*. Cambridge 1960.

Medina, Vincente. *Social Contract Theories: Political Obligation or Anarchy*. Savage, Md. 1990.

Messadié, Gerald. *Great Scientific Discoveries*. Edinburgh 1991.

Morrison, Hugh. *Louis Sullivan. Prophet of Modern Architecture*. New York 1935.

Nagel, Ernest und James R. Newman. *Der Gödelsche Beweis*. München 1992.

Oser, Jacob. *The Evolution of Economic Thought.* New York 1970.

Palmer, Donald. *Looking at Philosophy: The Unbearable Heaviness of Philosophy Made Lighter.* Mountain View, Ca. 1988.

Poundstone, William. *Im Labyrinth des Denkens. Wenn Logik nicht mehr weiterkommt: Paradoxien, Zwickmühlen und die Hinfälligkeit unseres Denkens.* Reinbek 1995.

Preminger, Alex. Hg. *Princeton Encyclopedia of Poetry and Poetics.* Princeton, N. J. 1974.

Rheingold, Howard. *Virtuelle Welten. Reisen im Cyberspace.* Reinbek 1995.

Roll, Eric. *A History of Economic Thought.* London 1973.

Roth, Leland E. *A Concise History of American Architecture.* New York 1979.

Trefil, J. *1000 Rätsel der Natur.* Wunderlich 1993.

Wiener, Philip P. Hg. *Dictionary of the History of Ideas.* 5 Bde. New York 1973.

»Who Were the Luddites, Really?« History Conference, Topic 139 (October 1992 – present), the Whole Earth 'Lectronic Link computer conferencing system, well.sf.ca.us.

Whightman, W. P. D. *The Growth of Scientific Ideas.* New Haven 1953.

Register